JN324843

中国における企業文化の変容

コーリン S. C. ホーズ 著

酒井 正三郎
武石 智香子　監訳

中央大学企業研究所
翻訳叢書 15

中央大学出版部

ROUTLEDGE CONTEMPORARY CHINA SERIES

The Chinese Transformation of Corporate Culture

by

Colin S. C. Hawes

Copyright © 2012 Colin S. C. Hawes

All Rights Reserved.

Authorised translation from English language edition published by

Routledge, a member of the Taylor & Francis Group.

Japanese translation rights arranged with

Taylor & Francis Group, Abingdon, OX14 4RN

through Tuttle-Mori Agency, Inc., Tokyo

日本語版への序文

　私の著書の日本語訳が出版間近であると聞いて，大変嬉しく感じている．序章に記したように，日本は，アメリカの企業文化の理論家に大きな影響を与えた．アメリカの理論家たちは，1970年代から80年代にかけての日本企業の成功は，「強い文化」，とりわけ，従業員の間に帰属感とアイデンティティを生み出し，従業員が生産性を高めて企業のために働くモティベーションとなる，ポジティブな「理念」の形成力に，端を発すると考えていた．彼らはアメリカ企業が，新しいグローバル市場でより効果的に競争する目的で，業績を上げ，生産性を高められるよう，文化管理アプローチを導入することを提起した．2000年代の初頭から，中国経済が急速に発展するに従って，中国のCEO，学者，政策担当者たちは，文化管理アプローチを熱心に輸入した．その際，考え方についてはアメリカ・モデルを基にしたが，実施については，非常に異なる中国のビジネス・政治的環境に適合するように順応させたのだった．

　このように，経営理論において日本が中国に対して与えた影響はアメリカというフィルターを通じた間接的なものであったが，企業慣行において日本が中国企業に与えた影響ははるかに直接的であった．品質を高め，顧客のニーズに配慮するという新しい理念を教え込むために，ハイアールや華為などの成功した中国企業（やそれらを見倣った多くの企業）は，日本の系列アプローチをまるごと取り込んだ．彼らは，仕事の必要に応じて個人がグループを移動する，柔軟なチーム制の作業組織を導入しようとした．従業員が品質管理に責任を持つインセンティヴを提供した．製造プロセスに関して従業員に実用的な改善案を提案してもらうなど，すべての従業員から知恵を引き出す制度を設けた．在庫を減らし，「ジャスト・イン・タイム」のロジスティクスを推

進するために，サプライヤーとの緊密なネットワークを確立した．卸売業者，小売業者，顧客とのつながりを深め，商品が市場のニーズにマッチするよう心掛けた．市場の需要に応じてモデルチェンジを頻繁に行えるように製造過程を柔軟にした．市場のない商品を研究して時間を無駄にしたりすることのないようにR＆D部門を製造部門や顧客と統合した．以上の記述は，Eleanor Westneyの「21世紀を前にした日本企業」（Westney 2001 : 112）という論文から援用したものであるが．この20年以上にわたって中国のビジネス慣行が大規模な変容を遂げたいま，これらの記述は，成功している中国企業にもほとんど当てはまるものとなった．

同時に，日本と中国の営利企業の「文化」には，いまだに大きな違いが存在する．本書の中心的論点の一つは，中国共産党が中国企業における自らの存在の継続を正当化するために，熱心に企業文化概念を採用している点である．国有・私有にかかわらず，中規模・大規模の中国企業はすべて，共産党が支部を企業内に設置することを許可しなければならない．過去においては，共産党は労働者が企業を乗っ取り，反革命主義的「走資派」を管理的地位から排除するよう奨励した．しかし今日では，共産党自体，その規約において，党の役割を，私有企業を含む営利企業の健全な発展を促進すべく管理者と協働することとしている．理論上は，もはや党と企業家の間に敵対的な関係は存在しない．

もしそうであれば，ビジネス経営において優れた成績を持たない共産党が，どのようにして企業の業績を向上させるというのであろうか．中国の経営理論家が提案した——そして数多くの中国企業における党委員会が採用した——答えが，党がプロパガンダや政治運動を含む「思想活動」のスキルを用いて，従業員による企業文化理念の信奉を推進するということだった．党は，愛国心や，政府主催の慈善事業に時間と資金を捧げる善き企業市民になること，一般の労働者たちの「精神文明」を向上させるために頻繁に集まって文化活動に勤しむことなど，営利企業の理念に党自体の中核理念が含まれるように影響を与えようとした．換言すれば，党は「企業文化」概念において「文化」という用語を摑み続けることによって，党がアメリカや日本の経営管理者が不

思議に思うようなあり方で企業内に存在し続けることを正当化するのである．

　中国における企業文化現象のもう一つの特有の側面は，それは中国社会における「文化」という言葉の力を示してもいるのであるが，成功している中国企業家が公に文化活動に従事し，従業員や広く社会に対して伝統的な中国の文化活動を奨励する傾向である．西欧から見ると，この傾向は，鉱業，小売，不動産といった産業の，私的企業家をめぐる凄まじく競争的な環境とはとりわけ不適合に見える．しかしながら筆者は，中国の企業家が文化的技量や「社会的責任」を示すことは，急速な富の蓄積へのネガティブな注目をそらすのに役立つと論じている．なぜなら中国は，社会主義的平等主義と，自己開発を犠牲にした「利益追求」に対する儒教的侮蔑との奇妙な組み合わせに，いまだに強く影響されている社会だからである．

　伝統的中国及び社会主義の理念と，アメリカ及び日本の経営アプローチとの混合から浮かび上がってきた実体は，筆者がハイブリッド中国企業と呼ぶものである．中国の経営管理者と取引する外国の投資家にとって，中国の経営管理者を同時に多方向に引っ張る様々な文化的張力が存在することを知っていることは大切である．外国から見ると奇妙で不適合に見えることも，計画経済から市場経済へと急速に変容してきた歴史的背景と，ラディカルな変化を遂げた中国社会の中で適切性と影響力を持ち続けようとする党の目下の現実に照らして考えれば，極めて合理的なのかもしれない．現在の習近平政権が党幹部や企業 CEO の汚職を取り締まりながら，儒教の理念をなお一層強調する一方で，同時に経済改革の深化を要求し続け，企業内と社会全体における党のリーダーシップを議論の余地なく当然のこととしているのは，見ていて興味深いものがある．

　筆者は，本書の日本語訳が，日本の読者に議論と建設的な比較分析を呼び起こすことを願っている．本書が日本の広範な読者に届く機会を頂いて，中央大学の酒井正三郎学長と武石智香子副学長，また日本の編集者と出版社に，深く感謝するものである．そして，私の生硬な英文を流暢な日本語の文章に変えてくれた訳者たちの大きな努力に謝意を表したい．

2015年1月　オーストラリア，シドニーにて

コーリン S. C. ホーズ
（Colin S. C. Hawes）

解　　題

　近年，中国政策当局者と企業リーダーは，企業文化という概念に真剣な注意を払ってきている．この研究書は，中国における企業文化への大きな関心の背景にある，政治的，社会的，経済的諸要因について明らかにし，ハイアールや，華為，蒙牛といった巨大企業が彼らの文化をどのようにして変えようとしているか，中国政府が解釈するところの「ポジティブな」企業文化の代表者としていかに振る舞っているかに焦点を当てた広範なケース・スタディを提供するものである．

　Hawes は，企業文化という外来の概念が，いかに中国において，中国の政治，社会，文化的文脈に適合するように再定義されてきているかを示している．彼は，この企業文化の再定義が，いかに資本主義企業の目的と社会的機能の中国特有の概念化を反映しているかを分析している．また，中国共産党の「社会主義的」企業文化の積極的奨励は，党のアイデンティティが企業及び経済の発展のビジネス指向的な擁護者へと変容したことをいかに証拠づけるものであるかを分析している．

　この研究書は，アジア研究，経営管理，及び中国研究分野の学生と研究者にとって，大いなる関心を喚起するものとなろう．

　Colin S. C. Hawes は，カナダのサイモンフレーザー大学のアジア太平洋ビジネス研究のジャック・オースティン・センターの研究員であり，シドニー工科大学法学部の上級講師である．彼は，企業法，中国法と中国企業の分野について講義を行っている．

謝　　辞

　この本は，多くの人の援助によって公刊がなったものである．私は，シドニー工科大学（UTS）法学部に着任後すぐに中国の企業文化について研究を始めた．私は，そこのスタッフが私を温かく迎えてくれて，私の学部が私の研究に継続的な援助を与えてくれたことに対して大変感謝している．とりわけ，この5年間にわたって物的・個人的なサポートをしてくれた Jill Mckeough 学部長，Bronwyn Olliffe と Lesley Hitchens の二人の学部長補佐に謝意を表したい．本書のいくつかの研究は，NSW パブリック・パーパス・ファンドからの援助，UTS 法学部のファンドからの援助，UTS 中国研究センターからの援助を受けたが，特にこれらによって，不可欠であったフィールドワークのための中国訪問を実現することができた．

　UTS 中国研究センターでは，Louise Edwards 教授（現香港大学）と David Goodman 教授（現シドニー大学）より，本書の草稿執筆段階で熱のこもった指導と励ましを頂き，また，Guo Yingjie 教授と Eng Chew 教授とは中国の政治やビジネスに関する興味深い会話を行った．これらに謝意を表するものである．

　中国では，私はとりわけ，中国企業文化研究所（CCCI）Han Xu 副所長，Meng Fanchi 所長，そしてすべてのスタッフの皆さんにお世話になった．本研究所では，中国における企業文化の現状と歴史的発展に関する膨大な量の貴重な資料の提供を受け，さらに，何回かにわたる中国企業への非常に興味深い訪問の便宜を受けた．CCCI を最初に紹介してくださり，中国の企業文化に関する先駆的な権威の一人である清華大学の Zhang De 教授にも，敬意をもってここに謝意を表したい．2008年に北京を訪問した折，中国政法大学で講義をする機会があり，そこの大学院生に私の研究に関する報告を行う機会

を頂いた．これにかかわって，Gao Xiang 教授と Wang Yong 教授に感謝するものである．中国では Henry Makeham 氏に貴重な研究補助を頂いた．北京訪問時に Gao Hondzhu 氏と Xue Hui 氏に毎回のように受けた配慮と友情に対して感謝したい．

カナダでは，サイモン・フレーザー大学のビーディー・ビジネススクールの Daniel Shapiro 学部長に，アジア太平洋ビジネス研究のジャック・オースティン・センターの研究員としてお招き頂いたことに感謝したい．同様に，ブリティッシュコロンビア大学法学部（UBC Law）の Pitman Potter 教授には，示唆に富む指導と私の研究への継続的支援に対して，そして USB Law の David Duff 学部長補佐には教員としてそこに招聘してくれたことについて，謝意を表するものである．

そして，本書に登場するすべての CEO と従業員に対して，直接・間接に研究の完成に寄与してくれたことに関して感謝したい．企業文化を変革する彼らの創造的努力がなかったならば，本書はずっと面白くないものになっていたであろう．

最後に，妻である Shuyu と，息子の Owen のいつも変わらぬ愛情と絆に感謝したい．Owen は，本書を書き始めた頃より数インチも背が伸びた．

第1章と第2章の一部は，最初に "Representing Corporate Culture in China : Official, Academic, and Corporate Perspectives," *The China Journal* 59（January 2008）: 31-60 というタイトルで出したものからは，若干改稿されている．そして第4章は，"Culture, Literature and the Contradictions of Socialist Capitalism in Chinese Corporate Magazines," *Asian Studies Review* 34. 1（March 2010）: 41-61 の修正版である．

コーリン S. C. ホーズ
（Colin S. C. Hawes）

凡　例

　（　）と〔　　〕は原著における補足説明である．
　［　　］は訳者による補足の説明である．

　本書の訳出は，中央大学企業研究所に属する共同研究チームの一つである「移行経済と組織文化」グループのメンバーから6名が参加し，各章を分担してこれに当たった．
　担当は以下のとおりである．
　日本語版への序文，第3章，結論は武石智香子，解題・謝辞，序章，第1章は酒井正三郎，第2章は張涛，第4章は神島裕子，第5章は高橋由明，第6章はTRINH Thuy Huongであり，全体の訳文の調整・統一は酒井・武石が行った．
　なお，訳文の担当ではないが，毛士勇氏（前中央大学企業研究所準研究員），王予穎氏（前中央大学企業研究所準研究員）のお二人には，中国語ピンインの翻訳，ならびにBibliographyの中国語文献の検索において協力をいただいた．記して謝意を表すものである．

目　　次

日本語版への序文 …………………………………………………… i
解　　題 ……………………………………………………………… v
謝　　辞 ……………………………………………………………… vii
凡　　例 ……………………………………………………………… ix

序　章　中国における企業文化現象 ……………………………… 1
　　　1．企業文化の非中国的解釈 ………………………………… 4
　　　2．中国における大企業の発展：解決されるべき業績問題 …… 11
　　　3．中国における企業文化への認識の広がり …………… 14
　　　4．本書の方法論と限界 ……………………………………… 18
　　　　中国情報源，ウェブ・リンク，為替レートについての注 ……… 20

第Ⅰ部　中国における企業文化の理論と政治

第1章　中国の企業文化——公式の解釈と学界の解釈 ………… 25
　　　1．中国における企業文化の公式の解釈 ………………… 25
　　　2．中国における企業文化の学界の解釈 ………………… 28

第2章　党の路線に従うかそれとも変更するか？
　　　　——中国大企業における文化的理念の移行 ………… 43
　　　1．文化的理念の形成：協議プロセス？ ………………… 43
　　　2．企業による文化表明：四つのケース・スタディ ……… 47
　　　3．華為科技の文化的理念のメタファーとしての政治と革命 … 52
　　　4．結　　論 ………………………………………………… 61

第Ⅱ部　企業文化変容の技法と手段

第3章　企業文化プロパガンダ・キャンペーン
　　　　——中国大企業においてポジティブな
　　　　　文化理念を実施する技法 ……………………………… 69

1．理念を普及させ，企業文化に変化をもたらす技法 ………… 70

第4章　企業文化の普及及び従業員啓発手段
　　　　としての社内報 …………………………………………… 97
　　　1．今日の中国企業における社内報の前身 ……………… 97
　　　2．中国企業の社内報の一般的な形式と内容 …………… 99
　　　3．結論：中国企業の社内報が担う様々な役割は
　　　　　相反的か補完的か？ …………………………………… 120

第5章　模範を示す――CEO の道徳的リーダーシップと
　　　　企業（及び「中国的」）文化の推進 …………………… 129
　　　1．「文化的」リーダーでありそれを促進する CEO …… 131
　　　2．社会で文化を促進する CEO ………………………… 135
　　　3．CEO と道徳的リーダーシップ ……………………… 139
　　　4．牛根生：創立者の神話から企業理念と政治的資本へ …… 140
　　　5．CEO が文化を促進し道徳的模範として行動する理由 …… 156

第6章　企業文化とインセンティヴ制度
　　　　――ハイアールと華為 …………………………………… 163
　　　1．ハイアール集団：品質・イノベーション・
　　　　　国際的競争力の文化創造 …………………………… 164
　　　2．華為の文化的理念の実現：
　　　　　たった20年で「オオカミ」から多国籍企業に ……… 173
　　　3．ハイアールと華為における企業文化変容の負の側面 …… 183

結　論――（中国的特色のある）ハイブリッド
　　　　社会主義的企業文化？ …………………………………… 191

参考文献 ………………………………………………………………… 203

序　章　中国における企業文化現象

　　天地の間，純粋に明瞭に，
　　陰極と陽極が交わって電気が生まれる；
　　広大に広がる中国の地に，
　　電力は調和し扇子のごとく広がる．
　　電気は太古の時代からあるが，
　　電網はそれを文明力に変えて……
　　……いまや国中の数千数万の事業と家庭に
　　南方電網の恩恵が見えている！……[1]

　私が「企業文化」（qiye wenhua）という中国語にはじめて出会ったのは，中国文学の雑誌社についての記事を読んでいたときであった．それらの雑誌への中国政府の補助金が削減された1990年代には，中国企業の上級管理職にとって，そのような文学雑誌のスポンサーになることによって，広告を載せてもらったり，彼らの詩や創作文を刊行したりすることが普通となった．スポンサー企業はしばしば，たとえばタバコ会社や電力会社などといった工業企業であったが，彼らはそういった雑誌の共編者として名を連ねることすらあった（Kong 2002：111-122）．さらに調べてみると，創作文を書いたり文化活動に援助したりすることは，中国大企業のCEOや上級管理職の間で驚くほど普通のことになっていることがわかった．しかも，彼らはこれらの行いを，彼らの会社の企業文化の改善に向けた努力と見なしていた[2]．
　企業文化という語のこのような再解釈は――英語の経営文献の文脈で意味されるものとは大いに異なっていて――私にとって目新しいものであった．

そして私は，どのようにそしてなぜ中国のビジネス・リーダーたちがそれらの「文化的管理」技法を彼らの企業に適用しているかについてさらなる研究を行おうと決意した．

　私は，中国において研究者と経営コンサルタント[3]による，中国の企業文化に関する文献が，広範囲にかつ急速に増加していることを発見した．これらの本と論文の多くは，中国（及び外資）企業の成功事例のケース・スタディを掲載し，これらの企業の成功の原因は，文化管理技法の実施にあると主張するものであった．そこにはアメリカの企業文化唱導者が推奨するのと同様の技法も含まれていた．たとえば，ハイアール集団の「顧客は常に正しい」という「企業理念」，そして『海尔人』という社内報に載っているこの理念を従業員に抱かせるための有名な例を読んだ（Luo et al. 2006 : 354）．それによると，農村地域の顧客が，あるハイアールの洗濯機がよく故障すると不平を言っていた．技術者が洗濯機を点検したところ，その故障は，顧客がさつまいもの泥を落とすのに洗濯機を使ったために発生したものであることが判明した．顧客に，このようなことをしてはいけないと言うことは，顧客に「非」があることになってしまうので，その代わりに，企業のR＆D部門は，衣類もさつまいもも，どちらも洗うことができる洗濯機に，迅速に設計の変更を行った（ただし，一緒に洗うことはできない）．

　この家電イノベーションの例は，ハイアールならではのものかもしれないが，顧客が常に正しいという考え方は，中国以外の多くの企業によって数十年の間言明されてきている企業理念である[4]．しかし，中国の政治的・社会的文脈を知らない人は，中国企業によって抱かれている理念や文化的管理技法に違和感を覚えるかもしれない．たとえば，管理職や従業員に，創作文コンテストに応募するように奨励することなどである[5]．

　中国の大企業を調査して，私は，企業文化は中国の経営文献において，単に人気のある理論的話題であるだけでなく，経営行動にも強く影響を与えてきたものであることを知った．この10年の間に，中国のトップ500企業と企業集団の大多数は，企業文化プログラムを立ち上げてきている．そのことは，企業が選択した文化的理念と，従業員や管理職の間でその理念を実施する方

表 0-1 中国企業トップ 300 社と私的支配企業トップ 200 社の
ウェブサイトにおける企業文化へのリンク数

	確認しうる(そして現在機能している)ウェブサイト数	企業文化へのリンクのあるウェブサイト数	%
中国企業トップ 300	267	239	89.5%
私的支配企業トップ 200	166	131	79.0%

注：ウェブサイトの最初の調査は 2007 年 10 月から 2008 年 1 月に行われ，2009 年 11 月に更新された．対象は，中国に登記された中国支配企業に絞った．分類に重複があることに注意．たとえば，私的支配企業 200 社のうち 25 社は中国企業トップ 300 にも入っている．調査時において機能していなかったウェブサイトもあった．

出所：中国企業トップ 300 社のランキングについては，China Enterprise Confederation 2006, 私的支配企業トップ 200 社のランキングについては，Minjingwang 2005 に掲載された私営経済網 2005 年のリスト．

法をリストアップした詳細なウェブサイトにも明らかである．中国企業と企業集団トップ 300 についての私の調査によると，ほぼ 90％の企業が彼らのウェブサイトで企業文化プログラムに言及していることがわかった．また，私的支配企業のトップ 200 では，79％がそれに相当した（表 0-1）．これらの統計は，所有構造にかかわらず，中国大企業が「企業文化」を熱心に促進しようとしていることを公に示したいという願望を表している．製鉄，科学，自動車製造から，不動産開発，金融サービス，食品小売に至るまで，あらゆる産業部門の全領域を含む，実に多くの国家支配そして私的支配企業の間で，この広範なコンセンサスが見られたことは驚きであった[6]．

中国大企業の企業文化への熱狂は，企業文化連盟，企業文化コンサルタント，大学の学術プログラム，そして企業に対する，また経営者に対する数多くの企業文化賞などの急速な出現を伴った[7]．中国政府もまた，中央及び地方レベルで各種の企業文化コンファレンスを後援したり，中国企業の何千もの職制への企業文化研修に援助を行ったりと，熱心に取り組むようになった．2005 年には，国有資産監督管理委員会（国資委），これは中央政府下にある 120 の最も大きな国家支配企業を監督する政府機関であるが，すべての中国国家支配企業が，その企業文化を「創造し強化する」ことを求める政策を発布した[8]．その結果，2006 年には，中国労働と社会保障省は「企業文化官」と

いう新しい専門職を認定した.すべての中国大企業はそのためにスタッフを選任し,彼らはこの公式の資格を取得して仕事に従事する前に,企業文化変容についてのインテンシブ・コースと試験を修了することが課された (Zhonghua qiye wenhua wang 2006).

明らかに,企業文化現象は中国において重要な展開を見せ,中国の大規模企業の経営に多大な影響を与えている.しかしながら,中国の経営に関する英語文献では,ほぼ完全に無視された状況にある[9].本書はそのギャップを埋め,なぜ企業文化の概念と慣行が中国のビジネス・リーダーと政策担当者にこれほど熱心に信奉されてきたのか,また1980年代に日本からの経済的脅威を受けた反応としてアメリカに生まれた経営理論と一連の慣行が,いかに中国の役人,学者やCEOによって,新たな特徴ある様式,すなわち「中国的特色を持つ社会主義企業文化」(Han 1998 : 60),あるいはより簡潔に「中国的企業文化」(Luo and Lin 2003 : 238) と呼ばれるところのものに変容されてきたかについて説明を行おうとするものである.

1. 企業文化の非中国的解釈

企業文化の中国的変容の特殊性を理解するためには,我々はまず最初に,中国外における同概念の起源を知らなければならない.1980年代初頭以来,多くの国で,企業及び組織文化の諸側面に関する膨大な文献が出版されてきた[10].しかし,それらの研究の中で,中国語に翻訳されているものは比較的少ない.また,中国の研究者によって注目すべき企業文化の文献として引用されているものはさらに少ない.中国における企業文化の初期の展開にとってこれらの研究は非常に強い影響力を持っていたので,以下にそれらの簡単な要約を示すことにしたい[11].

研究分野及び実際の管理技法としての企業文化の促進は,アメリカにおいて日本経済の「脅威」への対応として1980年代初頭に出現したものである.そのことは,William Ouchi の『セオリーZ』(1981) や,Pascale & Athos の『ジャパニーズ・マネジメント』(1981) といった企業文化に関する初期の研究

のタイトルから明らかである．タイトルに日本が入っていない文献ですら，日本企業の大いなる成功（苦悩するアメリカの企業と比べて）が，「科学的」管理，計量経済学的分析，費用曲線，その他の量的または準合理的管理技法を超えた何ものかから発していて，その「何ものか」を探り当てることがアメリカ企業にとって不可避であるというテーマに常に辿り着くのであった．Deal & Kennedy が，よく知られている『シンボリック・マネージャー』という文献の中で次のように言っている．

> 日本人が成功している大きな理由の一つは，彼らが常に，国全体として，一つの非常に強い，緊密な文化を維持していることだと思う．個々の企業がそれぞれ強い文化を持つばかりでなく，企業と銀行と政府との連繋そのものがまた一つの文化であり，それも極めて強力な文化なのである．……アメリカではこのような理念の同一化を，全国的な規模で適用することはできないが，個々の会社では非常に効果的であると思われる．事実，アメリカの企業の持続的な成功のかげには，ほとんど常に，強い文化が推進力として働いている．
> （Deal & Kennedy 1982 : 5）

換言すれば，「強い」またはポジティブな企業文化は，「成功」と，継続的かつ優れた企業業績に結びつくとされた．次の節で扱う企業文化の中国的解釈との比較を可能にするために，我々は，これらのアメリカの初期の研究において「強力な」文化を持つとされた企業の特徴について，より立入った考察をしなければならない．

普通の企業からエクセレントな企業を区別する第1の標識は，「理念の共有」とその「哲学」の強い組み合わせがあることである[12]．Deal & Kennedy は，理念を確立することが，企業の成功にとって絶対的に必須であると見なして次のように述べた．「理念の形成と強化は経営者に課された最大の任務となる場合があろう」（1982 : 22）．これらの企業理念は詳細さも複雑さも必要でないことは明らかである．事実，これらの文献の中で示されている多くの事例は，

顧客サービスや品質といった，一つのキーとなる側面に焦点を当てた簡潔なスローガンである．最も大切なことは，理念と哲学が「経営幹部だけでなく，会社中の人たちが実感として感じる仲間意識のおかげでさらに効果的に共有することができる」ことを確実にすることである (Deal & Kennedy 1982 : 23 ; cf. Ouchi 1981 : 133).

「成功」している企業は，彼らの理念は，企業の創設者（たち）のビジョンや生き様に由来すると，しばしば主張している．そのため，理念はよく創設者についての「物語」や「伝説」によって説明されたり，描かれたりしている (Schein 1985 : 第 10 章)．あるいは，特別な従業員や経営者の行動によって理念が強調されたりしている．そしてこれらの個人は，企業のロールモデル，または「英雄」として位置づけられることとなる．これらの英雄たちは，他の従業員たちを，企業理念をより熱心に抱くように導いたり，鼓舞したりするために，意識的に顕彰され——彼らの仕事は広報され——なくてはならない (Deal & Kennedy 1982 : 第 3 章 ; Peters & Waterman 1982 : 85 ; Ouchi 1981 : 133).

従業員にポジティブな理念を促進することを通じて，企業は，彼らの心構えを変え，仕事によりコミットさせしめることを期待する．理論的には，すべての従業員は自己実現を求める人間であり，もし企業が，企業理念と，従業員が自らの創造性と自発性を発揮する内発的な欲求とを一体化できれば，従業員は企業のためにベストを尽くすであろうし，そのための外的なルールや規律はほぼ必要ないであろう．Ouchi は次のように述べている．

> 仕事での動機は各人が各々の目標を追求し，心理的な成長や独立性を経験するとき最高になる……．そのような組織は同意の気風を持った職場であり，共通の目標を達成するためお互いに協力する同等者のコミュニティである．行動を動機づける手段を，上下関係や監視にのみ依存するのではなく，自らの"やる気"や信頼に依存する組織である．
>
> (Ouchi 1981 : 81, 83)

「エクセレント」な企業をそれ以外から区別するもう一つの慣行は，従業員に

所属意識を与え，仕事の意味付けを覚えさせるための，「しきたりや儀礼」の意識的な利用である．「どんな文化も，表現の機会を与えられなければ衰えるだろう．儀式や儀礼がないところでは，重要な理念も影響力を持たない．」とDeal & Kennedy (1982：63) は述べている．企業の儀礼の例には，次のものがある．「社会的儀礼」は，重役が一般従業員と一緒に非公式な場でランチを食べる毎週定例のランチ会などである．「認定儀礼」は，たとえ報酬が伴わないものであったとしても，従業員が自らの功績が認められたとわかるような表彰式などである．「文化的ショー」は，エンターテイメント・ショーや，スポーツ・イベント，モティベーションを上げる講演会などである．「管理的儀礼」は，管理者と従業員がお互いにコミュニケーションし，集団的一体性を感じることができる様々なミーティングである．具体的に何かが達成されることはないにしてもである！（Deal & Kennedy 1982：64-72）

　最後に，企業文化に関する文献では，成功している企業は，外的なビジネス環境の変化に対応して，彼らの文化を適応させ，常に改善を行っていると述べている．言い換えれば，文化には可鍛性があるのだ．このことは，「成功」している経営者（または売れっ子の経営コンサルタント？）は，ネガティブな，または「機能不全」の文化を持つ企業に入っていって，従業員の業績と生産性を引き上げるようにその文化をポジティブなものに変革する，前述の様々な文化技法を使うことができるはずであることを意味している．

　これらすべての文献は，様々な種類の組織の中で文化を「整形」させ，「変化」させ，「統制」するための最善策について多くの紙面を割いている．一つの例を挙げると，Ralph Kilmann (1986：360-368) が提示した，組織内で「文化規範を評価し変化させる」五つのステップがある[13]．企業の異なった部課室ごとに文化的断絶があり，特に，下位レベルの従業員では，上級管理職よりも，断絶を感じる傾向があるとKilmannは述べている．このことは，不適切な文化変革戦略がトップダウンで画一的に課されて遭う抵抗を避けるために，管理者は特に，組織の様々な部署の様々なレベルで，従業員の意見に耳を傾けなければならないことを意味している．

　もちろん上級管理職は，企業のフォーマルなインセンティヴ・システムも

新しい文化規範に沿い，古い規範でないものにすることを確実にしなければならない．その結果，「社会的エネルギー」と「フォーマル・システム」が相まって，組織を成功に導くことになろう（Kilmann 1986：369）．

このすべての文化変容過程は，突如として起こるものではない．それは，数年，もしくは数十年を経てはじめて結果が見えるような，長い，うち続く格闘の過程である（Trice & Beyer 1986：371；Ouchi 1981：97, 128-129）．しかしながら，企業文化の向上は，従業員のモティベーションを促進し，長期的な企業業績の改善に結果することが約束されている．

1980年代以来，多くの研究者は，それら初期の企業文化の唱導者の前提に存在する不備を認識するようになった．たとえば，日本企業の巨大な成功の裏には「文化」要因があるとする主張は，他に様々な地政学的・国内的政策要因が戦後期の日本企業に競争上の優位性を与えてきたことから，検証することは非常に困難である（Sheldrake 2003：200-203；Oliver & Wilkinson 1992；Elger & Smith 1994）．同様に，ほとんどの企業文化の唱導者が，日本の社会的・文化的システムのある種の側面はアメリカの文脈に取り込むことはできないと認めていた（Ouchi 1981：viii；Deal & Kennedy 1982：5）．そのことは，儀礼，理念，指導者の伝説といったような，システムの中のほんの一部を選んで取り込むことが，アメリカ企業の業績に何らかの効果をもたらしうるものなのかどうかという疑問を呼び起こした．

企業文化研究の多くに見られたもう一つの大きな問題は，それらの研究が，管理者が重要と考える理念を企業理念そのものと考える傾向があったことである．彼らは，管理者と従業員の間の対立，及び，「企業文化」が普通は上から押し付けられるものであるという事実を，無視もしくは軽視した（Parker 2000；22-23）．企業グループ内の諸部門ごとに異なった文化がある可能性を認識するより洗練された唱導者もいたが，彼らも，「英雄的」リーダーによって導かれた文化的変化を従業員たちが究極的には受け入れるであろうと考えた．なぜなら，それが適切に行われるならば，企業のために懸命に働くことは従業員にとって気持ちよくなることであると仮定していたからである．Deal & Kennedy（1982：15）によれば，「強い文化が生産性に及ぼす影響は驚くほど大

きい．極端な場合には，私たちの推定によると，社員一人当たりの1日の生産的な作業時間を1, 2時間増やせる会社さえある」という．同著者たちは，この生産性の獲得は，従業員が自発的に長時間労働をすることからもたらされるものと示唆している．「社員の働きぶりが違ってくる．なぜなら，彼らには目的があるからである．〔配偶者の不満に従業員はこう答えるであろう〕『帰りが遅くなって済まないが，顧客の世話をしていたんだ．困っている顧客を放っておくわけにはいかないからね』」(Deal & Kennedy 1982 : 33)[14]．

　Parker (2000 : 21-23) や他の批評家が指摘しているように，従業員が実際に企業理念と文化を共有しているのか，または彼らは他に選択肢がないことを知っているために懸命に働いているのかは疑問である．従業員，管理者，そして株主の利害が一致して，同様に満足するなどということは本当に可能なのであろうか，あるいは，監督者に常に監視される代わりに，従業員が自分自身や同僚を律するべく訓練されたところを除いては，「企業文化」は単に従業員への強制力の別の形に過ぎないのではなかろうか？ (Kunda 2006 : 11)．このような批判は，企業文化論争に関する興味深いマルクス主義的展開を与えるものであり，この点については，「中国的特色」のある「社会主義的」企業文化を促進する中国的試みに焦点を当てながら，後の諸章において，再度触れるつもりである．

　多くの企業文化研究に存する最後の大きな欠陥は，企業業績がすでに上昇したか下降したかに基づいて彼らのケース・スタディを選択しがちである点にある．良好な業績の企業は，強くてポジティブな文化のために成功したとされ，業績不振の企業は，逆に弱くて機能不全の文化のために失敗したとされる．業績良好だった企業が突然不振に陥ったときには，明らかに具合の悪いことになる．Peters & Waterman によって「エクセレント・カンパニー」とされた約3分の1は，彼らの本が出版されて間もなく不振に陥った (Bryman 1989 : 242)．Kotter & Heskett (1992) の *Corporate Culture and Performance* という文献は，初期の文献よりもはるかに洗練されているものの，著者たちの最初のアメリカの207企業の研究において過去の財務的業績と企業文化の「強さ」の間に明確な相関が見られなかったことは，この業績の循環問題に陥っ

たということを示している．同著者たちは，「企業は，強い文化を持っていて業績不振であることも，弱い文化を持っていて業績良好であることもある」と認めざるを得なかった (Kotter & Heskett 1992 : 21)．しかしながら，彼らは，企業文化プログラム全体に疑問を投げかけるこの結論に満足せず，なぜ強い文化で成功する企業もあれば，同様に強い文化で業績が振るわない企業があるのかを確かめるために，「経験があり高く評価された産業アナリスト」へのインタビューに基づいてさらなる調査を遂行した (Kotter & Heskett 1992 : 35)．調査の結果，企業文化と業績の間に条件性の高い相関があることが次のように検証されたとしている．

> 我々の研究によれば，企業文化は長期的経済業績を促進するものもあれば，阻害するものもあることが明らかに示された．……強い企業文化を持つ会社においては，管理者は，よく調和した様式で同一方向に力強く前進する傾向がある．そのような，協力，動機づけ，組織，統制は，業績を促進しうるが，それは，その結果する行為が，企業の特定の経営環境に対してよく練られたビジネス戦略に合っている場合のみである．……会社の文脈に合わない強い文化は，実際，知的な人々を破壊的に行動させることになる――それは組織が生き残り，繁栄する能力を構造的に蝕んでいくことになろう．
>
> (Kotter & Heskett 1992 : 141-142)

換言すれば，「ビジネス戦略」という古めかしい概念がキーファクターのようであり，文化はどちらかといえば，もし企業がすでに正しい方向に向かっていれば，それは「業績を助け」，あるいは，進むべき道の選択を誤った場合には，企業のビジネスを阻害，または破壊すらするような，副次的な現象であるということであった．

実際には，成功する企業がある一方で失敗する企業があるのはなぜなのかについてはまったく明確ではなく，企業の文化を変えることは，困難とリスクに満ちている．経験豊富で高報酬の企業文化コンサルタントの指導なしに

行うべきことではない！　しかし，「文化」と「理念」が企業の成功に非常に重要であるという考えは，今日多くの企業指導者の潜在意識に浸透しているように見える．たとえばアメリカの大企業は，企業の「理念」，「ビジョン」，「ミッション・ステートメント」の診断と調整，企業の「儀礼」の組織化，企業の「英雄」の顕彰などの「文化的」技法に，相当な資源を費やしている[15]．これから第1章と第2章で示すとおり，中国の官僚や，学者，企業のステークホルダーは，企業文化管理の技法を熱心に促進する彼らなりの理由を持っている．けれども，その熱意を理解するためには，中国企業の近年の歴史的発展と，従業員の行動に影響を与えるような現存するいくつかの「ネガティブな文化」をまず簡単に概観しなければならない．

2. 中国における大企業の発展：解決されるべき業績問題

　かつて中国が経済改革と，再び漸進的に開放政策をスタートさせた1970年代には，工業及び商業企業は，効率性と利益性を阻害するような二つの大きな障害に直面していた．一つは，現代的な工業製品及び消費財を生産する技術の深刻な欠如であった．1970年代末以来，中国に相対的に現代的な生産ラインや設備が輸入され，海外投資家との合弁協定の下で技術移転がなされたにも拘らず，しばしば結果は芳しくないものであった．これは，中国企業が直面していた二つ目の大きな障害のためであった．技術革新へのインセンティヴを欠いているために労働力のモティベーションが全般的に乏しかったという問題である．それゆえ，当時の中国企業は，品質の低い製品を生産し続け，質の低いサービスを消費者に提供し続けた（Tung 1982：66-68）．

　この二つの障害は，主に，1950年代末に始まり，1976年の毛沢東主席の死に至るまで続いた，高度に政治的な期間に派生したものである．この，高度に共産主義的な期間には，すべての企業が，国有もしくは集団所有とされ，階級闘争と「ブルジョア」的あるいは半革命的傾向を持つかもしれないあらゆる人物の一掃運動が非常に強調された．このことは，20年間，科学者，エンジニア，高度技術者，その他の専門家への絶えざる猜疑心と迫害が行われ

たことを意味する．彼らの代わりに，よりプロレタリア的（しかしより専門性に欠ける）労働者が管理や監督的地位に昇格した（Tung 1982 : 68）．

大半の専門家が復帰した1970年代末からの鄧小平改革期以後でさえも，国有企業のインセンティヴ・システムは，創造的革新や質の高いサービスといった特徴を鼓舞しなかった．各々の企業は，その企業を支配する政府省庁によって決められた，または，中央政府の5カ年計画に基づいた，毎年の生産物量を生産しなければならなかった．企業の生産物は，政府によって買い上げられた．その際，それらは，国有の流通小売業者を通して分配され，販売された．企業の利益と，消費者への生産物の販売とは，何の関係もなかった．消費者が企業に製品の品質に関してフィードバックするメカニズムは存在しなかった（Tung 1982 : 23-26）．

このような工業企業システムの下で，個々の従業員が，企業の業績を改善するようなモティベーションに欠けていたとしても，驚くに当たらない．品質の低い製品に対する説明責任が企業にも労働者にもなく，従業員が新製品を考案したり，効率性や生産性を改善したりしようとしても（おそらく「労働模範」や「社会主義英雄」といったようなほとんど空疎な肩書き以外は）報酬はほとんどなかった（Tung 1982 : 265-270）．この状況は，長期的に持続可能なものではなかった．

1）　1980年代の改革：経営責任文化の創造への試み

工業システムの効率性を高める努力の一環として，1980年代初頭から，政府は様々な管理及び所有改革の実験を認めた．ここには，経営責任制（Jackson 1992 ; Chen 1995）[16]，農村部における郷鎮企業（TVEs）(Chen 2000)[17]，私的企業家が最大8人の従業員を有する小企業を設立することと，小規模集団企業のライセンスを購入することが認められた，都市部における「赤帽」と私営企業（Hamid 2000 : 8-10, 20-21）[18]，そして外資との合弁企業（Wang 2000 : 94-96）が含まれた．

これらの展開のすべては，起業家精神や企業内の経営責任，高品質を奨励するような市場の需要動向へのより一層の注意，企業の生産性を改善するよ

うな利潤動機のある種の形態を促進することを意図したものであった．しかしながら，これら様々な企業の再建における実験はすべてそれぞれに欠点があり，大半の企業は，長期的な強みや持続性を展開することができなかった．低賃金と輸入技術に依存する段階を超え，彼ら自身の生産物を革新し，知的所有権を通じて利潤マージンを増加させるという次の段階に入れた企業はほとんどなかった．ほとんどの国有企業（SOE）は，不履行債務を累積し続け，逼迫した国の銀行制度の重荷となり続けた（Jackson 1992 : 114-120)．私有及び集団所有企業は，不正契約，脱税，製品の安全性の無視，従業員の搾取，管理者による会社資金の流用，その他典型的な短期利潤最大化行動によって悪評を受けた．これら企業の企業生命は非常に短くなりがちであり，それらのほとんどは，自身の信用あるブランド構築ができなかった（Jackson 1992 : 108 ; Hamid 2000: 20）[19]．

2) 1990年代からのさらなる構造改革：SOEの法人化・私有化

1990年代から，中国政府はSOEの業績を向上させ，産業システム全体を再建する様々な方策を試みた．例としては，次のものがある．

- 非戦略的産業における中小企業の売却と，それによるそれらの私有化．他方で，大企業と，国防，電信サービス，石油と天然資源，等々といった戦略的産業のSOEの国家支配権の維持．これら国有大企業は，国有銀行融資に優先的にアクセスできる企業グループへと統合された．それは，数十年前の日本・韓国企業と同様に，国家的優良企業に成長させようとの試みであった（Jackson 1992 : 123-124 ; Nolan 2001)．
- SOEを株式所有及び取締役会の制度を持つ国家支配企業へと再建し，国の株式保有者としての役割を，取締役の任命と，株主総会における投票に限定しようとした．理論的には，専門的管理者は政府の官僚よりも，企業運営が上手なはずであった（Yusuf *et al.* 2006 : 86-93)．
- 多くのSOEは同様に，中国あるいは外国の株式市場に上場された．少数の公的な外国人投資家の存在と，それら上場企業の厳格な開示のルール

は，市場原理に従うことによって，企業の財務業績を向上させるはずであった[20]．

このような多くの改革にもかかわらず，大半のSOEの業績は不振であり続け，緊急の国有銀行融資によってようやく破産を免れていた[21]．多くの私有企業はまだ，急速に成長してはすぐに破綻する傾向にあり，創立者は，不正やその他の犯罪で非難されることも多かった（Wu 2007）．SOEと私的支配企業両者にあったこれらの問題の理由は，複雑である．そこには，この本の範囲を超えるような，政治的，法的，そして歴史的な要因が様々ある[22]．しかしながら一つの大きな要因が，中国の政策当局者によってますます考えられるようになった．すなわちそれは，企業構造や規制の改革は，従業員や管理者の考え方や「文化」（wenhua）を効果的に変化させることができなかったということである．

3. 中国における企業文化への認識の広がり

政策当局者が文化変容に信念を抱き始めた理由の一つは，従業員の行動と態度を変えることができて，成長と利益性を成功裏に維持できた企業がいくつか存在したことである．それらの企業は1980年代には赤字のSOEや無名の私有企業として始まったにもかかわらず，20年以上成長を継続させた後，世紀の転換点までには，中国の最も名高く最も業績の高い企業にランクされた．それらの企業のCEOは，企業の所有構造に重きを置かなかった（そして実際，それら企業には，国家支配企業もあれば私的支配企業もあった）．代わりに，彼らは自分たちの驚くべき成功の原因は，大きくはポジティブな「文化的理念」の従業員への効果的な適用にあるとした．第6章では，それら企業の中から，ハイアール集団と華為技術の2社について詳しく述べるので，ここでは，それぞれのCEOが彼らの際立った経済業績の秘訣とするものについて簡単に引用するにとどめよう．ハイアール集団のCEOである張瑞敏は次のように述べている．

企業文化とは……企業の魂である．もし，企業がそれ自身の文化を持たないならば，その企業は短期的には急成長しうるかもしれないが，しかし，スタミナを欠き，長くは続かないだろう．

(Zhang 1998 : 340)

華為技術の CEO である任正非はこう述べた．

資源は有限である．文化だけは，絶えず更新され続ける．すべての工業製品は，人間の英知によって生み出される．華為には，拠りどころとしうる天然資源はない．だから，人々の心の中に見出される巨大な「油田」，「森林」，「鉱山」に頼ることしかできないのだ．

(Huawei Technologies 1998 : 第 6 条)

ハイアールや華為その他のような企業の顕著な成功は，中国政府が，「企業文化建設」（*qiye wenhua jianshe*）を，すべての中国大企業の，特に政府がなお支配権を有する SOE にとってはとりわけ中心的な要件として見なすもととなった．

すでに 1993 年には，政府はいくつかの政策文書に企業文化（*qiye wenhua*）という用語を導入し始めた．ただし，その頃は競合するいくつかの概念の一つにすぎず，細部にわたって適用するような試みはほぼなかった（Zhongguo qiye wenhua yanjiuhui 2002 : 5 ; Zhang 2003 : 286）．たとえば，1993 年に中国共産党（CCP）は，「社会主義市場経済制度の建設に関する若干の決定」を承認した．そこには次のような一節がある．

我々は，企業文化（*qiye wenhua*）の確立を強化し，高水準の職業倫理を育成し，職場への敬意，信頼性，法への服従，創造と革新の精神を栄えさせなければならない．

(中国共産党 1993 : art Ⅱ. 7)

政府が企業文化を，市場改革期における国家支配企業及び私的支配企業の両

者の様々な制度的欠陥を克服する多くの有望な選択肢の一つとして考えていたことは明らかである（Wang 2003：5-8）．

　2001年より，政府は企業文化建設を企業が直面する多くの問題を解決でき，しかも同時に政府が私的支配経済をより監督することを可能にする変革の中心的技法と見なし始めた（Zhu 2003：10）．これが，先に見たように，中国政府官僚，ビジネス・リーダー，学者の企業文化への関心を明らかに爆発的に拡大させた．この様々な集団間の複雑な相互作用と，企業文化に関する対照的な考え方については，第1章と第2章の課題となっている．第1章では，官僚と学者による企業文化の中国的解釈の二つの独特な特徴を指摘する．一つは，中国共産党による政治的／イデオロギー的教化と中国企業内の企業文化の密接な関係の強調である．もう一つは，企業内におけるいわゆる「伝統的中国」文化理念の推進の強調である．同時に，これらの企業文化の解釈は，革新，品質，企業市民，そして従業員研修を，ポジティブな企業文化の本質的な特徴とすることにおいては非中国的モデルと共通である．第2章では，中国大企業は所有形態にかかわらず，企業文化の変容という公式的な目的の流布を含む，企業内の中国共産党組織の業務の忠実な支援者として自らを呈示しようとする強い願望を持っていることを明らかにする．他方では，中国共産党も企業内におけるその存在はなお適切で必要なものであると示すべく考えを変えてきており，その政策は，企業文化の変容が，企業を社会的にも経済的にも向上させるはずだと強調する．換言すれば，企業のCEOと中国共産党はともに，互いに順応しあうような方法を見出そうとしており，その過程において，互いに近似するように行動を変えてきている．

　第3章では，中国の大企業が彼らの組織内で企業文化の変容を進めるために使ってきた様々な技法を見ていく．その技法には，アメリカの一般的な経営学の文献から借用したり採用したりしたものもあれば，中国独自のものであるように見えるものもある．同章では，それら技法の数々が，従業員がある種の自律性を獲得して，「学習する組織」を創るという目的を達するものなのか，それとも，単に共産主義的思考と行動統制の新しい型に過ぎないのかを問うていく．第4章では，社内誌の刊行，及び，中国の大企業が従業員に

文化を広め，企業理念を教え込む主要な伝達手段の一つであるオンライン・フォーラムについてより詳細な分析を行っていく．同時に，これらの刊行物は，企業内のより広範な聴衆に向けて，従業員に自らの創造的才能と見解を披露することを可能にさせている．いくつかの企業における社内誌やオンライン・フォーラムの記事の立入った分析は，西洋的経営概念や，社会主義的な集団主義，叙情詩的な現実逃避など矛盾する理念の興味深い混合を見せる．この混合は，急速に変化する社会における中国企業内の「サブカルチャー」の複雑性を反映したものである．

　第5章では，CEO（同時に企業の共産党書記であることが多い）が会社内の企業文化の特殊な解釈を推進する役割について考察する．本書では，CEOが自らと中国政府との関係をよくする道具としていかに企業文化を利用するか，そして，自らを文化的／道徳的リーダーそしてパトロンとすることで，今日の中国においてビジネス・リーダーが富と権力を増大していることに対して中国共産党と中国の一般市民が抱いている微妙な態度をいかに克服しようとしているかを示していく．最後に，第6章では，二つの優良企業であるハイアール集団と華為技術を取り上げ，いかに彼らが様々な方法で文化的教化と金銭的その他のインセンティヴを結びつけ，突出した業績を上げるべく従業員と管理者を動機づけたかを示していく．同時に，同章では，それら2社——その延長としてその他の中国の大企業——が，彼らの「中国的」企業文化理念を変容させ，真にグローバルな企業になろうとする際に直面するいくつかの問題を指摘する．特に，従業員のオーバーワークとストレスの問題は，従業員が彼らの仕事を通じて一種の「自己実現」を得させるという文化管理の考え方に挑戦するものである．

　結論において，本書で議論される様々な企業文化変容の解釈や技法が，今日の中国社会における企業の地位がいかに独特なものであるかを明らかにする．中国の政策当局によれば，理想的企業は単に経済的実体であるばかりでなく，社会的・文化的実体でもある．同様に，中国のCEOは，単にビジネス・リーダーにとどまることはできず，文化的・道徳的リーダーとしても自らを演じなければならない．彼らは，お金を稼ぐ一方で，従業員を啓発し，

社会の文化水準を引き上げなければならない．最後に，企業文化変容プログラムにおける中国共産党の強い関与は，中国社会のすみずみまで政治が幅をきかせていること，そして企業はその影響から逃れることができないことを思い起こさせるものである．しかし，中国共産党は確かに企業内の文化に影響を与え，それを変容させようとしているものの，それが推進しようとしている企業理念の種類は，かつてのものとは大きく異なっている．実際，今日の中国における中国共産党と大企業の間の相互作用は，今日の中国における適合性を維持し，政権を保持するために，中国共産党内でも自らを変容させていることを示している．その結果，世界のどこの大企業とも重要な点で異なる理想的な大企業に関する，逆説的だが大変に興味深いモデルが出来上がった．

4. 本書の方法論と限界

　本書は，「外国人」が中国でビジネスをするための指南書ではない．質の善し悪しに差はあれど，そのような出版物はすでに数多く存在する．また，注意深く選ばれた中国企業の中で長期間にわたって行う参与観察に基づいた民族誌的研究でもない．そのようなアプローチは興味深いものであるが，今日の中国における企業文化現象の幅広さを表すには，そのフォーカスが狭すぎるであろう．そのような研究はまた，私のように目立つ外国人が中国企業内で観察すると必ず被観察者の行動に影響を与えるため，方法論的に問題があるだろう．

　代わりに，本書では，海外からの移植，中国政策担当者，学者，CEO や従業員による再解釈と適用を含む，今日の中国における企業文化の「制度」[23]の重要な諸側面を分析するものである．そのために，政府文書，研究書，経営コンサルタント本，企業のウェブサイト，社内刊行物，CEO の伝記，会社概要，そして中国企業の管理者や中国企業文化の専門家への私自身のインタビューを含む，広い範囲にわたる中国の情報源を活用した．これら情報源の寄せ集めの中から，私は彼らの経営業績にまったく関係のないように見える

ものも含む，会社の企業文化プログラムが創造的で時に矛盾に満ちたものであることを示すのに最も興味深く鮮明な例を集めた．分析対象とした個々の企業を選ぶのには，恣意的な要素が入り込まざるを得ないし，紙面の制約から，詳細な議論は一握りの企業に限定されざるを得なかった．独特の企業文化を発展させたことが同じぐらい有名なその他の多くの中国企業に関する議論を省いたことについて，あらかじめ謝罪しておきたい[24]．しかし，私は，産業，所有形態，地域をまたがって企業を選ぶように心がけた．企業文化の公式見解に自らを近接させようとすると考えられる国家支配企業を，私は，中国の異なる地域に存在する様々な形態の私的支配企業と比べていく．もちろん，それらの企業の文化について入手できる情報量も一つの要因である．私が選んだ企業はすべておびただしい量の社内文献を発行している（オンライン・マガジン，スピーチと政策文書，従業員の創作物の類を含む）．多くの場合，これらの私が選んだ企業については，中国の専門家による当該企業に関する外で出版された文献も探し出すことができ，それを通じてさらなるインタビューや現地訪問に基づく企業文化慣行についてより詳しい情報を得ることができた．共通点は，企業規模である．ほとんどすべてのこれらの企業は資産規模において，中国のトップ500に入っているか，私的支配企業のトップ300に入っている．したがって，私の分析からは，小規模もしくは中規模企業に関する結論は導かれない．

　二次文献の中には，より理想化された説明が含まれていることがあるので，文化変容の効果に関する主張には，割り引いて考えなければならないものもある．しかし，ほとんどの中国大企業が彼らの従業員を管理する方法において大きな調整を施してきたことは間違いない．彼らは「文化変容」業務に多大な投資をしてきており，多くの場合，彼らの文化的理念に適合するようにインセンティヴ・システムを完全に変えたのだった．したがって，文化管理技法の浸透の結果として企業行動には実際に変化が現れ，多くの企業は，その結果として経済業績が劇的に改善したと主張する．これらの主張の証明・反証は，現在の中国企業の財務に関する利用可能な情報がなお信頼に足るものではなく，多くの複雑な要因が企業の経済的成功・失敗の背後に存在する

ことから，不可能である．しかし，経済学的な議論を脇に置くならば，中国の企業文化の変容は，企業の役割と社会的機能に関する大変興味深い中国独自の視点を明らかにし，今日の中国社会である，資本主義的／社会主義的，伝統的／近代的，中国的／外来的なハイブリッド社会におけるビジネス・ライフの複雑性を示している．

中国情報源，ウェブ・リンク，為替レートについての注

私は中国語の主要概念，中国文献のタイトル，そして中国人の個人名を音訳するのに，人々が彼らの名前について異なった綴りを選択している場合を除いて，ピンイン，すなわちローマ字化を用いる．中国語の訳は，特に指示がない限り，私自身による訳出である．私は本研究のために数多くのウェブサイトを利用した．最新の情報であるように気を付けたものの，これらサイトのアドレスやコンテンツは頻繁に変わっている．ウェブサイト上の情報がすでに利用不能な場合には，これを参考文献欄に示している．執筆時点で，1USドルは6.46人民元である．

注

1) 南方電網のニュースセンター従業員である陳向陽によって書かれた詩の1行目を筆者翻訳．詩の全文は，陳 (2006) を参照．企業の従業員による，本詩及びその他の創作物についてのさらなる議論は，第4章を参照．
2) CEOによる文化推進についての議論の詳細は，第5章を参照．統一性，及び第1章で述べるような企業文化に関するアメリカの文献の中国政策担当者への明確な影響のために，私は，本書を通して中国語の用語である *qiye wenhua* を「企業文化」と訳出する．これに代わる訳語として，たとえば，「会社文化」(Cooke 2008) もしくは「組織文化」(Tsui *et al*. 2006) がある．
3) 刊行物の数を示すものとしては，中国国家図書館の2011年のオンライン・カタログでは，「企業文化」をタイトルに含む書物は1000を数えた．それらのほとんどのものは，1999年以降刊行された．論文については，CNKI中国学術誌データベースの検索によると，タイトルに「企業文化」を含む論文の数は，毎年着実に増加していることがわかる．1985年以前は0，1986年には10，1991年には171，1996年には696，2001年には1,144，2006年には2,824，2008年には3,661となっている．
4) 表明された，あるいは「公式の」文化理念の定義については，Schein (1985：28–

30)を参照.
5) これについては第4章参照.
6) 「私的支配企業」は中国語の「民営企業」(*minying qiye*)の筆者の翻訳である. これは現在,公式には,大株式所有者が,国家もしくは国家が支配する部局もしくは機関ではない企業として理解されている. この用語は,議論になりがちな「私有」(*siyou* あるいは *siying*)という単語を使わない婉曲な言い回しである「市民によって経営される会社」と訳された方がより正確であろう. 中国における企業所有の複雑さについては,Huchet & Richet 2002 と Huang 2008(第1-2章)を参照.
7) 企業文化連合そして他の関連する活動については,2年に1回刊の中国企業文化研究会(2003-)を参照.
8) この政策については,第1章で議論される.
9) このテーマについての研究として最も近い唯一の英語文献は,Peverelli 2006 であるが,Peverelli は,中国企業の行動を説明するために,多くの企業が彼らが何を行っているのか述べる際に使用している「企業文化」という概念を分析する代わりに,「企業アイデンティティ」と「企業スペース」という彼自身の概念的枠組みを適用することを選択している. 中国企業とのかかわりで企業文化もしくは「会社」文化に言及している英語の雑誌論文は,非常に稀である. これらの中には,ここの企業のケース・スタディにおいて企業文化はこれら企業の改革戦略の一部をなすと簡単に述べているものもあるが,しかしそれらの中では,「文化」とは何から成っているのかについてはほとんど示されていない(たとえば,Teagarden & Cai 2009, Lin 2005, 2006, 2009). 広範な調査に基づく中国企業もしくは会社文化の主な特色を簡潔に概観している論文もあるが,それらには個々の企業に対する詳細な分析はない(たとえば,Cooke 2008, Tsui *et al.* 2006, Xin *et al.* 2002). 実際,これらの研究の一つ(Cooke 2008 : 294)は中国において,企業文化がどのように作用すると認識されているかについて書かれた英語文献は「欠落」しているとしている.
10) 1990年に行われた調査では,組織文化か組織的象徴性をキーワードに持つ英語文献の数は 2,550 に上った(Parker 2000 : 59).
11) たとえば,中国企業文化研究会 2002 : 3-4 は,会が「世界中に企業文化に関する関心を爆発的に拡大せしめた」と主張する八つの英語文献を載せている. これらの非中国語文献の多くは,厳格な学問的研究というよりも,人気のある「経営アドバイザー」的なジャンルのものであった. Huang & Tian 2006 : 14-20 のようなより洗練された中国人研究者には,Mayo 1933, Maslow 1954, Douglas McGregor 1960 といった一般的な企業文化の文献に触発された経営学や心理学における学問的文献をよく知るものもいたが,しかし,彼らの主たる焦点は,人気のある文献で紹介されている実際的な技法にあった.
12) Peter & Waterman 1982 : 76, 279;Deal & Kennedy 1982 : 23;この2文献は,「理念」という用語を使っている. Ouchi 1981 第6章は,「哲学」という用語を好んで使っている.

13) Deal & Kennedy 1982 第6-9章，Ouchi 1981 第5-6章，Kilmann *et al.* 1986 第12-19章に他の例が見られる．
14) 角括弧の中は，正確を期して筆者が加えた部分である．
15) いくつかのアメリカの大企業で働くこと，及び，それらが特徴的な文化的理念を教え込もうとするやり方の体験についての最近の説明は，Frankel 2007 を参照．より最近の学者による実証的な研究としては，Goffee & Jones 2003 や Jones *et al.* 2006 を参照．
16) Tung（1982：268）は，請負責任実験は，四川において当時の地方の共産党書記であった趙紫陽の下で早くも1978年に始まり，1980年にはそれらは中国の最も大きな国有企業6,600社で国家的な規模に拡大されたと述べている．
17) TVEsは，広範な所有形態を含んでおり，TVE生産物の大宗を生み出した集団所有の他に，イデオロギー的な理由で私有とは呼ばれなかったものもあるが，他の多くは事実上私有であった（Chen 2000：7-8；Huang 2008：73-77）．
18) Hamid（2000：20-21）は，それらの元集団所有企業は，見かけはSOEながら中身は実際には私的起業家によって所有され，支配されていたことから，「赤帽」と呼ばれたと述べている．8人以上の従業員を持つより大きな私有企業は，1988年の「私有企業の暫行規程」の下でようやく解禁されたが，財産保証や，金融へのアクセス，税制上の優遇措置，SOEや集団所有企業にとっては利用可能な他の政府補助金の面で差別を受け続けた．
19) もちろん，困難の多くは，私有企業に対する明確な法的保護の欠如と国有銀行融資へのアクセスにおける困難性によって引き起こされ，その両者は私有企業に短期志向を招来せしめた．Hamid（2000 第4-5章）はそれらの外部的要因を詳細に扱っている．とりわけ彼は，1991年と1997年の間に私有セクターに振り分けられた中国の銀行の運転資金融資は，1％にも満たなかったことを指摘している（17）．
20) この「市場による規律」アプローチへの批判は，Hawes & Chiu 2006 参照．
21) 1990年代末からの数字は，地方政府所有企業の72％と中央企業の24％は赤字であったことを示している（Hamid 2000：14；Yusuf *et al.* 2006：77）．
22) より大きな問題に関する適切なまとめとしては，Hamid 2000 第4章を参照．
23) 制度という用語には競合する多くの定義がある．本研究に対する最も適切な定義は，Lecours（2005：7）のもので，それは，制度を「相互に関連した規則や慣習の束」と定義した March & Olsen（1989 第2章）を引用したものである．
24) 明らかに除外されているものをほんの一握り挙げるとすると，Lenovo（朕想），Changhong（長虹），China First Auto Works（中国第一汽車），そして Alibaba（阿里巴巴）がある．

第 I 部

中国における企業文化の理論と政治

第1章　中国の企業文化──公式の解釈と学界の解釈

　序章でみた諸外国の報告と比較して，中国における企業文化の解釈はどのように行われているのだろうか．本章では，中国における二つの情報源──私が「公式」と「学界」の見解と呼んでいる──に焦点を当てることとする．「公式」とは，中国政府が作成した政策文書にある企業文化に関する説明のことである．とりわけ，ここでは最初に，国資委が2005年に公布した，詳細にわたる「指導意見」を分析する．その中で，中央政府の直轄下にある120の大型国有企業集団に対して，中国政府が考えるところの企業文化について明確に説明しているからである[1]．「学界」による解釈とは，大学の経営学部の学生向けの企業文化に関する教科書や，企業文化に関する中国の著名な専門家の見解のことを指している．これらについて次節で述べる．中国の学界は政府の企業関連政策の立案にしばしばアドバイスを行っているため，二つの解釈には重なり合っている部分が存在する[2]．それと同時に，学界における解釈は一般に，公式の政策文書で説明された企業文化に関して，解釈したり，正当化したり，場合によっては拒否したりするより多くの余地を持っている．

1. 中国における企業文化の公式の解釈

　「中央直轄企業の企業文化の強化と建設に関する指導意見」（以下「指導意見」）は，2005年3月16日に国資委によって公布された（SASAC 2005a）．それは，四つの主な節と18の詳細な条項からなっている．冒頭の部分から，前述した企業文化に関する非中国的な解釈との差異がただちに確認される．たとえば，第1条には以下のような，企業文化のベネフィットに関する非常に直截な文

章が書かれている.

> 先進的な企業文化の建設は,〔共産〕党政権の強化,進歩的な社会主義文化の力強い発展,そして調和のとれた社会主義社会の建設における重要なファクターの一つである.それは,企業における改革の深化,発展の加速及び大きく強く成長するために,さし迫って必要なものである.それは,党の支配的な政治的地位を強化するために,<u>高いレベルの労働力を創出するために</u>,人々が自分の潜在力を開発するために必要な一つの選択である.同時にそれは,企業をして経営管理の質の改善,内部団結の強化,核心的競争力の構築を可能にする,自らの戦略的な動きでもある.
>
> (SASAC 2005a:第1条)

この文書においては,すでに紹介したアメリカの文献で言われているところの企業文化のベネフィットの証拠が確かに見られる.たとえば,経営管理の質の改善,「内部団結」と競争力の強化,人々の「潜在力の開発」など.「指導意見」の後続の部分においては,その他のビジネス上のベネフィットについて言及がなされている.従業員と経営陣のモラールの改善,イノベーションの促進,明確な一連の企業理念の形式,企業帰属意識の創造など,全て企業文化に関するアメリカの文献によく適合するような内容ばかりである(SASAC 2005:第4条).これらのベネフィットと併記されているのが,「先進的な企業文化」と共産党の「支配的な地位」の維持,社会主義の強化,「和諧社会」の構築との関係に関する中国特有の考え方である(胡錦濤の言葉への明らかな追随)[3].

このような併記が第5条においても続いている.それは,

> 企業競争力と経済的利益の改善を中心に,国有資産価値の維持と増加を確保し,従業員の多面的な成長を促進する視点から,企業文化の構築は,管理運営の重要な部分として企業の成長戦略に取り入れ,企業における党の建設,イデオロギーや政治的な活動と精神文明の創造活動とに有機的に統

合されるものでなければならない.

(SASAC 2005a：第5条)

その後の条項においては，党とのつながりがより一層強調されている．

> 先進的な企業文化の構築は，企業の経営陣と党の指導者との共同責任である……企業文化構築のためのリーダーシップ制は，現代企業制度と法人ガバナンス構造と適合的なものでなければならない[4]．党委員会，取締役会及び企業の上層経営者の全ては，企業文化戦略の発展プロセスに十分にかかわっていなければならない……企業文化構築の過程において，企業は草の根党組織と大衆的組織とを十分活用することに注意を払わなければならない．広範な党員はこの取り組みにおける支配的な役割を果たさなければならず，全従業員が企業文化構築に全力を尽くすことを導かなければならない．

(SASAC 2005a：第16条)

後の章で述べるように，企業文化を党の活動や政治的教化と直接リンクする試みは，中国企業が信奉している企業理念に対して興味深いイデオロギー的な傾向を提供している．

指導意見の中に見出し得る，企業文化に関する公式見解のもう一つの顕著な特徴は，「伝統的な中国文化」を強調することと，営利企業において熱心に促進されるべき活動の中心的な要素として「文化活動」を高揚させることである．たとえば，第12条では次のように述べている．「〔企業〕は中華民族の優秀な伝統文化の遺産を普及することに関心を払わなければならない」．さらに，第8条ではこのような責任に関する詳細を述べている．

> 〔企業〕は，適切な文化資源を提供し，企業文化の便益を改善するために一層努力しなければならない……企業は，革新的な方法で企業文化を構築しなければならない……とりわけ，インターネット，社内の出版物，ラジオ

放送やケーブルテレビのような新しいメディアを通じて，健全でかつ有益な文化的成果を提供することで従業員の文化水準を高めなければならない……．企業は，写真，書道，アート，文学やスポーツなどのような本務外のグループ活動を指導し強化することに意を用いなければならない．企業は，従業員の知・美・喜びに対する精神的，文化的な欲求を満たすために……幅広い，健全でかつ特有の文化活動を組織しなければならない．

(SASAC 2005a：第8条)

同時に，中国企業は，「先進的な」外国の文化の革新的かつポジティブな側面を進んで取り入れなければならない．たとえば，第8条には以下のような内容が追加されている．企業は，「退廃的なアイディア，封建的迷信，似非科学を認識し対抗する従業員の能力を高めるために，科学的知識を促進し，科学的精神の広範な推進」に努めなければならない．さらに言えば，企業は，「先進的文化の進歩的な側面をしっかりととらえ，オープンで熱心かつ寛大な，そして総合的な態度を持ち……先進的な外国文化の優秀な文化的成果から刺激を受け，世界中から新しい文化的，イデオロギー的，概念的なアイディアを積極的に吸収しなければならない」(SASAC 2005a：第1条)．

したがって，公式見解によると，理想的な企業というのは「先進的な」外国の経営管理慣行及び企業文化技法を，社会主義原則と適量の伝統的中国文化となんらかの方法で統合させ，訓練され教養のある忠実な中国市民であるばかりでなく，企業内において高いモティベーションと生産性を持つ従業員を生み出せるもののことである．

2. 中国における企業文化の学界の解釈

現在，企業文化に関する中国語文献は大量に出版されている．それゆえ，本節における以下の要約は入念に選んではいるが，不完全なものであることは避けられないであろう[5]．そうは言っても，本書のためにレビューした企業文化に関する数十冊の中国語文献のうち，スタイルと内容に関して大きく重

複しているものが多いため，下記の説明は中国の企業文化の専門家の幅広い意見の代表的なものであるということができる．しかし，このことは彼らの意見が一致していることを意味しない．とりわけ一部の学者は，企業における企業文化と政治・イデオロギーとの適切な関係ということに対して真正面から反対する意見を表明している．

言うまでもなく，企業文化に関する公式と学会の見解の主な違いは，その内容の詳細さの程度であろう．国資委の指導意見は企業文化の転換の戦略をいかに実行するかに関してはあいまいな提案しか行っていないのに対して，学界の文献は，中核的理念，企業哲学，慣行（rituals），従業員のインセンティヴ，及びより強くよりポジティブな企業文化をもたらすと主張する文化的促進の技法に関して段階的なガイドラインを提起している．これらの技法の多くは，一部は日本企業の事例であるが，明らかにアメリカの企業文化より導入されたものであり，そして実際同様の技法をうまく適用した中国企業の事例も含まれている．このことは，企業文化の転換は中国においても適切で，有効であることを示そうとするものである[6]．

研究領域を促進することや関連するコンサルタントビジネスの機会には既得権益が存在するためかもしれないが，これらの学者の全ては，企業文化の改善が企業にとって明らかにベネフィットがあるということで一致している（Wang 2003：34-38；Zhang 2003：29-46；Liu et al. 2004：5-8）．アメリカモデルのように，それらは企業文化の変容と企業業績との間の正の関係に疑問を呈する，その後の英語圏での研究の中で提起された問題や反論を無視する傾向がある．たとえば，羅長海と林堅は著書『企業文化の本質の原理』において以下のように主張している．

> 優れた企業文化の構築を通して，企業は競争力を強化し，特有のエートスを作り上げ，持続可能な成長を成し遂げ，激しい競争に直面しても優位性を維持することができる．この事実は，中国と外国の数多くの企業の生きた経験によって証明されている．
>
> （Luo & Lin 2003：127）

明らかに輸入思想に頼っているにもかかわらず，学者たちは以下のような主張を強調しようと躍起になっている．中国企業は，幅広い中国の社会，政治と文化のコンテクストに合致する独自の文化を発展させなければならない．ここでは，上で公式の方針の中に確認されることとしてわれわれが主張した，企業文化に関する二つの中国の独特の解釈について見ることができる．一つは企業文化と政治的・イデオロギー的活動との関係，もう一つは著者が企業内における中国文化理念と呼んでいるところのものの促進である．

まず政治的な側面についてであるが，一部の学者は共産党組織が企業文化の構築に重要な役割を果たしているという公式見解に同意している．張徳の編著である『企業文化建設』という清華大学の教科書は次のようにその正当性を主張している．

> 中国において，とりわけ国家支配企業は経済活動だけではなく，政治的・文化的活動も行っている．党組織〔その支部〕，その下部組織である共青団，婦女聯合会及び組合組織は企業において重要な役割を果たしており，巨大な影響力を持っている．これらの組織は強力なリソースであるため，企業文化の構築に際して軽視してはならない．これら組織の能力がフル活用されれば，企業文化の構築は従業員の幅広い支持を得ることができ，これは成功を確保するための確固たる礎となるに違いない．
>
> 企業文化構築の強化は，2枚の別々の皮より1枚の皮に宿る生命のように，企業の経営活動と政治的・イデオロギー的活動とを総合するのを促進することができる．
>
> (Zhang 2003 : 281-282)

張が示したように，企業経営者は，一方で，プロパガンダや，すでに多くの企業において党組織によって確立されている従業員支配メカニズムを活用して，彼らの企業文化の考えを従業員に普及するよう実際的に考えなければならない．他方で，張は，政治的活動の目標と内容と企業文化活動とはかなり大きく重なっており，実際上両者は自然に補完しあうものであるとも主張し

ている．企業文化と党組織活動とのシナジー効果に関するこういった楽観的な見解は全ての中国人学者に共有されているものではない．叶生は『企業の魂：企業文化管理の完全ガイド』において，以下のように強力な反論を行っている．

> 中国における企業文化の主な傾向の一つは，企業文化活動を政治的・イデオロギー的な活動と混同させることである……．中国政府は現在，企業経営を政治と分けて行う政策を実施していて，今日大多数の国有企業では，経営責任者は党組織の書記ではなく企業のCEOであるが，歴史的理由により，依然として……企業文化活動は当然のように党組織の責任として行われている……今日企業の基本目標は，企業の利益最大化であって，これは経済利益が最上位に位置づけられていることを意味する．しかし，党活動は政治的目標を最上位に置いている．この二つの強調点は根本的に異なっている．企業が党の政治的イデオロギー的活動を企業文化の「中核的理念」とすると，あるいは，企業文化の定義に政府が推進する様々な政策を取り入れるとすると，この「企業文化」はとても企業自身の発展の必要条件と一致するものではありえず……この種の企業文化は従業員に受け入れられるものにはなりえないであろう．
>
> (Ye 2004 : 32)

企業文化と政治的教化との「混同」またはそれらがどのような形であれ結びついているという示唆に対して，叶は強く批判しているが，彼がそもそもこのような主張を行わなければならないということ自体，この混同が——張徳は「総合」という用語を使っている——中国の企業経営者の間では非常に一般的なものであることを示している[7]．次章で示すが，この混同は，国有企業の経営者だけでなく，多くの私有企業にまで拡大されている．

この総合・混同のケース・スタディに進む前に，中国企業文化のもう一つの独特の特徴について述べておこう．すなわちそれは，学術文献にあるように，「中国的」[8]文化理念を中心に据えていること，そして，従業員を育成し彼ら

の「素質」を改善するための様々な洗練された文化活動を促進していることである．言い換えれば，これらの文献においては，国民文化やエリート文化[9]といったその他の文化の側面が含まれるように「企業文化」という用語を広げる一致協力した努力がなされている．

中国文化を強調することについて，研究者は一般に二つの理由を述べている．まずは実際的な必要性である．「中国的」理念は，「外国的」理念とは異なるため，企業の理念は，中国の従業員が自然になじみ，反応し得るような方法で表現されない限り，従業員は適切に動機づけられず，企業もうまく運営されないだろう（Wang 2003 : 215-216 ; Liu et al. 2004 : 115）．次に，「中国的」理念の優位性と実効性である．欧米，特にアメリカの多国籍企業の歴史的経緯は，個人主義かつ利己的で短期的な戦略が持続的な成功を生み出せないことを示している．とりわけエンロン事件以降，そうである．成功した多国籍企業の多くは，社会的責任を伴った企業市民モデルを採用し始めており，企業グループ全体と立地する地域コミュニティにとって十分に役立つために，従業員に自己の才能を最大限に活用するよう推奨している．これらの新しい企業の理念は「伝統的中国」文化の理想と類似している．ゆえに，中国企業は，すでに欠陥が証明された短期的志向の欧米型のアプローチを選んで，中国的な企業の理念を捨てるような間違いをすべきではないのである（Liu et al. 2004 : 146）．

文献の著者によって認められた，企業文化にとって有益で典型的な，ポジティブな「中国的」理念には以下のようなものが含まれる．チーム精神（グループ知や集団主義とも言う），人間第一，調和を強調すること（社会的調和と自然力との調和の両側面），実用主義，愛国心，困難を耐え自分を改善するために闘う意志，自己育成と利益とのバランス，違法手段による利益追求を拒否すること（Wang 2003 : 210-212 ; cf. Liu et al. 2004 : 第5章 ; Zhang 2003 : 276-277）[10]．

企業文化と「中国的」理念に関する学術的な説明においては二つの興味深い特徴がたびたび浮上してきている．まず彼らは現在の社会主義を，儒教のような伝統的な中国の信仰システムの否認ではなく，それらの自然な発展であることを示す傾向があることである．そのため，古代儒教の言い回しは，

同じ基本的な理念を単に言い回しを代えただけであるかのように，マルクス主義や毛沢東主義の革命的文献とともに引用されている．第2に，彼らは，アメリカ的な企業文化や経営管理の文献からの見方を再解釈する．そうすることによって，アメリカ的な見方を，儒教であれ毛沢東主義であれ中国的理念とみなすものと一致させ，企業経営に関する現代中国の問題に適用しやすく感じさせるようにしている．古代と現代，東側と西側，資本主義と社会主義のような様々な並記の結果は，理想的な中国の企業哲学を大変興味深い矛盾をはらむビジョンとならしめている．この主張によって，私は決して，アメリカやその他の非中国企業の「哲学」に矛盾がないことを言っているのではなく，単に中国の企業理論にはそれ独自の矛盾が存在しているということを言っているのである[11]．

この点についてより明確に示すため，ここでは天津大学の教科書『企業文化研究』の「中国企業文化」と題された章より引用をしてみよう (Liu *et al*. 2004 : 第5章)．

中国の卓越した伝統的文化は，企業文化を構築するに際して求めるべきである発想と育成方法の宝庫である．同時に，伝統文化の不利な側面は拒否し放棄しなければならない．毛沢東が言うように……「〔伝統的な文化の〕封建的な少数部分を放棄し，民主的な真髄を吸収しなければならない．これは，わが民族のために新文化を発展させ，わが民族の自信を高めるための必要条件である」……中国の企業文化が民族文化の基本を失ってしまうと，生気に欠け，活力もないものとなってしまうに違いない．

(Liu *et al*. 2004 : 115)

著者はこの後で，彼らが現代の企業幹部にとって，とりわけ適切だと信じている「伝統的中国」文化理念のいくつかの異なる側面について論述している．たとえば，「自己規律と自己開発」というタイトルの項目においては以下のように明言している．

経営管理は，ある人自身の行為と意志を用いて他人に影響を与え，彼らに従わせることである．「あなたが正しければ，他人は命令なしでついてくるが，正しくなければ，たとえ命令されても従うことを拒否する」〔孔子語録 13.6〕[12]．経営者が人々に自分を信じ受け入れてもらいたいならば，経営者は率直さ，誠実さ，勤勉さ，他者の尊重，忠誠心，公平性，謙遜と倹約といった徳性を自ら行動で示すことが必要であり，それによってのみ，同僚からの誠実な支持と力強い協力を受けることができるであろう……．儒教の経書である「礼記」の大学編に書かれているように，「天子から平民まで，全ての人は真っ先に自己開発を行うべきである」……企業のリーダーは同様に，自分自身を開発する，すなわち自身の言動と道徳行為に気を配ることによってこそ，家族や国に秩序，世界に平和をもたらすことができるのである．

(Liu *et al.* 2004：131-132)

ここで著者たちが引用した「大学」編と礼記の一節は，もともと儒教の理想像である「君子」を描くために用いられたものである．しかし，ここではこれらの美徳を体現しなければならないのは企業経営者である．著者はこの文脈を数ページにわたって述べており，そこでは，十数箇所にわたる中国の古典からの引用の中に，マルクス主義や毛沢東主義の教義と，時には欧米の経営学の権威者の意見を入れまぜながら引用している．彼らは主張の結論部分で，儒教の教えと併記してさらに現代の思想家を引用しているが，それはピーター・ドラッカーであった．

孔子はこう言った．「有徳の人々は決して一人ではなく，必然的に追随者を引き寄せるだろう」……これは偉大なる経営学の父であるドラッカーの教えと同様である．ドラッカーはこう語った．「自分自身を管理する能力を有する者がよい経営者になれる」と．

(Liu *et al.* 2004：133)[13]

多くの研究文献は，中国の企業文化の基盤として，「伝統的な中国的理念」を強調するばかりでなく，企業が，様々な芸術，文化及び体育活動を組織し参加するように従業員に働きかけるべきであるという公式見解にも共鳴している．これは，これらの活動が従業員を団結させ，より創造的であらしめ——それにより仕事におけるイノベーションが促進されるであろう——チーム精神を確立し，全般的に「資質」，「文化水準」及び「美的センス」を高めることができるからである (Zhang 2003 : 186-190)．張徳の教科書では以下のような従業員の好ましい活動のリストを明記している．スピーチや一般教養コンテスト（英語か中国語），歌コンテスト（カラオケを含む），歌や踊り，漫画コンテストやドラマを含む従業員バラエティーショー，社交ダンス，油絵，書道や写真展，団体旅行，スポーツ大会（登山，ドラゴンボートレース，凧揚げを含む），それほど体力を必要としない中国将棋，ブリッジ，カードゲーム，麻雀（企業がいかなるギャンブル行為も禁止していることさえ担保していれば）など(Zhang 2003 : 188-189)．言い換えれば，従業員を巻き込む集団行動はほぼ全て，「企業文化」の発展のために受け入れられる形もしくは手段であるように見える．

しかし，上に見た代表的公式見解と同様に，企業の利害とより広い社会政治的な問題との境界があいまいなこれらの活動の促進には強い道徳主義的な論調が見受けられる．たとえば，張徳が言及しているように，明らかに皮肉で言っているわけではないが，企業は，「中国でのオリンピックの開催を歓迎する」，「中国の歴史を愛する」などのような，会社の事業とはほとんど関係ないが，政府の文化政策に対する愛国的な支持を示すのに簡単に使われるようなスピーチコンテストのテーマを選ぶのが典型的である (Zhang 2003 : 188)[14]．

当然，劉・李・張らが指摘したように，「伝統文化の不利な側面を拒否し放棄する」ことは同様に重要である (Liu *et al.* 2004 : 115)．言い換えれば，「伝統的な中国」の考え方や行動習慣の一部は，ポジティブな企業文化の発展にとって障害となっているということである．たとえば，王成栄が主張しているように，中国人は感情的かつ衝動的で「面子」を重視するため，不条理な意思決定を下してしまい，しばしばルールや規制を違反して家族や友人を贔屓したり，本当の事情を隠したりする（おそらく上司に怒られることを避けようとする

ためである）．これらの全てのことが企業や広くコミュニティにとってダメージを与えることになる（Wang 2003 : 216）．また，王朝意と李慶山は，中国における二つの傾向を批判している．一つは，中国の従業員が権威に対して過剰に敬意を示す「伝統的な」傾向であり，それによって高度な中央集権化が生み出され，イニシアチブを誰も取らない官僚的な構造が形成される．いま一つは，集団のために個人の利害を無視する傾向である．それは平社員の間に憤懣を生み出すことになる（Wang & Li 2006 : 104-106）．

　根深い否定的な文化的傾向を一掃しようとするが，実際それは不可能に近いため，著者たちはその代わりに現代企業を取り巻く環境により適するような修正を提案している．たとえば，王と李は次のように述べている．企業の「英雄たち」は，他人より勤勉に働くことや，自分の家族もしくは個人の利益を企業集団や「家族」のために犠牲にすることによって賛美されるのではなく，むしろ教育あるいはその他の文化的活動を通じて，勤勉さと人間としての自分自身の自己成長との間のバランスを取ることによって賛美されるべきである（Wang & Li 2006 : 115）．

　総じていえば，企業文化に関する中国の学界の解釈は，全体として政策決定者の見方にさらなる正当性を与えるものである．すなわち，企業文化が企業業績のためになること．企業内において政治的・イデオロギー的活動と緊密に結びつけられていること——もっともこれに反対する学者もいる．企業文化が，研究者たちによって「中国的」文化や理念であると認められたものに何らかの方法で基礎を置き，それを促進しながらも，同時に社会主義を信奉し，外国の文化と経営手法の最良の側面を取り入れたものであること，である．

　ここで明らかな疑問が生じる．なぜ中国政府の政策決定者が，中央政府直轄企業に対して企業文化の強制条項を起草するほどに企業文化に注目するのか．そこにはいくつかの重複する可能な解釈がある．

　まず，一見すると，政府が企業文化を政治的な支配の道具とみなしているため，政府は企業内の中国共産党組織に対して，企業文化に対する政府自身の解釈に焦点を当てて企業文化の改革プログラムを実行するように指導して

いるように見えることである．国資委が中央直轄企業に対して企業文化の実施にあたっての「指導意見」を提起しているという事実は，政府がこれら企業の経営方法に影響を与えようとする証拠である．すでに示されたとおり，企業内の共産党委員会は企業文化構築の活動に緊密に関わることが求められている．

しかしこの解釈は企業文化に関する公式見解の多くの部分を無視しているため，誤解を招きやすい．とりわけ政府は，企業に経済的なパフォーマンスと科学的知識を創造し応用する能力を改善することも奨励している．もっと説得力のある解釈は，中国共産党自身は過去10年間で大きく変容してきており，中国企業内においてこれら企業の事業パフォーマンスの改善を助ける新たな役割を果たそうとしていることを認めることであろう．2001年より，中国共産党は，私有企業の経営者を含む企業家を迎え始めた．地方官僚は今，それぞれの地域に立地する私有企業の発展を促進し，雇用増加や政府税収の拡大につながることで報酬を与えられている（Dickson 2003：38-43, 101-104；Alperman 2006：33-60）．1980年代と90年代という早い時期においてすら，中国共産党はすでに内部から自分自身の重大な再定義を行い，階級闘争と平等社会の創造という政治的な焦点から経済発展と中国人民の暮らしの物的及び文化的水準の上昇へと変化させることが，自らの最優先事項だと認識した．この新たな焦点が結果的に1997年と2002年の党大会における修正につながり，鄧小平の意見と江沢民の三つの代表理論という改革派の考え方が取り入れられることになったのである（Chinese Communist Party 2006；Xinhua 2002）．現在の党規約には，下記のとおり「新世紀」のための共産党の優先事項が謳われている．

我々の戦略的目標は……中華人民共和国建国100周年〔すなわち2049年〕のとき，一人当たりGDP〔国民総生産〕を適宜先進国の水準にまで向上させ，大部分の現代化を実現させる……ことである……社会主義の目標をリードするため，中国共産党は経済成長を主要任務とし，その他の活動は二次的なあるいはこの主要任務に従属するものであるということを堅持しなけれ

ばならない.

(Chinese Communist Party 2009, 下線は筆者による)

90年代に上海で行われた営利企業に関する研究において, Doug Guthrie は, 中国共産党は企業経営に直接参与することから退きつつあると結論づけている.「企業レベルにおいて, 工場の多くの企業経営者が党組織メンバーであるが, 党は組織として企業が採用する意思決定や業務運営において直接役割を果たすことはない……総経理や工場長がますます企業の経済的な問題に関与するようになるにつれて, 企業内において党のイデオロギーを拡散する時間も関心もなくなっている」(Guthrie 1999 : 38-39). 80年代と90年代の中国経済における私有セクターや外資系セクターの劇的な成長とともに, 新たに設立された企業あるいは国家企業から転換された企業の多くの経営者は, 中国共産党が企業内で支部を設立することを拒否したり, 事業展開の際に党組織の支部を外したりしたことは事実であったという (Dickson 2003 : 38-42). しかし, 2002年の16回党大会から, とりわけ胡錦濤と温家宝の就任後, 中国共産党は私的支配企業と外資企業を含むあらゆる形態の事業会社において, 再びそのプレゼンスを拡大しようと多大な努力を払うようになった (Hawes 2007). このことは, 2002年の党規約に, それまでは「全人民所有企業」のみでしか言及されていなかったものが,「非公有経済組織」における共産党の役割に関する以下の部分を追加するというかたちで反映されている.

非公有経済組織において, 初級党組織は党の原則と政策を執行し, 国の規制や法律の順守において企業に対して指導監督を行う……企業の労働者と職員を結集させ, 全てのステークホルダーの正当な権益を守り, 企業の健全な発展に資するようにする.

(Chinese Communist Party 2009 : 第32条 ; Xinhua 2002)

中国共産党は営利企業, とりわけこれまでほとんど影響力を持たなかった私的支配企業と外資系企業においてそのプレゼンスを拡大している. 一方, 中

国共産党がこれらの企業において果たす役割は，改革前の時代のそれとは大きく異なっている．なぜなら，共産党の「原則と政策」自身が変わったからである．経済発展が最優先目標となったため，企業内の党組織はこの「中心任務」に対して全ての活動を従属させなければならない．

いったいなぜ企業が中国共産党及びその膨大な支部組織を迎え入れなければならないというのだろうか．叶生が企業文化の公式見解に対する批判の中で主張しているように，いかなる政治的，イデオロギー的な考えからも解放され，専門経営者に自主的に企業運営をさせるのがより合理的より効率的なものではないだろうか．中国共産党が企業文化という概念を役立つものだと考える理由はまさに以下の点にある．すなわちそれは，中国共産党は自分自身の新たなビジネス志向アイデンティティや，企業内における持続的なプレゼンスを正当化することができると同時に，かつての共産党の最重要事項である幅広い文化的イデオロギー的なアジェンダを柔軟に取り入れることができるからである．公式見解によると，企業文化は海外からの「先進的な」アイディアであり，外国企業のパフォーマンスと中核的競争力を改善するのに有効であることが「証明」されているものである．それゆえ，中国企業は，このアイディアを取り入れ，自社の企業文化プログラムを実施すべきである．また，中国の社会と文化は諸外国とは異なるため，中国の企業文化はそれらの違いを反映するものでなければならない．言い換えれば，いわゆる「中国文化」の理念を吸収し促進すべきである．これらの理念は，伝統的哲学の原則と社会主義原則の混合物のように見える．たとえば，前者の原則はリーダー（経営者）が道徳模範となり構成員（従業員）を開発するという要請であり，後者の原則は企業経営への従業員参加や，営利企業の社会的政治的義務を大きく強調することなどである．従業員を動員すること，道徳規範を守らせること，一般大衆の「文化の質」と「精神文明」を改善する教育と文化活動を組織することにおいて，豊富な経験を有している中国の企業内の共産党組織ほど，この中国版企業文化を促進するのに相応しい組織はあるであろうか．

企業の経営者は，中国政府，学界や経営コンサルタントによるこれらの熱心な企業文化の促進に対してどう反応したのであろうか．次章では，中国企

業が自社の企業の理念を変容しようとするいくつかの方法,そして公式及び学界から広まった,おそらく自己矛盾的な企業文化の定義に応える際に企業人がいかに自己を呈示してきているかを検証する.

注

1) 国資委の役割に関する説明は,SASAC 2011a を参照.120 社の中央直轄企業グループのリストは SASAC 2011b を参照.
2) たとえば,清華大学の張徳教授は,国資委の指導意見を起草したことを示唆している(筆者によるインタビュー,2008 年 4 月,北京).
3) 胡錦濤は 2005 年 2 月に中央党校でのスピーチの中で,「和諧社会」の建設を提唱した.それ以来,この概念は,農村部の不満と失業など中国社会における様々な社会問題や格差問題に取り組む際に,政府が打ち出す新政策の一つとなった.胡のスピーチに関しては People's Daily 2005 を参照.
4) 言い換えれば,中華人民共和国「会社法」(PRC State Council 2005)や同等の営利組織立法に従う.
5) 企業文化に関する中国語出版物の統計については,序章の注 3 を参照.
6) 多くの文献は,前述した有力なアメリカの文献の主張を要約している.一部の文献はヨーロッパや日本の企業文化についても論述している.たとえば,Liu et al. 2004:23-26;Wang 2003:194-201, 207-210 を参照.
7) 叶生のプロフィール(Ye 2004 にある)によれば,彼は現在香港に本拠地を置き,自ら企業文化のコンサルタント業務を展開している.それは,彼が企業文化活動に対する政治的な介入に反対することを,部分的に説明するものである.
8) ここで,「中国」に引用符を付けたのは,これらは私自身のいわゆる中国的理念の解釈ではなく,これらの文献の著者によってこれらの理念が中国的だと認められているからである.実際,「中国文化」と「中国的理念」の独自性をはっきりさせることは極めて困難なことであって,一部の学者は,「国民文化」を議論することには果たして意味はあるのかと疑問を投げかけている.たとえば,McSweeney 2009 を参照.この問題点は非常に興味深いのだが,本書の範囲を超えている.
9) 多くの文献は,「中国式企業文化」ないし「伝統的中国文化理念」,あるいは,中国の理念と日米欧のそれとを比較することについて多くの章を割いている.Wang 2003:194-215;Zhang 2003:第 14 章;Liu et al. 2004:第 3-5 章;Luo & Lin 2003:第 6 章;Huang and Tian 2006:273-281 を参照.現代中国における「素質」という概念に関する詳細な分析について,Jacka 2009 や Kipnis 2006 を参照.
10) 中国の文化と政治的影響の批判的な説明については Ye 2004:30-34 を参照.
11) 多国籍企業の矛盾に関する鋭い分析については,Bakan 2004;Mitchell 2002 を参照.
12) ここで引用を加えているのは,儒教の経典についてなじみのない読者のためで

ある.
13) 「論語」4節25より引用. 著者はドラッカーの「意見」の引用の詳細を明記してはいないが,以下の引用であると思われる.「歴史上の偉大な成功者,ナポレオン,ダ・ヴィンチ,モーツァルトは,常に自分自身を管理してきた.それが,彼らを偉大な成功者にさせた最大の理由である.しかし彼らは才能においても,功績においても普通の人間の存在の域値を超えた,極めて例外的な存在である.適度の才能を持つ我々はなおのこと自分自身を管理することを学ばなければならないだろう……」(Drucker 2008:1).
14) このような文化的活動の実例は第3章で述べる.

第2章　党の路線に従うかそれとも変更するか？
――中国大企業における文化的理念の移行

　中国語であれ非中国語であれ企業文化に関する多くの文献は，組織変革の流れを二つの主要なステージに分けている[1]．まずは企業理念，ミッション，哲学と団体精神（spirit）を定義する段階である．これらの用語は幾分重複しているように見えるが，企業構成員が達成しようと努力する一連のハイレベルで比較的一般化された理想と目標を企業の経営者と従業員が決定するために設計されるものである．教科書の著者は，このステージでは，できるだけ多くの従業員を巻き込んで，企業が何のためにあるのか，そして企業の基本目的がいかなるものであるべきかについて，最大のコンセンサスを達成すべきであることを強調している（Deal & Kennedy 1982 : 167 ; Huang & Tian 2006 : 110）．いったん理念が形成されると，第2ステージは企業を挙げてそれを実行することになる[2]．

　本章は，第1ステージに焦点を当てることとする．すなわち，中国大企業がよく取り入れる宣言された文化的理念の種類と，理念の選択によって明らかにされた，中国における企業と政府の政策策定者との複雑な関係を確認することである．これらの理念の履行については後章でのトピックスになる．

1. 文化的理念の形成：協議プロセス？

　一部の中国企業は，企業理念がいかなるものであるべきかについて従業員から意見を聴取するのに長期間を費やすように見える．たとえば，華東電力は理念の起草プロセスについて，以下のように述べている．

［企業の『企業文化ハンドブック』のための］意見聴取の際，我々はまず各部署から寄せられた 60 の経営理念について全従業員に評価してもらった．その結果，新たに 63 の経営理念が得られた[3]．改訂に関する意見聴取のワークショップにおいては，みんなが率直に自らの考えを開陳した．たとえば，ある課長は，企業文化を樹立する際，「行動が地を這う，高尚な文化的理念が空中を漂う」という状況を避け，理念に伴って「行動基準」をも取り入れるべきだ，と主張した……結局，わが社が公表し，皆さんが目にした最終版の理念は，いくつかの提案のエッセンスの混合と改善によるものであり，どの部署あるいはどの個人が考え出したものとは言えないものとなった．それゆえ，華東電力の『企業文化ハンドブック』は全従業員の集合知の結晶であるといっても過言ではないものである．

(Hu 2007：456)

このような幅広い協議プロセスが取られたにもかかわらず，大企業に選ばれた理念の種類は大きな共通性を有している．この点について**表 2-1**，**表 2-2**がその根拠を示している．これらは，異なる産業分野における 10 社の国家支配企業と 10 社の私的支配企業を含む，20 社の中国大企業の宣言理念ないしスピリットを比較したものである．

国有企業と私有企業の両方の企業理念の多くは，誠実，高潔，イノベーション，他者や社会への責任が含まれる．その他の理念の例としては，人間第一(尊重)，学習への努力，協働・相互協力・調和といったことなどもしばしば見られる．儲けることは直接言及されておらず，利益が「優秀な業績」，「成長」，「ベネフィット」などの用語で間接的に表現されていて，企業の利益が株主ないし経営者のみならず，より一般的に企業内外の人々にも利益をもたらすシステムの一部分でなければならないことが明らかである．このような，それに出合うあらゆる人々に利益をもたらす実体としての企業ビジョンは，企業のウェブサイトにある企業理念に付随する解釈により詳細に示されている．一例をあげると，保険会社である中国生命保険が自社の企業理念，「他人のために自らを熟達する」を以下のように理想主義的に解釈している．

第 2 章 党の路線に従うかそれとも変更するか？　45

表 2-1　中国の国家支配大企業 10 社の理念

企　業　名	宣　言　理　念
国家電力（電力供給）	誠実と高潔，責任，イノベーション，コミットメント．
中国石油	誠実と高潔，イノベーション，業績，調和，安全．
中国移動（電気通信事業者）	真実と徳，他人に寛大，完璧を追求．
中国生命保険（保険）	他人のために習熟，他人を助けて自社が受益．
中国建般銀行	誠実，公平，穏健，クリエーティブ．
中国通信	全方位のイノベーション，真実を見出し現実に焦点を当てる，他人最優先，共同で価値創造．
宝山鋼鉄	誠実と高潔，協力．
中国石化（化学メーカー）	人間として誠実で高潔，協力，研究熱心．仕事に際して，良心的，創造的，優秀であること．
第一自動車	学習，イノベーション，忍耐，自決．
中糧集団（COFCO）	誠実と高潔，チームワーク，プロフェッショナリズム，イノベーション．

注：選択基準は資産規模，ホームページに文化的理念を載せている国家支配大企業であること．企業名からは企業の事業内容が不明であるため，各企業のコアビジネスを表内の括弧に示した．

表 2-2　中国の私的支配大企業 10 社の理念

企　業　名	宣　言　理　念
復星集団（資源，医薬）	自分を磨く，会社構成員の団結，企業建設，世界に役立つ．
沙鋼集団	自らの強みで復活，奮闘，勇気あるイノベーション，上を目指せ．
広厦集団（建築，不動産）	仕事に敬意を払う，チームワーク，卓越，コミットメント．
万向集団（自動車部品）	務実（生産・技術・実務などを行う），創新，卓越，形式主義や嘘言をしない，自分の夢を実現するための自分も道を探せ．
蘇寧電子	百年企業になるため国・企業・従業員と利益を分け合う，家族的な雰囲気の企業になるため互助，交流，指導及び公平に責任を持つこと．
雅戈尓集団（衣類）	企業活動を誠実に行う．務実，責任を持つ．調和．
正泰集団（電子機器）	企業活動を誠実に行い，法令を遵守する．効率性と業績に主眼を置く，絶えずイノベーションを行う．
上海永楽家電	人間重視，卓越，顧客への価値提供，他人の権益を草重．
徳力西集団（送配電機器）	品質，人的質，名誉の質，サービスの質で従業員の信用を表す．
天正集団（電子機器）	学習・創新・調和を求め，ともに成長する．

注：選択基準は資産規模，ホームページに文化的理念を載せている私的支配大企業，企業集団であること．

……社内の観点から言えば,「他人のために自らを熟達する」ことは,企業が従業員とともに成長することを強調するものである.このことは,従業員が継続的に学習し自らのスキルと能力を高め,一丸となって会社を建設することを求める.また,企業が全従業員に対して動機づけや積極的な態度の維持に注意を払うことをも求める……企業と顧客及び社会との関係に関していえば,「他人のために自らを熟達する」ことは中国生命保険会社の社会的責任に対する良識を十分表しており,またわが社がより強くなる目的は,社会により良い生命保険サービスを提供することであることを強調している……競合相手との関係に関していえば,「他人のために自らを熟達する」ことは,中国生命保険が競争相手を,中国の保険業を発展させるための共通のパートナーとして考えていること,また公正な競争の原則を尊重することを自分の行動をもって示そうとしていることを意味するものである.

(China Life Insurance Group 2011)

多数の大企業の理念宣言の類似性は,次の二つのどちらかを示している.一つは,全ての企業従業員は,自社のために理念を提案する際に当惑するほどに画一化された思考法をとることである.いま一つ,よりあり得るのは,どの理念を選ぶかという最終決定を行う企業の経営者が,前章で概説した企業文化に関する政府による定義と,自社が公表する理念とを適合させることに熱心であることである.とはいっても,頂点にある企業理念は一般的で抽象的なものであるため,企業がいかに理念を解釈し,実践に落とし込んでいるかについてそれだけでは判断できない.そのため,企業の自己呈示のいくつかの例を詳細に考察する必要がある.

これから後の2節では,とりわけ宣言理念が日常行動に影響を与えていると主張する部分に焦点を当てて,1社の国家支配企業と3社の私的支配企業の文化表明について比較を行うこととする.これらの企業は明らかに,前章で引用した,国資委の指導意見に書かれている企業文化に関する政府の定義の「教科書的な」お手本として自社を呈示している.

2. 企業による文化表明：四つのケース・スタディ

1) 国家支配企業：首鋼集団

　首鋼集団は，中国の主要な工業企業の一つである．80年代初頭から，首鋼はすでに自社が，債務超過で深刻な汚染問題を抱える企業，かつ，汚職やスキャンダルで評判が傷ついた非効率な重工業企業から，収益性の高い，環境に関するベストプラクティスをとり入れた鉄鋼とハイテクのコングロマリットへと変容したと主張している（Shougang Group 2009a）[4]．首鋼は明らかに，自社が今日中国の企業文化の最良のモデルであることを外部者に見せようとしている．首鋼のウェブサイトでは，集団の親会社が「全国優秀企業文化模範トップテン」を2005年に受賞したことを公表している．同社は自社及び他社の従業員を教育するため，企業文化に関する一連の教科書を著した．首鋼のロゴが教科書の表紙の目立ったところを飾っており，教科書は首鋼の経営管理体制や従業員の動機づけの方法に関して詳細に説明している[5]．

　首鋼は，自社の「企業精神」をミッションステートメントで推進している．ミッションステートメントについてはウェブサイトで以下のとおり詳細に説明している．「自律的であること，開放性，現実に焦点を当てる，イノベーティブであること，誠実さと高潔さ，企業への忠誠心」（Shougang Group 2009b）．たとえば，「誠実さと高潔さ」に関する解釈は，「誠実さと高潔さとは，他人に対して忠実で，偽りのないそして誠実な対応をしなければならず，我々の信頼に値する行動で他人の信頼を獲得し，他人を信じることを学ばなければならないことを意味する．また，契約を遵守し，公正に競争し，公正な取引を実行し，偽造と欺瞞，たくらみとだまし，偽造商品と欠陥商品，その他非倫理的な行為に断固として対抗することをも意味する」（Shougang Group 2009b）．

　首鋼集団は，環境問題に深く配慮する，よい企業市民として自社を見せようと努力している．首鋼はウェブサイトで，以下のように宣言している．「首

鋼の飽くなき追求は，市民，テクノロジーと環境を調和させること，企業及び幅広い社会のバランスの取れた持続可能な発展を実現させるために努力することに向けられている」(Shougang Group 2009a：Ⅱ. 1). 首鋼集団は，この目的のために削減した二酸化炭素とその他の重工業排出物の削減率は2001年から2007年にかけての6年間で45％から95％の間であったと主張している.

　方針とされたこのような理念は，アメリカやオーストラリア企業のウェブサイトにあったとしても不思議はなく，その多くが首鋼集団の事業業績向上と関連づけられる. とりわけ, 首鋼集団のウェブサイトでは, 2000年の3億4,400万元の赤字から2007年の5億5,000万元の黒字へと業績転換ができたことも示されているからである (Shougang Group 2009a：Ⅱ. 1). ところがさらに首鋼のウェブサイトを注目して見ると，首鋼が政治的・イデオロギー的な問題に強い関心を示していることにも気づかざるを得ない. たとえば，首鋼のウェブサイトでは，企業内にある共産党委員会が首鋼の企業文化を促進し強化していることを特筆している (Shougang Group 2011a). 首鋼が2005年に模範的な企業文化で受賞したとき，当時会長で共産党書記でもあった周継民も，優秀な「企業文化管理企業家」という国民賞を受賞した (Shougang Group 2009a：2011b). それだけではなく，首鋼は，「中央政府と北京市政府の戦略的政策を，真心を込めて取り入れ」，また「科学的発展観——胡錦濤（元）主席の中心政策である——を広範囲にわたって実施する」ことをウェブサイト上ではっきりと表明している (Shougang Group 2009a)[6].

　事業再編，技術上の優れた能力及び財務業績を賞賛する西側の経営用語の後に，党の発言と官僚的表現への突然の逆戻りのような記述は，西側の企業経営者からすると適切ではないように思われるが，国資委の指導意見の中で述べられた企業文化の公式見解にきっちり沿うものである. 全従業員の「質」を継続的に改善することはもちろん,「社の経営管理を完全に民主化する」ことが首鋼集団の責務であるとするウェブサイト上の言明についても同様である (Shougang Group 2009a：Ⅲ. 5).

　企業の従業員に対する「配慮」は様々な形で示されている. 2000年以降，首鋼集団は正規社員の規模を，約19万5,000人から今日の8万人以下の水準

まで削減しなければならなかったにもかかわらず，レイオフされた従業員が新しい職を探すための過渡期にあっても最大の努力を払い彼らを支援したという (Shougang Group 2009a：Ⅱ. 3). 企業に残った従業員は手厚く保護されている. たとえば，首鋼は，企業の25の社宅エリアや単身世帯社員寮と社員食堂を大々的にアップグレードし，リノベーションを行った. 政府はこれらの住居地域を「文明化された首都都市コミュニティ」と称している (Shougang Group 2009a：Ⅱ. 4). 首鋼は，従業員の文化祭や体育祭，「バラ園花鑑賞会」活動，会社設立85周年の派手な祝賀会などを含む一連の文化建設活動を組織することを通して，従業員の帰属意識の強化と企業イメージの向上を図ってきた. 首鋼集団は，2005年から2010年にかけて正規社員の平均年収を倍にしようとし，さらに2010年までに，専門職及び技術マネジャーのうち少なくとも50％以上が学部卒で，さらにそのうち1,000人以上が修士学位，100人以上が博士学位の取得者であることを確実にしようとしていた (Shougang Group 2009a：Ⅲ. 5).

首鋼はその規模と首都に近接していることで，政府の目を引きやすい. そのため，首鋼の会長・党書記は，首鋼は中央政府の最新の政策のショーケースになるために努力しなければならない (Hassard *et al.* 2007：第5章). 国有企業集団として，首鋼は国資委の指導意見の要求，とりわけそこでの政治的・イデオロギー的活動の強調にしっかり従うことが期待される. しかし，首都から遠く離れている国家支配でない大企業はどうなのだろうか. それらの企業での企業文化の表明はいかなるもので，政府の解釈に合わせなければならないという制約はこれほど課されてはいないのであろうか.

2) 三つの私的支配企業：広匯，天正と広厦集団

本節では，自らを明確に私的支配企業としている3社の企業理念に焦点を当てることとする. これらの企業も，政府が大株主ではないにもかかわらず，首鋼のように企業文化の確立に関する政府の見解にしっかりと従っているよう自らを呈示している. 選ばれた3社は，規模で中国の私的支配企業トップ25にランクインし，それぞれ異なる地域で事業を行っている. 広匯集団は，

はるか西方の新疆に立地しているコングロマリットで，主な業務はLNG生産と自動車の売買取引及びサービスである．天正集団（英文：Tengen）は浙江省に立地しており，各種の電子機器を生産する企業である（全国展開の販売網を持つ）．中国広厦集団は，建設，観光，メディア，教育サービスを傘下に持つコングロマリットで，同じく浙江省に本拠を置いているが，主軸事業は山西，湖北及び上海で展開している．

　3社はともにイノベーティブで，最新の技術を活用しており，顧客に無類のサービスを提供する企業と自己呈示するのに熱心である．たとえば，天正のスローガンの一つは，「優れた信頼性のある製品・サービスを全力で提供すること，電力をより安全でより効率的に供給し，人類に恩恵を迅速にもたらすこと」である（Tengen Group 2011a）．同時に，天正は共産党とその政策への支持を積極的に公表している．天正の中国語のウェブサイトのフロントページには，「文明的職場の建設」というタイトルの目立つ緑のリンクが表示されており，そこから「党と大衆活動」，「イデオロギーと道徳」などを含む企業の共産党委員会活動のページへとつながる（Tengen Group 2011b）．これらのページは，同社が様々な党の政策をいかに実行しているかに関する難解な政治的表現で溢れており，同サイトにある別の部分にリンクしている実務やテクノロジーのページの内容やスタイルと比較すると違和感がある．同様に広厦のウェブサイトでは，各支社にすでに170の党組織支部が設立され，また最近「先進的草の根党組織」として浙江省政府に表彰されたことを誇らしげに公表している（Guangsha Group 2011a）．広匯集団の「企業文化」のウェブページには，グループの党組織建設と共青団活動へのリンクが張られている（Guanghui Group 2005a）．

　これらの共産党活動の目的は，『中国共産党の草の根組織』という本の中の広厦集団に関連する一章に明快にまとめられており，広厦のウェブサイトにもその抜粋が載せられている．

　　私的支配企業は我が国の社会主義経済の重要な構成部分であり，……企業の所有形態は党組織建設の障壁として扱うべきではない．最初から，広厦

は，私的支配企業における党組織の設立の目的を認識している……，すなわち，従業員が熱心で創造性を持ち，積極的に主導権を取るようにするために，彼らの間で政治的・イデオロギー的活動を強化するのである……，また，企業文化建設を強化することによって，企業発展のために動機づけの堅固な基礎が作られるのである……この点に関して，〔広厦集団の〕会長である羅中福は次の内容を繰り返し強調して述べている．すなわち，私的支配企業内にある党組織とは副次的な存在ではないし，あってもなくてもよいようなものでもない．そのため，党は草の根の組織に至るまで，各レベルにおいて強化されねばならない存在なのである．

(Central Party School Education and Research Division 2006 ; Guangsha Group 2011a)[7]

この3社の私的支配企業はともに，自社の「企業文化」の主要側面として党から得たお墨付きを顕示するほかにも，中国文化や従業員育成の促進を見せびらかすのにも同様に熱心である．国資委の指導意見を文字どおり守っているかのように見える．たとえば，天正は，企業文化の中心的な理念を書道の題字を記した中国の伝統的な水墨画を用いることにより，「賦」〔訳注，Chinese prose：中国語の韻文の一つである〕で企業理念を解釈し表現している (Tengen Group 2011c)．天正と広厦はともに社内報を作っており，従業員がクリエイティブな作品やその他の芸術作品をそこに投稿するように奨励している (Tengen Group 2005, 2011d ; Guangsha Group 2011b)．天正のオンラインマガジン『天正人』は天正企業文化発展センターによって作られており，高天楽CEOが編集委員長となっている (Tengen Group 2005)．最後に，この3社はともに数多くの文化，スポーツやその他のグループ活動を組織し，定期的に「企業文化」ウェブサイトでその様子を報告している (Guanghui Group 2005b, 2011を参照)．広匯はこれらの活動の目的について以下のように述べている．

我々は，多種多様な活動を組織することを通じて，わが社の豊かな文化性を際立たせ，従業員の帰属意識と使命感を強化し，共産党員や共青団員及び組合員は，企業の模範的人物や重要なリーダーとして行動するために完

全な自由裁量を与える.

(Guanghui Group 2005a)

　企業文化に関する公式的・学術的な表現と同様に，これら企業の表明においても企業文化の実用的な便益と政治的・イデオロギー的な内容とを混合させており，さらに，「伝統的な中国文化」の普及促進と従業員の文化水準の向上への努力を見てとることができる．これらの私的支配企業が，企業文化の確立に関する中央政府の指示をできるだけ厳格に遵守しようとしていることは疑う余地はない．実際これらの私的支配企業は，この活動における党組織の役割を，国家支配企業より熱心に公表しているようにすら見える．

　強力な中国政府に気に入られ，それによって明白な政治的便益がもたらされることを除いて，企業文化の変革には，とりわけ政府によって推進された企業文化を取り入れることには，企業にとってより直接的なビジネス上の便益といったものが存在しているのだろうか．有名な華為科技のCEOである任正非は，企業の財務業績に大きな直接的な便益をもたらすと考えている．彼は企業文化マネジメントにおいて，彼自身の中国的なやり方を推進している．すなわち，多数の革命的な表現と，利益と業績に重きを置く実践的な表現と混合させるというやり方である．後章（第6章）では華為の慣習とインセンティヴ・システムを詳しく述べるが，共産主義的な動員方法の力を，現代資本主義企業の経営管理に「イノベーティブな」活用については，ここでの議論に最も適しているのである．

3. 華為科技の文化的理念のメタファーとしての政治と革命

　中国で最も有名な私的支配企業の一つである華為科技は，世界で最も成功しているネット関連企業の一つでもある[8]．華為のウェブサイトに掲載されている様々な理念やイメージ画像からは，華為が自社の国際的な名声を強調し，中国のシスコシステムズとしての評判を強化しようとしていることを見てとることができる．広東省にある主要な「キャンパス本部」の艶やかなイメー

ジ画像とともに，世界各地にある様々な国際業務と研究センターの宣伝写真が目立つように掲載されている (Huawei Technologies 2011a, 2011b). 華為のウェブサイトでは，グローバル業務を通して卓越した顧客サービスを提供することの重要性が絶えず繰り返されている．実際，華為は自らの企業としてのミッションを以下のように公式に述べている．「顧客に対する価値を絶えず最大化するため，優れた通信ネットワークソリューションとサービスを提供することによって，マーケットにおいて顧客が抱える問題点とニーズに焦点を当てる」ことである (Huawei Technologies 2011c).

華為は，『華為人』，『華為テクノロジー』と『華為サービス』というウェブサイトでも利用できる三つの月刊誌を通して自社の文化理念を推進している (Huawei Technologies 2011d, 2011e). ある論説によると，『華為人』は「華為社内の全ての人が読まなければならない出版物である．単に情報源であるばかりでなく，より重要なのは華為の文化を普及するフロントラインであるからである」という (Zhao 2005).

しかし，華為文化の重要な側面の一つは，従業員にパフォーマンス向上を動機づけしたり，自社のマーケティング戦略を述べたりするにあたって，政治的ないし革命的な用語を使用することである．共産主義思想に関する興味深い再解釈を，市場志向のビジネスコンテキストに適用することがその一例である．

たとえば，企業の文化的教化の要の一つは，従業員に対して定期的に「自己批判」を行うように求めていることである——言い換えれば，自らの仕事上の過失，自らの業績及び会社の製品とシステムの効率性をいかにして改善することができるかについて公衆の面前で反省することである (Ren 2000; Zhao 2005; Luo et al. 2006: 405-427).「自己批判」という用語の使用は，毛沢東の支配下にあった高度な共産主義期への意図的な逆戻りである．『毛沢東選集』，通称「毛沢東語録」の中で「批判と自己批判」に充てた章では，「自己批判の入念な実施」が極めて重要なものであることが述べられている．なぜならば，「顔は定期的に洗わないと汚れてしまう」のと同様，「党員の心と党の活動にも塵が積もったりするため，清掃や洗濯する必要がある」からであ

る（Mao 1967）．任正非はずっと毛沢東作品の熱心な読者であり，1988年に華為を設立するまで軍隊に17年間在籍していたため，軍隊式の規律に対する深いリスペクトが彼には染み込んでいると，多くの評論家は指摘している（Cheng & Liu 2004：223-225；Chen 2007a：120-121；Zhang 2007b：51）．

もちろん，1960年代まで共産主義政治キャンペーンが続いて人々に自己批判を強制することが恐怖と相互監視の時代風潮を引き起こし，ついに悲惨な文化大革命となっていったのである．しかし，華為のCEO任正非は，「自己批判」企業版はより「穏やかな」ものであると主張している．彼はそれを，「ソフトな枕で従業員を百回叩くこと」になぞらえる．しかしたとえ叩きがソフトだとしても，それは従業員に仕事を絶えず改善するように思い起こさせることにはなるだろう（Luo et al. 2006：413）．

任正非は，2000年の「授賞」式典において，数千人の華為の研究開発部従業員へのスピーチの中で自己批判の重要性を繰り返した．この賞の変わっているところは，企業に利益をもたらさずに，大きなコストがかかった不合格品や無駄な発想に対して賞を与えることにある．任は「役立たず製品賞」を，それらのプロジェクトを監督していた数百人のマネジャーに授与し，彼らの部下の前で恥をかかせた．また，このような失敗を避けるためには不断の自己批判が唯一の方法であることを，全従業員に対して念押しを行った．任はスピーチの中で以下のように述べた．

　なぜ我々がこのように大きな見世物にしているかというと，それは皆さんの心に深く刻み込み，世代を通してそれが継承されていくためだ．次世代企業リーダーにとってはそれは素晴らしい火の洗礼となる……不断の自己批判によることなしに，わが社が迅速に成長していく方法はないだろう．

(Ren 2000)

重要なポイントの一つは，華為のマネジャーたちがこのプロセスを避けることができず，部下の前で自己批判を行わなければならないことである．任は，このプロセスが，「面子」を保つという「伝統的な中国的」発想に着火すると

主張している．多くの中国企業においては，マネジャーを批判することは彼らの面子を潰すことになる．しかし，マネジャーが公の批判を聞き入れなければ，自らのスキルを改善するインセンティヴに欠けてしまうだろう．それゆえ，任は，マネジャーは公に自己批判を行わなければならず，しなければ降格させるとしたのである（Ren 2001）[9]．

自己批判行為は言うまでもなく，企業の業績と利益を向上させることを唯一の目的として使われているものであるが，このように政治性に満ちた用語を意図的に使用することは，華為が新たな資本主義環境のもとで，思想コントロールの共産主義式手法を再生したことを示している．

資本主義の文脈の中で任によって再解釈された自己批判以外の共産主義革命思想の影響は，華為のその他の事業領域にも及んでおり，それゆえ評論家は華為の文化的環境を，研究大学のキャンパスと兵営のミックスであると名づけた（Zhang 2007b : 86-88）．

そのような例としては，任が典型的な共産党員の英雄兵士である雷鋒（1940-1962）と立派な党幹部である焦裕録（1922-1964）とを，華為の従業員が見習うべき無私で勤勉かつ献身的な人間像の象徴としたことが挙げられる[10]．任はかつてこう言った．「わが社のインセンティヴ・システムには二つの主要な原則がある．第1原則は，雷鋒と焦裕録に損をさせないようにすることである．つまり，焦裕録を肺がんで亡くなるほど疲れさせないこと，雷鋒に穴だらけの靴下で歩き回らせないことである．第2の原則は，従業員に集団的な闘争に従事させることである」（Wang 2007a : 100 ; cf. Huawei Technology, 1998 : 第5条）[11]．任はさらにこの曖昧な発言を以下のように解釈した．つまり，雷（鋒）と焦（裕録）が国を現代化し中国を守るために自分自身を共産主義に捧げたのと同じように，従業員は自分の全てを企業に捧げることが期待されている．しかし，華為の従業員がそうすれば，雷鋒と焦裕録のように貧困のまま若くして亡くなることはなく，気前よく報われることになろう．報酬は多額のものとなろう——そのことによって，華為は中国の大手企業の中で一般社員に最も高い給料を払っていることで有名になる[12]——しかし，かかる報酬を得ることは容易なことではないであろう：「わが社の報酬システムは福祉システ

ムになり始めてはならないのである……報酬を与える方法は，社員が定年まで持続的に努力し勤勉に働くようなものとする．持続的に努力せず勤勉に働かないならば，どんなに才能があっても辞めてもらうことになるであろう」(Wang 2007a : 101 による引用)．

このことは，共産主義の慣習に対するもう一つの興味深い再解釈となっている．勤勉と奮闘に相応しいモデルとして雷鋒のような共産主義の英雄を持ち出しながら，任は，共産主義アプローチの欠点として人々の献身に適切な報酬を与えなかった点を指摘している．彼は，長期にわたって人々に真の動機づけを与える唯一の方法は，気前よく報いることだと理解している．同時にまた，彼は報酬がいとも簡単に手に入るものであってはならないとし，さもなければ従業員への動機づけも失敗してしまうことを主張している．それはまさに国有企業において生じたことである．国有企業においては，製品が利益をもたらしたかどうかに関係なく，従業員が給料と賞与を受け取った．任は明らかに，奮闘，英雄崇拝，より高い目標のために働くという共産主義的価値観を，資本主義的なリスクや報酬と結合しようとしている (Zhang 2007b : 85-86)．

近年興味深いことに，華為は過労とストレスの企業文化をつくりだし，それによって従業員の間に心身ともに健康問題が生じているということで，中国のマスコミに批判されている．たとえ華為の従業員が穴だらけの靴下を履いていることはないにしても，過労による様々な肉体的，心理的な疾患にかかってしまう結末になることはあり得ることである．これはまさに肺がんで亡くなった党幹部の焦裕録と同じ結末になることを意味する[13]．

最後に，任正非が共産主義の理想を資本主義的目的に応用する手段として，毛沢東が要求した連続革命を見習い，危機や不安定性に対する不断の意識を意図的に保つよう仕向けたことがある．任は従業員に，企業がどんなにうまくいっているように見えても，いつでもいとも簡単に倒産・消滅し，みんなが失業してしまうという状況になり得ることを感じさせようとする．また，従業員が企業に対して完全に忠実であり，そして自らの金銭的な保証の全ては企業の業績に依存していることを確実に認識させようとしている．もっと

も，任が自ら行っていることを表現する際に使うレトリックは共産主義的に聞こえるが，実際彼が行っているアプローチは世界中の多くの多国籍企業が行っていることと似ているものである．

　任が2001年に行ったスピーチはその一例である．そのスピーチは，華為が12年余りにわたって極めて急速な成長を成し遂げ，2000年会計年度の収益が22億元と，中国の電子機器企業の中で第1位にランキングされたという報告の後に行われたものである．「華為の冬」と名づけられたスピーチの中で任は，従業員がこれまでの勝利に片時でもとどまっているようなことがあるならば，企業は倒産してしまうかもしれないという悪夢のようなシナリオを描いて見せたのであった．

　この10年間，私が毎日考えているたった一つのことは敗北だ．私は，成功したことは注目に値しないものと考えており，我々の成就に名誉や誇りはまったく感じておらず，逆に危機感をずっと抱いている．もしかすると，この危機感こそが私たちを10年間も生き残らせてくれたのかもしれない．我々は全員で今この問題について考え始めなければならない．つまり，いかにして生き延びるか．そうすることで初めて，わが社はもう少し長生きすることができるようになるかもしれない．わが社が敗北する日は必ずくる．そのために全員一致で備えておかなければならない．これは歴史的法則であり，私は常にそれを断固信じている……本年は危機の対処について全社で議論していくこととする．華為が直面する危機とは何か，それぞれの部署が直面する危機とは何か，研究や業務プロセスが直面する危機とは何か，などについて議論する．いかにして改善することができるか．いかにして経営管理の効率性を向上させることができるか．これらの問題についてはっきり議論することができるならば，滅亡から逃れることができ，もう少しわが社は生き延びることができるであろう……．

　　　　　　　　　　　　　　　　　　　　　　　　　　　(Ren 2001)

ある評論家が指摘しているように，任正非は，従業員を片っ端から解雇する

と脅すだけでなく，前述したスピーチにある切迫した崩壊や不断の危機感を作り出すことで，かつてない偉業を達成するために華為の従業員に動機づけを与えて，新たな事業再建と拡大のために精神的な側面から備えようとしているのである（TC Software より，日付なし）．これは，毛沢東が革命時代において人民に動機づけを与え，階級の敵に対抗するために，「不断の闘争」と絶えざる警戒心を利用したのと非常に似通った方法である．たとえば，毛沢東は，1949 年に中国共産党に対する報告の中でこう言っている．「武器を持っている敵は一掃されたが，武器を持っていない敵は依然として残存している．彼らは，必死に我々と戦うに違いない．そのため，彼らを軽視してはならない……国全体の平和と秩序が取り戻されても，彼らはきっと妨害工作をし，様々な形で混乱を作り出し，日々刻々復活をたくらむだろう．これは必然的で疑いもないことであるため，我々は決して警戒を緩めてはならない」(Barnett 1967：9)．任正非自身の考えでは，当然「敵」はシスコシステムズやルーセントのような華為の競合相手であり，目標は華為の利益を増やすこと，ひいては，華為の従業員株主の富を増加させることである[14]．

　前述したスピーチでは明示的には革命的なレトリックが利用されていないが，最近の例で，任が華為の従業員を毛沢東主義革命の兵士になぞらえる傾向を持っていることが示されている．背景は，任が 2008 年夏に華為の「優秀な共産党員」を対象に行ったスピーチである．このスピーチは 2007 年後半に華為で長く働いていた約 7,000 名の従業員が集団で辞職し再応募するよう求められたことを踏まえたものである．これは明らかに中国の新しい労働契約法（2008 年 1 月施行）の規定を逃れようとしてなされたものである．この新しい法律で華為は，それらの従業員と長期の契約を交し，追加的な雇用上の保証を提供しなくてはならないところであった[15]．このような保証は任の望み，つまり，従業員が常に気を引き締め，地位の喪失を心配し，それゆえ企業をよくしていくために絶えず「奮闘」するということと相容れない．任は，別の革命的なメタファーを利用して一部の華為の従業員の不満を一蹴した．

　わが社の従業員は不当な扱いを受けているとよく不満を持つ！　しかし実

際わが社ではそれは非常に簡単な問題であり，皆さんが言うほどは不当ではない……皆さんは新入社員のときに〔月あたり〕5〜6千元をもらっているが，それは決して多くの人々が低いと考える給料ではない．しかし，自分自身を古参の従業員と比べて不満を持つ．というのは，古参の従業員は株式を持っているからである．紅軍が延安〔訳注：原文は北京となっているが，延安の誤り〕に到着するまで14年間かけて雪山を登り草地を越えて来たことを思い起こしてほしい……戦火が激しくなり，一部の兵士が山の上にある要塞を攻撃していたとき……言い換えれば——我々が会社を興そうとしていた最もリスクの高い時期に——あなたたち〔若い従業員〕はまだここにはいなかった……しかし，彼ら〔年輩の従業員〕は彼らの給料とボーナス及び財産の全てをこの会社に捧げた……その代わりに，会社は彼らに1枚の紙を差し出し，彼らにこう告げた．すなわち，紅軍の「長征」から勝利して帰還し，私があなたたちのサツマイモを掘り当てたなら，あなたたちはこの1枚の紙を銀貨と交換することができると．しかし華為が倒産していたら，これらの年輩の従業員たちはすぐさま全てを失うことになり，その1枚の紙もまったく価値のない紙屑になってしまっていただろう……〔わが社の新入社員は〕華為で働くことを自由に選択したとするなら，そのことは，勤勉に働くこと，奮闘することを選んだことを意味する．創立以来の歴史が長くはないわが社のような企業は，他の誰よりも少しでも勤勉に働かないと生き残れないからである．

(Ren 2008)

「長征」(1934-1936)〔訳注：原文は1934-1935だが，1936年の誤り〕及び革命前の人民解放軍の試練と苦労に対するこの種の言及は，中国人民に以前に比べればこれまでないほどよくなったことを思い起こさせるために設計された共産主義教育キャンペーンのお決まりの表現であった．ここで任は企業の創立者たちの栄光をたたえ，彼らの奮闘が今日の甘やかされた従業員のつまらない不満と比べるといかに勇敢であるかを示すためにそれを使うのである．

もちろん，任正非は毛沢東と共産主義思想の熱心な生徒であるが，企業経

営に対する実用主義的なアプローチにより，自分の考えを強調するためには，孔子のような伝統的な中国の思想家を引き合いに出すことも厭わない，とは言えそこでも，彼は孔子がお墓の下でひっくり返るような様々な方法で孔子のアイディアを現代ビジネスの文脈に適応させる再解釈をしている．たとえば，任は従業員による自己批判の必要性を正当化して，孔子の語録の一節を次のように引用している．「三人行けば必ずわが師有り」[16]．このことわざはもともと他人から道徳上どのように振る舞うかを学ぶことの重要性を指し示すものであるが，任は以下のような興味深いこじつけ的な解釈を与えている．

> 「三人」のうち，一人がわが社の競争相手で，もう一人がわが社の装置の問題を批判する顧客である．あなたが十分謙虚であれば，三人目は，自分の意見を率直に述べるあなたの部下であり，あるいはあなたを誠実に批判する同僚であり，あるいはあなたに厳しく要求する上司でもあり得る．これらの「貴重な人々」に敬意を持って接することを忠実に学ぶかぎり，あなたが正せない過ちなどはないであろう．
>
> (Chen 2007a : 137)[17]

任は同時に，中国的特色のある「弱点」とみなされるものを克服するために，科学的アプローチを取り入れることや，「先進的な」欧米諸国から学ぶことの重要性をも強調している．

> 真の科学者は，一生をかけて自己批判を行っている．すなわち自身の現在の水準に対してけっして満足せず，常により深く掘り下げ，より先を追究しようと求めるのである……今中国の国民は無秩序で慎みがなく，気まぐれで，自分の運命に満足せず，常に新しいことにうわべだけ入り込んでいく．彼らは，退屈で刺激の少ない，来る日も来る日も単調なだけの仕事には就きたくないし，ルールや手順の制約をも受けたくない……尼さんのように静かに座って瞑想の灯を見つめることができず，静かにかつ真面目に生産ラインに向かって，毎日数千回同じことや退屈な仕事を繰り返すこと

もしたくない．中国人のこれらの悪い習慣を克服するための自己批判なしに，どのようにして国際的な品質を持つ製品，我々の競争相手よりさらに優れた製品を作ることができるというのだろうか．

(Chen 2007a : 137-138)

明らかに，任は苛酷な国際マーケットにおいて競争できるようになるために，華為社員の性質や文化をそっくり作り直すことを目標としている．そのためならば，彼は共産主義的な思想コントロールの手法，孔子の格言，科学的な厳密さ及び外国の経営管理プロセスを引き合いに出しながら，たとえ幾分矛盾するようなものであったとしても，動機づけになる文化理念の中国的組み合わせを従業員のために作り出そうとしているのである．

4. 結　　論

　私的支配企業を含む中国企業は，なぜ政府による企業文化に対するユニークな再解釈を熱心に取り入れようとしているのか？　その再解釈は，政治的教化と「中国的」文化の促進，及び従業員育成の強調が，先進的な外国の経営管理手法への開放性と結合したものである．あるいは，華為のケースについて言えば，中国政府がこの経営管理アプローチの価値に気がつくより前に，なぜそのような企業文化を取り入れたのか？

　前の章で述べたように，中国共産党は企業文化を，企業における党の新しい役割を正当化する便利な手段としてみなしたが，では企業，CEO 及び従業員は企業文化から何を得るのだろうか？　言うまでもなく，中国共産党の政策に協力することで，企業は政府との間で調和的な関係を発展させることができ，それは様々な形で事業に便益をもたらし得るものである (Chen & Dickson 2010)．それは私的支配企業にとっては特に重要である．なぜなら，私的支配企業は，中国政府の各産業省庁を通して確立されている，中央から各省や地方レベルまでの権力構造の連鎖に入っていないからである．

　しかし，企業の政治資本への積極的な影響を超えて，企業文化，とりわけ

組織内における企業文化の公式見解を促進することで，企業自身にとってより直接的な便益があるのであろうか．アメリカの企業文化の唱導者によって提唱されたいくつかの方法に対する批判の一つは，純粋にルールと規制に基づいたシステムよりも，企業文化は従業員の心と行動を絶対的にコントロールする手段になり得るということである．従業員は指示を待つことなく，自分ないし同僚を監視することを学ぶのである (Parker 2000 : 23 ; Kunda 2006 : 11, 15-16)．この「思想統制」の形態は外部者は当惑するものかもしれないが，中国のみならず多くの企業の経営者にとっては魅力的に映るようだ．Ralph Kilmann はこの見地をはっきりと述べている．

> 影響の強さとは，方向性はどうあれ，文化が組織構成員に及ぼすプレッシャーの水準のことである．構成員が企業文化の指示に従わざるを得ないと感じるか，あるいは，彼らがどのように振る舞うかについて文化が優しく示唆するだけか？ ……文化が正しい方向に行動を向けさせ，職場のメンバーの間でそれが広範に共有され，そして確立された文化ガイドラインに従うよう集団メンバーに強い圧力をかける場合に，文化は組織に対してポジティブなインパクトを持つ．
>
> (Kilmann *et al*. 1986 : 4)

華為科技に見られるようなこの種の精神的支配は，「自己批判」や「民主討議」といった共産主義時代の教化の技法と興味深い類似を示している．言い換えれば，企業文化は，従業員の生産性と企業業績の改善を目的に，共産主義理念や思想支配の技法を現代企業に適用しようとする任正非やその他の経営者に対して「先進的な」欧米理論的正当性を与えるものである．

　それほど「皮肉っぽい」見方をせず，実際問題としても，中国の従業員もまた，外国の経営管理の専門家だけではなく，毛沢東（中国において依然として広く崇拝されている国民的英雄である）からの引用を聞くことで，いかなることが要求されているかについてよりはっきりと理解できるようになるであろう．Elizabethe Perry は，最近のある興味深い論文の中で，普通の中国国民が自分

の利益増進のために，革命的なレトリックや「共産主義革命の言語と遺産」の活用を学んでいることを指摘している (Perry 2007 : 6-7, 17). 中国企業における多くの経営陣は，彼らの従業員をより一層働かせるべく動機づけを行うために，共産主義的用語法と西欧的管理の言説の混合物を使用しながら企業文化の変革プログラムを実行しようとする際に，同様のことを行っているように思われる[18].

本書の残りの部分では，中国の大企業において企業文化がいかにして実行されているかについてより詳細に検証していく．これには，中国企業が自社の企業文化を普及させるために取り入れた技法，企業文化の変容を導く上でのCEOや企業指導層の役割，異なる所有形態の企業における企業文化の変容とインセンティヴ・システムとの不可分かつ複雑な関係が含まれる．本研究を通じて，今日の中国大企業のハイブリッド的アイデンティティは，その不可避的な矛盾とともに，よりはっきりと表に現れることになろう．

注

1) たとえば，非中国語文献のうち，Deal & Kennedy (1982) 第2章と第6〜9章，Ouchi (1981) 第5〜6章，Kilmann et al. (1986) 第12〜19章，特に360-368を参照．中国語文献のうち，Luo & Lin (2003) 第4〜5章，Huang & Tian (2006) 第3〜4章を参照．

2) もちろん，これら二つの段階には，多くの2次的なステージが含まれる．たとえば，Kilmannその他編 (1986) の中には様々な著者による異なるアプローチが収録されている．Robert Allen「文化的変化を生み出すための四つの段階」(第16章)，Ralph Kilmann (1986)「文化的ギャップを埋めるための五つのステップ」(第17章)，Harrison Trice & Janice Beyer「六つの組織的慣習を利用して文化を変える」(第18章) などが含まれる．

3) この報告書の著者は以前，華東電力には27の部署があり，企業理念についてそのうち20の部署の従業員から100％の回答率を得ており，残りの七つの部署から80％の回答率を得たと書いている (Hu 2007 : 456).

4) ウェブサイト上での首鋼のプロフィールでは，90年代半ばに首鋼を揺るがした重大なスキャンダルの言及はない．それは，元CEO周冠五が，香港支社を率いていた息子である周北方が収賄容疑で有罪判決を宣告されたことを受けて，更迭された事件である．Steinfeld 1998 : 第6章及びHassard et al. 2007 : 第5章を参照．

5) 以前首鋼のウェブサイトに投稿されたが，削除された．筆者がアクセスしたの

は 2007 年 6 月である.
6) この自己紹介の以前の表現は若干異なっていた．首鋼は，「（江沢民の）三つの代表という重要な理論を徹底的に実施し，（共産）党建設と精神文明建設を強化していく」．また，それは企業の全ての階層で作られている様々な党の委員会と党の研究グループが，「首鋼の改革と発展を加速させるために従業員を統率するのを手助けする」ことも述べていた．これも，2001 年に中国共産党の中央組織部が首鋼の党委員会を全国の先進的草の根党組織として指名したが故である．現在は，江沢民の政策は胡錦濤のそれに取って代わられていることは言うまでもない．ある種の党の発言にはトーンダウンが見られるものの，首鋼は共産党の政策に対しては依然として忠誠を示さなければならないのである．これらのコメントは筆者が 2006 年 12 月に同ウェブページより閲覧したものである．
7) 広厦の党組織に関しても同様に，以前の人民日報の文章を参照 (Gu 2003). 面白いことに，人民日報の記事が広厦の党建設と企業文化をたくさんほめた後で，2005 年当該グループの南京支社が重大な腐敗スキャンダルに関与していることが発覚した．それに対して，中央党校支部は，迅速な対応と関係した経営者の処罰を行ったこのグループの党組織を賞賛する広告を出した．
8) 従業員による株式所有の実際の比率に関する情報は固くガードされ秘密になっているが，華為が従業員所有の私的支配企業であることは疑う余地はない．華為の所有権問題については第 6 章で詳しく述べる．
9) 華為の従業員大会及び自己批判と 70 年代に国家企業で行われた集団大会との比較は Walder 1986 : 102-112 において概説されている．
10) これらの共産主義時代の人物に関する概説とイメージは，Chineseposters.net 2011a, 2011b, 及び Chen & Cui 1973 を参照．
11) 雷鋒の穴だらけの靴下，彼が自分の靴下とその他の兵士・幹部たちの靴下を繕うことができたということ，及び焦裕禄が過労による肺がんのため亡くなったということは，二人の共産主義的英雄の定着した神話の一部である．
12) 華為の報酬システムについては第 6 章でより詳しく述べる．
13) 働き過ぎの文化については,第 4 章と第 6 章でより詳しく述べる．Zhang 2007b : 232-243 も参照．
14) 任は，華為が 2001 年より強くなり，国際競争力も高くなったにもかかわらず，倒産について絶えず心配している．2008 年 6 月，華為の党員向けのスピーチの中で，彼は繰り返しこう言った．「我々は悲観論者ではないが，グローバリゼーションと市場経済の残酷な現実に対処するために，依然として徹底的な精神的準備をしておかなければならない．華為が倒産したらどうなるだろう．それを防ぐためにどうしたらよいか．他社が急進しているのに，華為が後塵を拝したら，倒産の日は必ずくるだろう」(Ren 2008).
15) 中国労働契約法第 14 条を参照．この法律は，2007 年 8 月 5 日に公布，2008 年 1 月 1 日より施行．訳文に関しては PRC State Council 2007 を参照．中国のマス

コミで騒がれていたいわゆる「華為辞職」スキャンダルやその後二人の自殺者に関する議論については，Yang 2008 を参照.
16) 「論語」7. 22. 全文の訳文は以下のとおりである.「三人で行をともにするとき，必ず自分にとって師とすべき者がいる.善を行う者には従い，不善を行う者がいれば自分を省りみればよいからである.」
17) 「有徳の人間」（賢）という言葉は，手本とされるような道徳と才能のある人を指し示す古典的な中国語表現である.
18) これは，中国にある外資系企業においてさえ起きたことである.たとえば，中国ウォルマートの従業員の多くは，サム・ウォルトンが，アメリカでウォルマートを設立する前5年間にわたって毛沢東の著作を研究しており，ウォルマートの「文化」を英語から中国語に翻訳する際には，表現をより「革命的なもの」へと微妙に変えたと思っている. Davies 2007 を参照.

第 II 部
企業文化変容の技法と手段

企業文化変容の技法と手段

　本書の最初の部分において，特に2001年以降，企業文化という概念が中国において多大な影響を与えたことを示した．同時に，この外来の概念の移植において，中国の政府官僚，学者，そして企業の管理者たちは企業文化の定義を変えて，政治的・社会的責任の要素を含めるように，経営者と社員の啓発として文化の重要性を強調するように，そして彼らの解釈による中国の伝統的理念や革命的理念を取り入れるようにしてきたことも述べた．結果的に，言明された中国における企業文化変容の目的には一般に，企業の業績と社員の生産性の向上のみならず，企業は，社会的に責任を持ち政治的に法令を遵守する企業市民へと，社員は，文明的で自己達成した人間へと変容することが含まれている．

　これらの目的が高尚であることは間違いないが，どのようにして中国の大企業はこの文化変容を実現しようとしてきたのだろうか？　社員の文化的理念を変える試みに，どのような技法を用いてきたのだろうか？　文化変容プロセスにおけるCEOと経営陣上層部の役割はどのようなものなのか？　第3章では，中国企業が言明した理念を社員に広めるために採用した，各種のプロパガンダ技法を概観する．その中には，予想に難くない技法もあれば，かなり予想外の技法もある．第4章は社内報に焦点を当てる．中国企業の多くにおいて，社内報は社員にとって，現実的な機能と「スピリチュアルな」機能の両方を果たしており，企業文化を実行する上での複雑さをいくつか見せている．第5章では，企業のCEO（及び企業の党書記）が企業の文化的理念の中国特有の取り合わせを推進するのに，社内で，そして広く社会に向けて果たしている重要な役割を示す．最後に第6章では，各企業が方針として掲げている理念に合うように社員の行動を変えるために，金銭的・非金銭的インセンティヴが果たす機能を明らかにする．

第3章　企業文化プロパガンダ・キャンペーン
——中国企業においてポジティブな文化理念を実施する技法

　企業の文化理念及びその他中心的な概念が形成されると，次の段階は企業全体におけるそれらの実施である．理論的には，もしこれらの理念の形成過程が，できる限り多くの社員を巻き込む，真に協働的な新事業としてなされていれば，その同じ社員が新しい理念を公言し，自分たち自身の行動に体現してもらうことは，それほど難しくないはずである（Zhang & Pan 2007：134-135）．しかし現実的には，大きな組織であれば，実りある収穫地として広がる全従業員の中に残る数列の大きな刈り残しのごとく，自分たちの中で起きている企業文化変容プログラムに気づかない，または関心のない人たちが必ず残っているものである．あるいは，彼らはただ労働者社会主義のような以前の経済モデルに基づいた，別の企業理念ビジョンを持ち続けているだけかもしれない．これは企業の経営陣が，企業の新しい理念をできるだけ普及し，さらにもっと重要なことに，できるだけ多くの社員にこれら理念の内面化を図って彼らの言動に表れるようにするために，大規模で持続的なキャンペーンに取り組まなければならないことを意味している．ここで推進技法という話が出てくるわけである．

　何年もかかるかもしれないこの過程が完了したとしても，企業の業績が自動的に上がるわけではない．なぜなら，企業とそれを取り巻く環境は常に進化していて，ある発展段階において適当であった理念がのちの段階には当てはまらなくなってしまうかもしれないからである．したがって，成功する企業となるには，どの職位にある社員もその企業の競争力を向上させるために修正が必要だと確信したときには，理念や技法の修正案を提案できるよう，企業文化プログラムの中には適応力も組み込んでおかなければならない

(Zhang & Pan 2007 : 136-137). 言い換えれば，その時々の理念が企業の業績に良い影響を与えているのか阻害しているのかを経営陣が評価できるような何らかのフィードバック機能が，システムの中に組み込まれていなければならないということである (Ouchi 1981 : 261-268).

1. 理念を普及させ，企業文化に変化をもたらす技法

望ましい企業文化変容を全労働者にもたらすために中国の大企業で採られている技法はいくつかに分類することができ，それらは互いに重なりあっている．第1に，企業内プロパガンダプログラムである．たとえば研修会，企業内マニュアル，企業宣言や社歌などがある．第2は，企業の物語，伝説やイメージである．特に社員によるもの，または社員に関するもの，たとえば社員が作成したポスターや漫画など，あるいは，CEOのスピーチや社訓などがここに含まれる．第3は，集団の団結力を築く社会的・文化的活動や祝賀会である．たとえば，スポーツ競技大会や知的・文化的な競技会，そして模範的社員への賞の授与などがある．第4は，企業アイデンティティのシステムを創造することである．たとえば，ロゴやシンボルカラー，その他の有意義でポジティブな企業シンボルがここに含まれる．第5に，社員からのフィードバックの奨励と学習する組織の構築である．これら全体を通じた目的は端的に，社員が常に企業の言明された理念と，それら理念を体現した同僚の仕事や行為に触れずにはいられないような環境を創り出すことである．各社員が集団のエートスに適応するために，それら理念を信奉し，自らの行動を変えるよう，直接的・間接的なプレッシャーを与えるのである．

1) 企業内プロパガンダ：研修プログラム，マニュアル，宣言，社歌

中国の大企業の多くは，新入社員，現役社員を対象とした研修プログラムと学習会をすでに確立している．そこでは企業の理念・使命・精神についての話し合いがあり，具体例が挙げられ，研修を受ける社員たちは自身の仕事にその理念をどう当てはめることができるか考えを示すよう求められる．「大

学」あるいは「アカデミー」と称する社内研修機関を有する企業もあり，その中心的プログラムの一つが企業文化研修である[1]．詳細な「企業文化マニュアル」を作成する企業も増加しており，そこには企業理念の説明，それら理念が様々な仕事の領域に適用された事例，作法や行動のルールなどが含まれている．そこには，社員が直面するかもしれない特定の状況が挙げられており，その一つひとつの場面において社員が取るべき作法や行動について，その背景にある企業理念と関連づけて詳しく説かれているのである（Li 2007: 432-456; Jincheng Anthracite Mining Group 2011; Mengniu Group 2011b）．山東省に本拠を置く大手採鉱企業である新鉱集団によって作られたマニュアルは以下のような項目を含んでいる．企業ロゴ・旗・シンボル，企業のプロフィール，企業宣誓，企業精神・理念・哲学・目的とその説明，そして，社員の行動ルールと，付録に社員の基本的倫理原則を要約する押韻詩がある（Li 2007: 446-452）．

　新鉱集団による社員の行動ルールには，次のような道徳主義的訓戒が含まれている．「あなたの言動の一挙手一投足が企業イメージを表しています．よって，道理をわきまえ，文明化した振る舞いで行動しなければなりません」，「社会においてあなたは法と社会秩序を尊重する善き市民であらねばならず，当社においては企業を尊重する勤勉な社員であらねばならず，家庭においては親に敬意，子どもに愛を尽くす良き家族の一員であらねばなりません」．さらにルールには次のようにもっと具体的な行動要請も含まれる．「他の社員のオフィスを訪ねるときには，ドアをノックして返事を待ってから中に入らなければなりません」，「職場内とオフィス内では，禁煙です．業務日，及びオフィス内は禁酒であり，お酒を飲んだ後仕事に来たり，会議に参加したりすることは許されません．会議中，携帯電話は電源を切るか，サイレントモードにしてください」（Li 2007: 451）．

　このようなマニュアルと学習会は社員に企業文化を手早く学ばせる効果的な方法であるが，他方で常にそれを思い出させるものがあり，理念が繰り返されるのでなければ，社員は学んだことをすぐに忘れてしまうだろう．すぐに怠惰，遅刻，品質を気にしないなどの「ネガティブ」な行動に逆戻りしてしまうかもしれない．そこで，公式な研修とは別に，多くの企業は，何らか

の全体網羅的プロパガンダアプローチを採ることで，全ての社員が1日数回は企業理念と対峙せざるを得ないようにしている．標語のポスターや，理念その他の中心的スローガンを壁に書き込んだものなどが，企業の種々のオフィス，工場，会議室，玄関のいたるところで目立つ場所に掲げられているし，それらのスローガンは企業のウェブサイトに反復掲載されるようになっていて，それらは，勤勉で競いあっている社員や管理職の，見る人を触発するような写真付きで掲載されている．過去数十年間採られていた革命思想のプロパガンダと違う点があるとすれば，おそらくそれは，許容されている理念が，市場を基礎にした最新の見地に立っていることだけだろう[2]．

　社員に理念と使命を印刷したカードを配っている企業もある．社員は常にカードを持ち歩き，難しい組織上の場面でどう対処したらよいかわからないときにはいつも参照しなければならないことになっている．そういったカードは企業のIDカードを兼ねていたり，社員食堂や売店での購入に使えるスマートカードになっていたりすることもある（Du 2010）．

　ポスター，ウェブサイト，IDカードは，社員が企業理念に日常的に囲まれていることを保証し，彼らが意識的に読むかどうかにかかわらず，彼らの無意識の中に疑いもなく刻み込まれていく．しかしながら，さらに強力な影響力を持つのは，企業理念の暗記と復誦である．企業によっては，企業の理念や理想を込めた「宣言」や「宣誓」を，まるで宗教的儀礼のように毎朝夕暗誦させるところもある．中国の民間最大手の電気機器メーカーの一つ，天正集団が，天正宣言を斉誦する技法を中国における先駆けとして始めて以来，大小問わず数多くの企業によって称賛され，真似されることとなった．天正宣言には，実用的・道徳的訓戒が奇妙に交じりあったものが含まれている．

　　新たな一日は希望に満ちる
　　人生には使命あるべし
　　仕事はよく計画されるべし
　　今日の仕事は今日終えるべし
　　人生の貴重な時間を無駄にせざるべし

困難を克服し，悪習慣を糺すのに，強い意志を発揮しよう
　勤勉の汗から，栄光ある未来を創り出そう
　自らを向上させ自らに自信を持つ天正社員として
　心の中にある理念は必ず実現するだろう

(Tengen Group 2011f)[3]

　中国語による宣言文と合わせて，天正のウェブサイトには社員たちが宣言を斉誦しているプロモーションビデオも含まれている．ビデオカットは，事務所，研究所，工場のフロアと続き，そこでは全ての社員が整列して並び，スーツか会社のユニフォームに身を包んで，カメラに向かって熱心に言葉を繰り返している (Tengen Group 2000).
　さらに一層鼓舞的な宣言である新鉱集団の例は，武道小説に登場する血で兄弟の契りを交わした者たちの忠誠の誓いの言葉を思い出させるようなものである．

　企業の誓い：泰山の麓，東よりゆったりと出ずる日に面する黄河のほとりに立ち，我々は厳粛に宣言する．我々は新鉱集団の栄光ある社員である．我々は国を愛し，新鉱（社）に尽くす．完全な誠実さと一体感，高い向上心と創造性を持ち，我々を取り巻く環境及び社会と調和しながら働き，激しい競争に磨かれながら，強く，意志の固いチームとなる．我々の英知と高潔さをもって，光と温かさを供給すべく炭鉱を採掘し，より大きく強い企業になるという戦略的目的を果たす助けとなるのだ．1万人の鼓動を一にして，我々は果敢に未来へと向かう！

(Li 2007 : 447)

　おそらく，炭鉱業がこれほど高貴なものに響いたことはないだろう．毎日の斉誦が理念の声明を暗記し，内面化する最良の方法の一つであることは確かであるが，顧客のために革新的で創造的な解決法を奨励している天正のようなハイテク会社におけるこのような昔ながらの棒暗記法にはある種の違和感

がある．実際，天正のホームページに見られる他のスローガンでは，「革新と競争力が，天正の社員を成長・発展させるモティベーションである」(Tengen Group 2011e) と謳っている．ただ一連の抽象的な理念を暗記しているだけでは，社員たちがそれらの理念を創造的かつ想像力をもって実生活における種々の状況に応用することを意味しない．反復的暗唱は，従業員に憤懣や無関心を引き起こすおそれもある．筆者は2008年の初頭，北京の一室に滞在しているときに，そのような例に遭遇したことを覚えている．数日おきに，1階の美容室から単調な詠唱が聞こえてきた．よく聞けば崇高な思い──顧客のニーズを優先することにわくわくし，衛生面で優秀な水準を維持することに心震わすという──を謳った内容であることがわかったろう．しかし，これらの「理念」を斉誦させられているやる気のないスタッフたちに，それらの理念を実行する気がないことは明白だった．

　このような障害を回避し，社員にとって一般的理念を個人的に意味あるものにするために，中国の大企業では暗記や理念研修という直截な方法以外に，よりわかりにくい他の方法を採用していることが多い．そういったやり方の一つが，社歌である．

社　　歌

　驚くほど多くの中国の大企業が，企業理念を音楽の形で表現する社歌を導入している．社歌は全ての主要な会社のイベントや行事で演奏され，しかも多くの場合，社員から引き抜かれた自前の合唱団があって，合唱をリードする．おそらく社員が自由時間にダウンロードして練習するであろうという想定のもとに，社歌を音声ファイルや楽譜イメージにしてウェブサイトに載せている企業もある[4]．旋律は鼓舞的で，マーチのようなテーマである傾向があり，数十年前の革命歌から借用しているか，真似ている場合が多いが，歌詞は企業の時代により相応しい新しいものになっている．言い換えれば，企業は共産主義革命の音楽の高揚的で熱烈なスタイルと，その旋律から連想される愛国心を，それらが特定の企業の理念と利潤のための協働の必要性に注がれるように改変して，進んで用いているのである．

一つの代表例として，新疆地域を本拠地とする民間のコングロマリットである新疆広匯集団の社歌が挙げられる．有名な「中国人民解放軍軍歌」[5]の旋律に歌詞を付けたもので，そこには次のような雄大なフレーズが含まれている．

　広匯は我々の舞台
　我々はその上で，若々しい才能を披露できる
　歌って，我々の奇跡を世界に知らしめる
　我々の知恵で，未来を創る……
　おそれることなく広匯社員の精神を形づくる
　我々が新世紀を創る世代だ

　　　　　　　　　　　　　　　　　　　　　　　（Guanghui Group 2005c）

音楽にして企業の理念を社員に広めることは，少なくとも単純な暗記よりも楽しいし，メロディーのノスタルジックな連想によって，理念とのより感情的に深いつながりを呼び起こすことができるだろう．しかしながら，歌の作曲と演奏は，社員が日常的な仕事にそれら理念をいかに創造的に応用するかという問題をまだ解決してはいない．この点でより有望で多くの中国企業が行っているやり方は，スタッフが，企業理念が実際の仕事に応用された状況を，いきいきと，感動的に，ユーモラスに，あるいは印象的に表すイメージや物語を創ることを奨励することである．

2） 企業の物語，神話，イメージ：理念を具体的な状況に当てはめる

　ハイアール，宝鋼集団他の企業では，企業の最新の理念を推進するために，スタッフが描いた漫画や絵，自作の標語などのコンテストを定期的に実施している．その過程では，社員は単に研修における理念の消極的な受け手ではなく，むしろ理念を他者に広める積極的役割を担う．社員たちはまた，理念についてより創造的に考え，内面化し始める．宝鋼集団によって考え出された企業の標語には，次のようなものがある．「質の悪い顧客はいない．質の悪

いサービスがあるだけである.」「商品が我々の理念を体現する.」(Baosteel Group 2009). これらのスローガンは月並みで陳腐かもしれないが, それらを考え出した社員に報奨を与えることによって, 会社は理念を上から押し付ける代わりに, 少なくともそれらの社員に達成感と理念の所有意識を与えることができる.

同様にハイアールでは, 最新の企業文化理念に基づく漫画その他のイメージを従業員に創作させ, 職場スペースやウェブサイトに展示している.「革新なくして既存資源への付加価値なし.」というスローガンの挿絵としてハイアールの武漢支社の陳燕の漫画が用いられている. 雨の日に卵から顔を出した生まれたばかりのヒナが, 殻の半分を傘に変化させた絵である. メッセージを伝えるのに, 社員アーティストが効果的にユーモアを用いていて, こういったものが他の社員の目を惹き, メッセージが読まれ, 内面化されることが期待されている[6].

陳燕の例はモダンな漫画スタイルを用いたものであるが, 現代的な企業メッセージを伝統的な中国の書道のスタイルを用いて呈示した社員もいる. ハイアール業務用エアコン事業部の肖迅は,「ハイアールの道は革新の道」というスローガンを, 古風だが目を惹く篆書体を用い, 書道で書き記した[7]. 特にハイアールのような超進歩的な家電メーカーの現代的な広報システムと旧式の筆や篆書体との取り合わせを見るのは, 面白いものである. 形式的な美と古風な字体は, 単なる功利主義的機能を超越して芸術の域に達している. このようにしてこれらは,「伝統的」中国文化の称揚と, 社員の自己啓発という中国の企業文化における他の公式目的をも達するのだ.

これらの想像力溢れるイメージは従業員たちの視線をとらえ, 明確な宣言文と企業理念の適用と合わさって, 社員たちに理念への意識を広め, 創造性は経営陣に評価されて報いられることを強調するのに役立っている. しかしながら, このようなイメージの掲示全体をもってしても, それは単純な状況やメッセージの呈示にとどまるのであって, 抽象的理念を難しい倫理的な状況に当てはめる困難や, 社員個人及び家族に必要であることと多大な仕事上の必要性とのバランスを取ろうとするときの困難など, 大企業に生きる上で

第3章　企業文化プロパガンダ・キャンペーン　77

の複雑な状況に本当の意味で対処することはできない．

　これらのより複雑な状況についての問題を取り上げるために，多くの中国企業で採用されている中でも最もよくある技法は，企業「物語（ストーリー）」を読んだり書いたりすることを社員に奨励することである[8]．これらの物語は，企業理念が，特定の社員が生産性や営業成績を上げるのにいかに役立ったかという，比較的直截な報告から，社員が人生上・仕事上の広範な問題に対処するときの指針としていかに理念を用いることができるかという，より間接的で触発的（インスピレーショナル）なものにまで及んでいる．一般に，それらの物語は精選されて，企業内の雑誌か企業のウェブサイト上のフォーラムで公表される．書き手の社員たちへの報奨は，金銭的なもの——原稿料または賞金——であったり，あるいは企業のウェブサイトの中で公式に認められるといった，より象徴的なものであったりする．自らの創造的作品が公表されることによって，何千もの同僚読者の目を虜にする個人的な満足感もあろう．

　下記に紹介するのは，攀枝花鋼鉄集団のウェブサイト上の共産主義青年同盟著述フォーラムからの触発的な一節の代表的な例である[9]．この物語はビジネスに直接関係しているようには見えないが，そこの社員が結論のメッセージを読めば，すぐに攀枝花鋼鉄の企業精神である「勤勉とたゆまぬ努力：常に上のレベルに昇る」を連想するだろう（Panzhihua Steel Group 2011a）．

雪を眺めて　攀鋼冶金建設　Mu Mu 著[10]

　何日も霧雨の降り続く外を眺めて，私は思わず服の中で縮こまり，なんて寒くてじめじめした天気なのだろうと思いました．それ以前に続いていた陽ざしがなくなって，私は空模様そのままに，暗澹とした気分になっていました．お天気が回復する兆しもなく，心の不満が口をついて出てきました．「このいまいましい天気，うんざりだわ．」夫が私の気分に気づき，私の手を取ってこう言いました．「出かけよう．僕が『このいまいましい天気』の別の面を君に見せてあげるから．」

　私たちは車に乗って，紅格鎮と会理県の方向に向かいました．1時間ほど車を走らせると，突然目の前に，山の上に広がる巨大な白い広がりが現

れました．濃い霧のようでもありましたが，霧よりもしっかりとしているようでした．近づいて見るとそれは雪で，そこまでの全てを覆い隠しているのでした．するとすぐに，私たちは車を降りて，深い雪の中を歩くことができていたのです．白銀に包（くる）まれた松の木が山の斜面を覆い，空からスノーフレークが飛ぶように踊るように落ちてきました．凍りそうなほど冷たい空気を吸いながら，私たちは，眩しいぐらい白い純潔の世界にいるように感じたのです．山林の中に立ちながら，手を伸ばし，上を見上げて，スノーフレークを捕えたくなる気持ちに逆らえませんでした．雪は私の手や顔の上ですぐに溶け，水滴の小さな真珠に変わりました．私は，まるで私が子どもであるかのように，天が私に微笑みかけてくれているように感じました．すると私の全ての心配と気持ちの乱れが一瞬にして消え去り，うれしい驚きと深遠な気持ちだけが残ったのです．白日夢にふけって立っていると，突然，楽しそうな笑い声が私の夢想を破りました：開けた地面の一角に，私たちのように雪を見にきた大勢の人々がいたのです．大人も子どもも雪玉を転がし，楽しそうに重ねて雪だるまを作っていました．とても楽しく和気藹々とした雰囲気でした．私が別の方を見ている隙に夫が私にこっそり近づき，私の服に雪玉を詰め込みました．とっても冷たかったですが，このような寒さは，家で雨を見ていたときに感じた寒さとはまったく違っていました：実のところ，これは楽しい寒さです……

　私は思いました．この２，３日の湿った寒い天気が，この雪を降らせている寒冷前線によることは確かですが，雪自体は好きだし，美しいものだ，と．実は人生には，このようなものが他にもたくさんあるのではないでしょうか？　絶対的に良いことというのも悪いことというのもなく，だからこそ諺にも「塞翁が馬（天恵は見かけによらず）」というのです[11]．そうです，今，冬であることは事実ですが，それは春が遠くないことを意味しているのです．私たちは仕事の問題についても同じように考えて，つまずきに対処すべきなのです．たまたま損をしても自分に失望せず，さらに大切なことは，一時的につまずいても未来に目を向けることを忘れないことなのです．勇気を持って心配と悲しみに向き合うべきなのです．そうしなければ，

それらは過去の中に見失われてしまうからです．敗北を経験してこそ，私たちは成功に必要な努力を理解できるのだ……そう信じるべきなのです．

(Mu 2007)

このような企業の物語や，通常それらが載る社内報，オンライン・フォーラムの，重要な文化的機能については，第4章で述べる．しかしここで注意すべき一つのキーポイントは，企業は，社員に自由に創造性を働かせることのできるよう手綱を譲り渡すことによって社員に人生と仕事に意味を感じることができるようにさせるが，同時に彼らの物語に企業理念との関連性を持たせるようにすることとの間の細い線の上を歩こうとしなければならない．同様に，理念が「革新的であれ」，「勤勉に」といった単に一般的な理想であれば，社員に広範な解釈の余地があるが，解釈のいくつかは経営陣の解釈と対立するものであるかもしれない．矛盾する解釈や不適切な内容の問題を克服するのに，中国企業は編集上の管理を厳しく行い，彼らが求める物語の種類について明確な手引きを与える傾向がある[12]．

会社のヒーローを称える

企業の物語に関連する技法の一つは，会社の「ヒーロー」や「模範社員」を称え，彼らの見本的行動について会社の出版物に書くことによって，他の社員がヒーローたちが体現する理念を見習うよう感情的プレッシャーを呼び起こし発揮させるというものである (Huang & Tian 2006：115-118)．そのような英雄伝のいくつかの例を第4章で紹介するが，重要なことは，会社は優れた社員を言葉で称えるとともに，ボーナスや賞金，受章者一覧，昇進など，形の見える報酬もあわせて与えることだ．それが，日々の仕事で企業理念を熱心に実現することが結果としてもたらす利益を，全従業員に示すことになる．

CEOのスピーチや言葉

中国企業が彼らの理念解釈のトーンを設定するもう一つの方法には，CEO

や他の重役による定例的なスピーチや，企業文化を説明する彼ら自身の記事の配布などがある[13]．他国でも見られるように，中国でも有名人となるCEOがいて，彼らのスピーチや言葉はブログや書籍として発表され，彼らの管理アプローチは中国ビジネス・リーダーに広く模倣される．彼らの言葉になるほどと思っても，実際にそれを特定の問題を持つ自分たちの企業の仕事に適用するには常に困難がつきまとう．そこで，CEOスピーチは，それが自社のものであっても他社から取り入れたものであっても，宣言された理念と理想を企業内の日常活動に埋め込み，従業員が行動を通して理念や理想を内面化すべく設計された，本章で述べてきた他の技法のプログラム全体と組み合わせられなければならない．

3） 集団の団結を築く社会的・文化的活動と顕彰

中国企業が企業文化変容プログラムで大きく強調するもう一つの領域が，従業員に，企業及び同じ企業の従業員たちと，一つの集団としての一体感を持たせることである．いくつかの技法を用いてそのような団結を育むことができる．その最も直接的なアプローチは――世界の他の地域の企業においても普通に行われているものであるが――全社または部署単位で職場内外の場所において従業員と管理者がともに1日以上を一緒に過ごし，信頼，協力，友好的競争心を築くべく設計されたグループ活動をコンサルタントが手配したリトリート［ワークショップ］を組織することである．その一過程として，ファシリテーターは，日常の仕事における理念の重要性に関する内省やフォーカス・グループを通じて従業員が学んだレッスンを引き出そうと試みる．中国企業は，これらの活動をファシリテートするために，社内に専門の研修者がいたり，外部のコンサルティング企業を雇っていたりすることもある．

社内研修校のカリキュラムにおける学習内容例を企業のウェブサイトに載せている企業に，四川省に本社を持つ飼料メーカーで，民間の大コングロマリットである東方希望集団がある[14]．様々なエクササイズから，私たちは同社がいかに従業員にチームワーク，創造性，ポジティブ思考，他者への感謝といった理念について考えるようにさせようとしているかを見て取れる．下

記は一つの典型例である.

自己評価〔少人数グループに分かれて,円状に立つ〕:〔一人ずつ〕フラフープを持ち……あなたの強みを一つの文にして大きな声で言いなさい.そしてフラフープの中に立ち,フラフープが頭から抜けるようにくぐりなさい.その間,グループのメンバーはこう唱えます:「〔あなたの名前〕:あなたは〔あなたの強み〕において一番です」.次に,フラフープを隣の従業員に渡します.これを5周繰り返します.〔指導者は〕,「〔この練習は〕自分の強みを発見するためのものです.他者を受け入れることを学ぶ土台として,まず自分を受け入れ,自分を評価し,自分を大切にしましょう」とまとめます.

(East Hope Group 2009b)[15]

朝の創造性エクササイズ
1. 全員が大きな円を描くように立ち,隣の人とペアになる.
2. ペアで,立っているその位置でできる簡単なオリジナルの動きを二つ創り出しなさい.考える時間が与えられた後,みんながダンス・リーダーのように大きな声で〔8拍子〕カウントする間,ペアから次々に一人ないし二人が円の中に入り,彼らの考えた動きを一つないし二つともやってみせます.
……指導者はこうまとめます:「私たちの誰もが,自分たちで考える能力を持ち,自分の潜在力を開発することは,内に秘めた英知の扉を開くことを意味します.私たちの頭が新たな道を創るとき,私たちが頭を開放的で創造的な状態におくとき,私たちは物事を行うのにより合理的で新しい方法を考えつくことができるようになるのです.では,各自,自分のパートナーに大きな声で『私たちみんなに英知がある!』と言いましょう.パートナーは,『私たちには無限の想像力がある!』と返しましょう」

(East Hope Group 2009c)

内気で,謙虚で,上からの命令に従うことを学校時代にたたきこまれる中国

のような社会環境で（Gardner 1989），かかるエクササイズが従業員のこのような行動習慣を打破し，外向的で創造的な態度を奨励するようデザインされていることは明らかである．東方希望集団の研修所のもう一つの面白いところは，参加従業員を研修して，彼ら自身を研修者にする狙いがあることである．すなわち，研修を受けたものは所属部署に戻ってから，同僚と，グループの団結を高めるこのようなエクササイズを定期的に実施することが期待されている（East Hope Group 2009a）．

　グループ研修セッションよりも間接的なアプローチは，従業員が同僚と仕事外でグループ活動をすることを積極的に奨励していることである．チーム精神を養い，同僚との人間的つながりを強くすることが目的である．先に見たように，中国の大企業には，企業の合唱団，卓球や陸上，バスケットボールといった様々なスポーツチーム，そして山登りから書道，詩，麻雀に至る様々なクラブがあることが珍しくない．これらの活動には，たとえばタレントショーや，カラオケ・コンテスト，英語スピーチ・コンペやスポーツ競技会などのコンテストがあり，卓越した成績を残したり，佳作に選ばれたりした者など，多数に賞が授与される．従業員にこれら活動が重要であるというメッセージが確実に届くよう，企業のウェブサイトではこれらのコンテストが定期的に報告され，受賞者のリストが載り，彼らの成果が企業理念に関連づけられるのである[16]．

　黒龍江電力供給会社文化祭において，中国大唐という電機コングロマリットの社歌に合わせた振り付けのダンス上演種目で，ある女性従業員グループがダンスを習ったことがないものの集中的に準備したことにより，3位に入賞した例が記述されている[17]．そのやや誇張された説明には，企業文化推進における集団団結アプローチが示されている．中国大唐の支社である双鴨山火力発電所に所属する従業員たちには，文化祭の前の準備期間が1週間しかなかった．著者は息もつかせぬ文章で，その大きなイベントへの準備についてこのように語っている．

　もし彼女たちの練習を見ていなかったら，その優雅なダンスの動きのため

にどれほどの努力がなされたか想像もつかなかっただろう．練習では多くの踊り手が膝を擦りむいたが，歯を嚙み締めて踊り続けた．捻挫をした者もいたが，諦めなかった．小さな子どもがいて子守に預けられない者も，練習室に子どもを連れてきて練習した．子どもたちの多くは，お母さんたちが毎晩リハーサルを終えて，ようやく食べ物に一口ありつけるまで，お腹を空かせたまま何時間も待たなければならなかった……当時を振り返ると，ダンスチームがあれだけ多くの難しいステップをすることができるようになったのは，気合の力のみであった．コンテスト会場に向かう車の中でも，彼らは「大唐は光り輝く」〔大唐社歌〕の録音をかけるよう運転手に頼み，音楽に合わせて自分の動きを目の前に思い浮かべたのだ……出場しないという手もあったが，それは双鴨山火力発電所の「鉄の軍隊」のやり方ではなかった．彼女らはプロのダンサーではないのだからそれほど努力する必要はなかったのだが，「鉄の女性兵士」たちは全霊を込めるという企業精神を発揮し……会社に素晴らしい光を当てて外部世界に呈示したのだ．競技審判員や参集した高官たちは，双鴨山火力発電所の踊り手たちに大きく感動し，観客は立ち上がって拍手喝采をした……実際に彼らが勝つかどうかは問題ではなかった．彼女たちの勇気と，そこに至るまでの驚くべき軌跡が重要だったのだ．彼女たちは，会社の全ての従業員一人ひとりが，「真の達成」，調和，献身，そして超越という企業理念を，とても現実的な方法で体現できることを示したのだ．

(China Datang Group 2007b)

この作品で言及された黒龍江電力供給会社文化祭には，企業集団のいくつかの関連会社による様々な種類の文化演目が含まれていた．このような大規模なイベントが参加者の従業員に企業へのプライドを与え，同僚との強い絆を生み出すと考えられる一方，もう一つの主目的は，企業が短期的利益以上のことに関心があると外部世界に示すことである．したがって，上の語り手は，踊り手の演技が「会社に素晴らしい光を当てて外部世界に呈示した」と述べ，「参集した高官たち」——間違いなく政府官僚を意味している——が「大きく

感動し」たと述べたのだ．よって，これらの種の公的イベントは，集団の団結と，従業員の間の「ポジティブ」な企業文化を推進し，同時に企業がより広義の文化，あるいは政府の好む用語を使えば，「精神文明」に対するコミットメントを見せるという二重の機能を持っている．企業は自分たちの文化を向上させるだけでなく，政府の優先政策を遵守する方法で文化を向上させているように見られなくてはならない．

　この重要な二重機能は，このような企業内・企業間コンテストと文化的ショーが中国でとてもよく見られ，地方・全国のTV局や公式メディアで頻繁に報じられることを意味している．これらのイベントの重要性については，中国中央電視台が協賛・放映した，2003年の上海支社の歌謡コンテストの報道の中での記述が明確に語っている．そこでは中国企業において社歌がいかに一般的であるかを物語る100を超えた応募の中から異なる15社の合唱ファイナリストが選ばれた（Zhongguo Shanghai 2003）．新華社通信による公式報道では，歌謡コンテストでは，ビジネス上及び社会政策上の目的の混合が強調された．「社歌と……素晴らしい企業文化を持つことは，上海市が文明の高い水準に達した印である．また，ビジネス会社の総合的競争力を上げる良い方法でもある」（Qin 2003）．このような社歌コンテストは福州や深圳を含む他の中国の都市においても，最近数多く開催されるようになってきた（Li 2008；Xiao 2008）．

集団の団結力は行き過ぎることがあるか？──企業の集団結婚

　いくつかの中国大企業は，会社が組織する従業員の集団結婚式についてウェブサイトに報告を掲示している．以下は2009年5月の宜昌電子集団の集団結婚式の説明である．

　　今回は会社が従業員のために開催した集団結婚式の3回目に当たります．文明的でしかも慎ましい結婚式という新しい習慣を創り出すために……〔会社は〕式に出席するカップル1組ずつに披露宴で無料のワインテーブルを準備します．加えて，1000元の価格の結婚写真1セットと，29インチカラー

テレビをプレゼントします．会社は今までに，すでに約33万元を76の幸せな従業員カップルの集団結婚式のために支出しました．

(Zhang & Zhou 2009)[18]

結婚式を共有し，他の数多くのカップルと一緒に，特に仕事上の同僚と一緒に披露宴をするという考えは，北米や西欧の花嫁にとっては違和感があるだろう．なぜなら，それでは各々のカップルへの注目がどうしても弱まってしまい，自分たちで場所を決めたり，ユニークなパーソナルイベントを計画したりする機会が奪われてしまうからである．しかし，そのような集団結婚式を開催してきた会社の一つである蒙牛集団のある上級管理職は中国の文脈におけるその効能について次のように語った．

蒙牛の従業員の平均年齢は24歳である．2001年末において，多くの従業員が結婚を計画しており，会社に集団結婚式をアレンジしてもらえないかと要請していたことが集団の当委員会で判明した……式当日，会社の上級管理者は全員花嫁の付添役をした．CEOの牛根生と党書記盧俊が，式の協同主宰者となった……カップルたちの両親の多くは，彼らの家族は貧乏で，〔子どものために〕きちんとした結婚式を挙げる余裕がなかっただろうと話した．会社がそのような結婚式をアレンジしたのを見て，子どもたちに，これからはなお一層会社のために働くように言った．

(Sun & Zhang 2008：270-271)

換言すれば，会社は，自分ではそれができないような従業員に，記念すべき経験のための資金を投下している．この過程で，会社への従業員の忠誠心と献身は強まり，良き企業市民としての会社の評判も高まる．

矛盾したメッセージ

好業績に向けて従業員を動機づける目的で行われる企業の文化活動と，社会において企業イメージを高める目的で行われる推進事業の間の境界線が曖

味になることにより，会社は企業文化の独特の解釈に至るようになる．たとえば，中国で最大のタバコ製造会社の二つの企業文化のウェブサイトには，「タバコ文化」や「社会的責任」へのリンクがある．紅塔集団はその基幹的文化理念の宣言において，同社は常に「人々を大事に考える」と主張している．その「人々」には，顧客，従業員，そして広く中国の国民一般が含まれる．同社はまた，消費者への害を減じる「緑色製品」を供給していると主張している（Hongta Group 2011a）．宣言された「目的」には，「尊敬される企業市民であること」，そして「人を大事にする社会的責任感のある企業であること」とある（Hongta Group 2011b）．しかし「社会的責任」リンクの下には，タバコを止められない喫煙者が喫煙を続けても健康を保持できる方法というどちらかといえば不誠実な記事がいくつかある．その方法とは，喫煙する部屋に植物を置いて部屋の空気を浄化させるというもの，喫煙と関連づけられている病気の発生を抑えることがわかっているという理由で魚や赤ワインをもっと摂取すること，そして薬を飲んでいる場合には服用後すぐにタバコを吸わないこと，が含まれている（Hongta Group 2011c, 2011d）[19]．これらのサイトではこうも述べられている．「タバコを製造する会社として，喫煙は健康に影響を及ぼすことを理解しており，我々は人々に喫煙を奨励するものではない．しかしながら，すでに喫煙者である大人にとって，我々は最高級品質のタバコ製品を提供する」（Hongta Group 2011e）．これは，別の「文化目的」において同社が述べている次の宣言とどう両立するのか不明である．「世界のタバコの最大市場における卓越した世界クラスのタバコ製造企業になる，……そして将来の市場における新しい顧客層を獲得できる場合にのみ，我々は真に自信を確立することができると理解している」（Hongta Group 2011f ; Hongta Group 2011a, 2011b）．

　この種の「企業文化」の題材が，本質的に健康に良くない製品を企業が販売することを外部世界に対して正当化するよう意図されていることは明白である．「文化」という言葉を取り込んで喫煙がさも洗練され，「社会的責任」ある行動のように見せる皮肉な試みのようにも見える．しかしおそらく，企業の文化プログラムが従業員の業績や生産性のみならず，良き企業市民性と

「精神文明」を強調するよう要求する，政府政策の不可避的な結果でもあろう．事実，中国大企業の企業文化への，公式解釈の強い影響が，再び間接的に示されたといえる[20]．

4）　企業アイデンティティ・システムと企業文化

　企業マーケティングや販売促進と重なりあい，しかも企業文化にも適切な一連の技法は，企業アイデンティティ（CI）という名で呼ばれている．中国企業の多くは，企業アイデンティティの開発を企業文化プログラムの大きな側面としており，企業文化に関する中国の基本的学術文献のいくつかがこのトピックを章として扱っている[21]．企業アイデンティティは，会社のロゴ，カラー，レターヘッド，ウェブサイトのバナーのデザイン，その他会社に関連する目に見えるシンボル全てを含んでいる．社旗や社花を選ぶことを推奨している文献すらある．これらが合わさってそれを見る者の心に意識的・半意識的な会社の印象が確立する．それが明確でそして願わくばポジティブなものであることを保証するよう，それらのシンボルはとても慎重に選ばれるべきだとされている．

　多くの中国企業は，会社のロゴと関連シンボルのあらゆる可能な組み合わせを示す従業員用の企業アイデンティティ・マニュアルを作っている．従業員は，会社の仕事で外部の人とやりとりをするときには，常にこれらの認められた形式を使うように指導されている．同時に，会社が認めていない活動においては，会社の評判を危うくするので，会社のシンボルを使うことが禁じられている．

　もちろん，認知されたブランドを創ろうとする全ての会社は，一目でそれとわかる一貫したロゴと一連のシンボルを持つべきである．全ての従業員がこれらシンボルの潜在的価値と，彼らが会社を代表するときの外部との仕事及び儀礼としてのコミュニケーションの重要性を理解するよう訓練されなければならない．それは，顧客，サプライヤー，一般大衆が，企業シンボルと卓越したサービスをポジティブに関連づけるようにするためである．

　しかし，シンボルの価値は，永年にわたって顧客の心の中で品質，信頼感，

効率的サービスが関連づけられることによるのではなく，シンボルの色や形によるものであり，企業シンボルの選択こそ重要なのだ，とするマーケティング及び広告コンサルタントのまやかしを受け入れてしまっているかのように見える中国企業の管理者もいる．彼らは，ウェブサイトで会社ロゴの深遠なる意味を細部にわたって記述していて，それは従業員に慎重にこの「意味」を勉強するよう要求しているように見える．天正集団のロゴに関する以下の分析はその一つの代表例である[22]．

　　天正集団のロゴは，七つの同じような形の2-3-2パターンに配置されて統一された全体を成している……このロゴは，まず第1に，天正のとどまることのない自己超越の精神を表している．小から大に拡張し，横に相互につながる図案の曲線と直線のバランスは，上昇する強い意思を表している．間を流れるような曲線は活気に満ち，天正集団のビジネスの紛れもない力と急速な発展を表している……同時に，このロゴは天正集団のビジネスモデルを体現している．三つの相互につながった要素の中で，真ん中は天正集団の中心である電気機器ビジネスの著しい発展を表現している．両側の二つは，急速にコアビジネスに追い付いてきている天正の多角化した第2，第3のビジネスを表現している……最後に，本ロゴは，天正が人々をまとめる力を表している．全ての要素が秩序だって並んでおり，同じ角度，方向，表現体を呈している．同様に，波打つ輪郭もきれいに対応しあっている．これは，天正集団が人的資源を用いる技術と，天正チームの内的な結束を表している．

　　ロゴの文字部分である「TENGEN」は英語による造語である．「TEN」は英語の10であり，10中の10，つまり完璧を表している．「GEN」は英語の「総合的」(general) または「天才」(genius) を短縮したものであり，したがってTENGENとは，数多くの優れて優秀な人々を集めて，リーダーシップが繁栄するような環境を提供していることを意味している……ロゴには希望と活気を表す緑色が選ばれ，これが視覚的・言語的な要素と相まって調和的かつ完全な全体を創り出している．

(Tengen Group 2011g)

先に述べたような，紅塔集団の「社会的責任のある」喫煙文化などのより風変りな企業文化の解釈とともに，この種の企業シンボルの詳しい分析はときどき滑稽の域に達することもある．しかし，慎重に成されれば，従業員にこれらのシンボルのある種の潜在的市場価値を意識させ，従業員の心の中に会社の哲学と理念を強化させる追加的技法としても作用し得る．

　天正の試みはやや行き過ぎた感があるが，特に古いアプローチの代わりに新しい一連の文化理念を推進しようとするときに，この技法をとても効果的に用いた会社もある．白物家電のコングロマリットであるハイアールの名称である．その名称は，いまや中国では，卓越した品質と世界的競争力と同義である．ハイアールの前身は，青島冷蔵庫工場であり，1980年代半ばにこの工場は，ドイツのLiebherrグループから技術設備の供与の協定を締結した．当時の同社の冷蔵庫は，Qingdao-Liebherr（中国語では青島-利勃海尔，ピンインではQingdao-Libo*haier*）というブランド名で売られた．1993年には，同社はその長い名称を，ドイツの元パートナーの最後の2音を中国語で音訳したHaierに短縮することを決めた（Haier Group 2011d）．この名称変更に伴い，同社は新しい名称の説明を含む，新しい企業アイデンティティを創造した．2音目の「er」は独立した意味のない単に文法上の接尾辞であるが，同集団のCEOである張瑞敏は，あるスピーチにおいて，「海」を意味する第1音の「hai」を最大限利用してこう述べた．

　ハイアールは，海のようでなければならない．巨大なキャパシティを持っている海のみが，大小を問わない多くの河川を迎え入れ，それらの濁った水を浄化しきれいにすることができる．これが，波立つ揚子江や，濁った黄河，数えきれない細い川が，それまでの曲がりくねりを気にすることなく，ただひたすらに地平線まで延び，決して干上がることのない，比類なく壮大で深遠なる青海に，一足でも早く辿り着き，同化したいと願う理由なのだ！

この母なる海に達したとき，あらゆる水の1滴が，全てのものと一緒になり，統一的一体のために自己の利害を捨て，そして海の命令は，共通の目標に向かって，断固として果敢に大波となって進むであろう．波として砕け散っても，彼らはなお従うことを止めないだろう．これが海に驚くべき，圧倒的な力を与えるのだ．

　しかしながら，人々が海について最も称賛することは，いつでも私心なく胸襟を開いていることである．海はまさに「所有しようとすることなく生命を与え，他に頼ることなく行動し」，見返りを求めることがないことにより，その永久の存在を獲得している．この存在の継続が，生命が繁栄するのに必要な環境と条件を与えている．

　ハイアールは，海のようでなければならない．なぜならハイアールは同様に壮大な目標を持つからであり，その目標を達成するのに我々は海のように胸襟を開いていなければならないからだ．我々は，世界中の才能ある人々を抱えるだけでなく，我々自身を浄化する方法を海から学び，そして，我々の企業環境が一人ひとりの人が品格を高め，潜在力を増大させることができるようにしなければならない．ハイアールの従業員一人ひとりが，凡庸でも不要でもなく，有能であるはずだ．なぜなら，ハイアールは，将来の発展を保証し支持するあらゆる種類の才能を必要としているからだ……

　我々は，社会と人類にきちんと貢献することにおいても海のようでなければならない．我々の社会と人類に対する関心が「誠実と永遠」である限り，社会は我々が存続することを慶び，ハイアールは海のように永遠に存続し続けることができるだろう．我々とともに生きる全ての人は，会社にとって最高水準の結果を創り出すだろうし，社会に顕著な貢献を成すであろうし，その過程において寛大な報酬を手にするだろう．そのとき，ハイアールは，統一的一体の一部分として社会の一員になろう．

(Chi 2003 : 18-19)

　このハイアールの名称の解釈は，多くの誇張を含んでいるが，海（ハイ）という字とハイアールの中核的理念である「仕事への献身，国への還元，卓越の

追求」及び，ハイアールのスローガンである「誠実と永遠」を明確に併置している．さらに重要なことに，そもそも外国語の音訳であった名称に，中国語の海（ハイ）という字からの連想に基づき，いまや極めてポジティブな中国的解釈が与えられている．そこで，ハイアールという珍しい社名の意味を問われた従業員は，もはや輸入されたドイツの技術を語る必要はなく，ハイアールは「海のごとく」不断で，しかも生命を養う力を意味するというCEOの説明をただ繰り返すだけで済むのだ．

5) フィードバックの推進と，学習型組織の創造

　企業文化プログラムの目的は，会社の理念によってとても触発された従業員の労働力と，本質的に自主管理するという理念を広める機会を創造することにある．もちろん，我々がここまで議論してきた様々な技法は，報酬，アメとムチ，その他正反両面の強化を含む会社のインセンティヴ・システムと組み合わせない限り，望むような結果を招来するものではない．ハイアールと華為という中国の二つの有名な企業におけるインセンティヴ・システムと文化理念との相互作用については，本書の最終章のトピックであるので，ここでは扱わない．しかしインセンティヴを別にしても，ビルトインされたフィードバック・メカニズムに欠け，ボトムアップの実施ではなく，過度にトップダウンに依存することでも，やはり企業文化プログラムはポジティブな結果を達成することができなくなるであろう．なぜなら，会社における下位の従業員が，顧客や会社の製造プロセスと一番接する傾向があり，市場において競争的優位性を維持するためには，それらプロセスの改善や，会社の理念の変化を提案するのに最善の人々であることが多いからである．

　多くの中国企業が，「学習型組織」（*xuexixing zuzhi*）と呼ばれるものを創って従業員のフィードバックや自己改善を推進しようとしてきた．「学習型組織」とは，言い換えれば，文化と理念を新しい環境に自動的に適応させ，組織における全てのレベルの人々から学習する組織である[23]．莱鋼集団の莱蕪鋼鉄というある中国企業は，無秩序で汚く，安全性が低くて，荒んだ職場環境から，ほんの7年の間に，利益を上げ，効率性が高く，安全意識も高い製鋼所

となったことで，中国の学習型組織として有名になった (Huang & Tian 2006：292-301)．莱蕪鋼鉄が用いた多くの技法は，企業文化の文脈において我々が先に議論したものと同様のものであるが，それらよりも，グループ学習セッションでの従業員教育と，彼らの権限を強化して全ての運営上・管理上の決定に参加させることに，より重点が置かれていた．莱蕪鋼鉄のアプローチは，他の多くの中国企業や公的機関からも手本として採用されることになった[24]．

多くの点で，学習型組織を創ることは，成功した企業文化変容の自然的派生物，または精緻化されたものであり，それは従業員と管理者の考え方の理念形成と変化を常に進化する有機的プロセスとし，企業のあらゆるレベル，部署での変革を可能にするものである．実際に実現できるかどうかは，多くの複雑な制度的諸要因と企業の適切なインセンティヴ・システムの慎重な実行に依存しているものの，これは，企業文化アプローチの最高の理想である．以下の三つの章では，企業文化変容の鍵となるいくつかの要因を批判的に分析し，とりわけ中国の政治的・社会的環境の中で「企業の学習型組織」を創ることの複雑性と矛盾を指摘する．中心的な矛盾の一つは，従業員の「開発」や「自己実現」と，管理者（及び株主）が，従業員が生産性を最大にすることによってコストを引き下げ，利益を増大させようとする要求との間のバランスを取ることの難しさである．この矛盾は，中国の社内報やオンライン・フォーラムで，頻繁に現れている．

注

1) これらの企業大学には，ハイアール大学，華為大学，奥康大学，(中国) モトローラ大学，蒙牛ビジネス・アカデミー，その他多くのものがある．主にその企業の従業員を対象としていながら，これらの大学のいくつかでは，学費を払う外部からの学生にもプログラムを設けている．たとえばハイアール大学は，中国各地からの10万人を超える従業員以外の学生に対して経営学クラスを設けている．Haier Group 2011a 参照．
2) 中国大企業における一連の典型的な企業理念については，第2章を参照のこと．理念宣言の反復の輪の例としては，Tengen Group 2011e がある．
3) 企業ウェブサイトにおけるそのような宣言の他の例としては，Tianjin Pipeline Group 2011；ずっと規模の小さいものとしては，NameOK Cultural Consultancy

2011；Beijing Woterui 2006 がある．
4) 筆者による中国トップ300企業とトップ200私的支配企業のウェブサイト調査では，33社の社歌が掲載されていた．大抵の企業はわざわざ社歌をオンライン掲載することまでしないであろうことから，社歌を持つ企業の実際数はもっと多いであろうと考えられる．さらなる証拠としては，本章で後述する上海社歌コンテストの節を参照のこと．
5) 広匯集団は第2章で紹介している．これは実際には，広匯集団によって用いられている二つの歌のうちの一つである．Guanghui Group 2005c 参照．
6) 当該の漫画や，様々なハイアール従業員によって描かれ，同社の文化の諸側面を表しているその他多くについては，Haier Group 2011b を参照．このような漫画を従業員が描くことを推進している企業はハイアールだけではない．たとえば，Li 2005 による企業文化のケース・スタディで集められた中に，捷科集団や新奥集団のものが散見される．
7) Haier Group 2011c に，当該の書道の字やその他の従業員による絵画，書道，伝統的切り絵の例が掲載されている．
8) 多くの企業文化の説明において物語が重要であることに注意せよ．たとえば，Deal & Kennedy 1982：87-88, Schein 1985：125-127, 241-242 を参照．
9) 攀枝花鋼鉄集団は四川省を本拠地とする．製鋼の国家支配大コングロマリットである．
10) Mu Mu というのはペンネームであるように見える．攀鋼冶金建設公司は，攀枝花鋼鉄集団の子会社である．
11) 古代道教の論集である淮南子(えなんじ)に起源を持つ諺．塞近くに住んでいた老人の馬がいなくなった．みなが同情したが，老人は冷静に，「これが見た目に隠された天恵でないとどうして言えるだろうか？」と言った．二日後，馬はもう1頭の野生の馬を連れて戻ってきて，隣人たちは老人の幸運を祝った．すると老人は，「これが不運でないとどうして言えるだろうか？」と答えた．その後，老人の息子が新しい馬を調教しようとしたときに馬から落ち，脚を骨折した．隣人たちはお見舞いをしたが，老人は再び「これが見た目に隠された天恵でないとどうして言えるだろうか？」と言った．最後に，皇帝から役人が皇軍の徴兵のために訪れたが，老人の息子は脚の骨折のために徴兵を逃れることができた．この諺の基本的な考え方は，悪いことも良いことに変わり得るし，その逆もあるので，起きたことを平静に受け止めるべきだということである．
12) この点についてより詳しくは，第4章を参照のこと．
13) このトピックについては第5章で詳しく述べる．
14) 東方希望集団（East Hope Group 2009a）の東方希望職業訓練学校のウェブサイトを参照．同社の事業については，東方希望集団（East Hope Group 2011）参照．別の例としては，北京を本拠地とする私的支配の鉱業・化学・不動産コングロマリットである Macrolink Group（新華聯集団）が組織したチーム作りのためのアウ

トドア活動を行った従業員研修リトリート［ワークショップ］の写真を参照（Macrolink Group 2007）．

15) この研修クラスに対するある従業員学生の熱意ある反応については，Bao 2009 参照．

16) 中国大企業のほぼ全てが，そのウェブサイトにこのような活動のニュースレポートと写真を掲載している．これら典型的で広範な「文化」活動の写真と，それらを企業理念に関連づける言葉との良い組み合わせは，電子通信のコングロマリットである徳賽集団のウェブサイト Desay Group 2007 に掲載されている．同様に，唐山国豊鋼鉄集団は，CEO がコンテストと企業文化建設を結びつけるスピーチをしたカラオケコンテストのレポートを以前掲載していた（Tangshan Guofeng Steel Group 2007）．

17) 黒龍江電力供給会社は大唐の子会社であり，黒龍江自体も双鴨山火力発電所など九つの子会社を有している．中国大唐集団（China Datang Group 2011a）における大唐子会社と関連会社のリストを参照．

18) その他の例として陝西省神東 Shendong Corporation（150 カップル）が Shaanxi CN West 2009 に，蒙牛集団（168 カップル）の例が中国乳製品工業協会（China Dairy Association 2007）に掲載されている．

19) 紅雲集団にも以前，Hongyun Group 2008 のウェブサイトに，「喫煙と健康」と題された同様のセクションがあった．

20) 中国酒造会社にも，同様の「ワイン文化」奨励の慣行がある．おそらく，自社の従業員が仕事中に従事してもらいたくないであろう「文化活動」の一つであろう！ ワイン文化については，有名な五粮液酒を製造している四川宣賓五粮液集団のウェブサイト Sichuan Yibin Wuliangye Group 2011 を参照．

21) 中国の文脈における企業アイデンティティに関する一般的解説としては，Zhang & Wu 2000 がある．Ye 2004：第 7 章，Huan & Tian 2006：第 7 章，Luo & Lin 2003：4.5 節も参照のこと．企業アイデンティティ及び関連領域である企業の視覚的アイデンティティ（VI）は，中国以外において，長年，経営学理論のトピックであった．一般的な調査については，Olins 1989, Schultz et al. 2000, van den Bosch et al. 2005 参照．

22) 天正のロゴは，Tengen Group 2011g の同社のウェブサイトで見ることができる．

23) この概念は，Peter M. Senge の著書から生まれた．有名なところとしては *The Fifth Discipline : The Art and Practice of the Learning Organization*（Senge 1990），同書の郭金龍による中国語訳（Senge 1998）がある．Senge は学習する組織を「人々が真に望むものを創造するために，継続的にその能力を広げ，新しい考え方やより普遍的な考え方を育て，人々が互いに学びあうような組織」と定義した．Senge はその後，この概念を実施する技法についての本を編集した（Senge 1994）．Senge の考え方の中国的解釈と適応については，Zhao 2003 や Chen 2005 がある．Senge のモデルに基づいて学習する組織を中国で推進するための中国学

習組織研究センターも 1998 年に創立されている（China Learning Organization Research Center 2011a）．

24) 本書で詳しく扱っている企業では，蒙牛集団（第5章），中国大唐集団（第4章），は学習する組織アプローチを特に明言して唱導している企業である．中華人民共和国の副主席である習近平が「マルクス主義的『学習する政府と政党』の確立に関する経験と観察」と題された 2009 年のスピーチ（Xi 2009）で概要を述べたように，中国共産党自体でさえも，その内部の管理・ガバナンス技法を改善する方法として，学習する組織モデルを推進してきた．China Learning Organization Research Center 2011b に収録された地方の中国共産党委員会や自治体による様々な公式レポートも参照のこと．

第4章　企業文化の普及及び従業員啓発手段としての社内報

　本章では，大規模な中国企業及び企業集団において，中国流の企業文化の形成や従業員に対する「ポジティブな」文化的理念の教化を推進する一つの重要な手段について詳しく分析する．この手段とは，社内報または企業のウェブサイト上で運用されるオンライン・フォーラムである．

　筆者が実施した中国の大企業500社を対象にした調査によれば，約42%の企業がウェブサイト上で1誌以上の社内報を発行し，数社がオンライン方式以外の社内報に言及している[1]．中国の大企業のほとんどは企業集団を構成しており，当調査はこれら企業集団の親会社のみを対象にしているため，実際の社内報の数は調査結果の数字を上回っているのはほぼ間違いない．大企業の子会社の多くも独自の社内報を発行している[2]．これら企業の大半が数万人あるいは数十万人もの従業員を抱えている事実を考えると，社内報が企業の読者層に与える影響は，かなり大きなものになる可能性がある．

　それでは，これらの社内報はどのような理念や「文化」を広めるのであろうか．企業経営者がこれほど多くの資源を投入して社内報を発行し，従業員に寄稿するように仕向ける理由は何であろうか．社内報現象は，中国の大企業に特有の，時に自己矛盾的な，今日の文化的理念について，何を語っているのであろうか．

1. 今日の中国企業における社内報の前身

　もちろん，改革期において法人形態が再び導入される以前にも，中国には大規模な産業組織が存在していた[3]．共産主義の全盛期（1949-1977年）及び

1980年代の中頃まで，多くの国有企業は社会主義のプロパガンダに加え，党の大義のために心を尽くして働くよう，従業員を督励することに主眼を置いた社内新聞を発行するようになった[4]．これら国有企業のほとんどが再編成されて株式会社または株式会社集団となり，国が依然として株式の大部分を所有している会社でさえ「政治から離れ」て利益を上げることに注力することが求められている今日においても，共産主義全盛期に見られた社内新聞の考え方や文体は，世界中の社内新聞に共通して見られる経営や金融用語とともに，なお現代の社内報にも登場する．興味深いことに，このように社会主義と資本主義の理念が対照的に並立している状態は，国家支配企業だけではなく，多くの私的支配企業の社内報にも見られる．このような私的支配企業のほとんどは共産主義全盛期には存在していなかったにもかかわらず，である．

共産主義革命以前の国民党時代（1911-1949年）でさえ，中国の株式会社の多くは，従業員の寄稿記事も載せた社内新聞や社内報を発行していた．その中の1社である中国銀行について，葉文心はその興味深い研究論文の中で，自行の従業員が忠実で開化された中国銀行「マン」になるようその行動や態度を型にはめようとしていた，と論じている．彼らは単に仕事をこなすだけでなく，その職位にいることは朱子学流の自己実現や人格陶冶をする機会を得ていることであり，また銀行を自分の拡大家族であると考えるように求められたのである（Yeh 1995：106-107）．同行は，「現代的な職業上の専門知識と，ある種の儒教的倫理規範の普遍性の両方を強調する，ある種の啓蒙された家父長主義」を取り入れた（前掲書：111）．同行の「中国銀行における人生」と題した社内ニュースレターでは，就業経験について寄稿することと同行の経営改善について意見を述べることとを従業員に勧めている．投稿された意見の中には驚くほど率直な批判もいくつか見られる．ある従業員は，銀行の仕事は「単調で，機械的だ」，さらに「あらゆることに興味がわかなくなる．無感覚さだけを感じている．みんなせっつかれた気分に苛まれている」と述べている（前掲書：114，注55）[5]．

国民党時代にこのような社内報が存在していたということは——従業員を社会生活に適合させるという意図も見える——現代の中国企業が活用してい

るのは雇用関係を単なる経済上の契約ではなく社会的・教育的関係ととらえるもっと奥深い文化的な風潮であることを示すものである．

今日の中国企業の社内報に目をやると，研究の対象はとてつもなく幅広く，事例研究を進めるに当たっては，入手可能な資料の中のほんの一部を対象とせざるを得ない．企業の業種や所有形態の違いを超えて社内報に共通の特徴がいくつか存在することを示すために，おおまかに国家・私的支配企業数のバランスを取って様々な産業部門を含むように，中国の上位500社から事例を選んで収集した．同時に，各企業にはそれぞれ独自の入り組んだ特徴があるので，ランダムに抽出した1社，中国大唐集団公司についてさらに詳しい検討を加え，ある1企業がその公刊資料の中で表明する理念は時に矛盾していることがあり，さらに社内の様々な勢力間の争いや利害の不一致を反映することもある，ということを示した．研究の対象期間としては，2005年以降に発行された記事に焦点を当てている．

2. 中国企業の社内報の一般的な形式と内容

現代の中国企業が社内報を発行する形式には，基本的に二つの形式がある．一つは光沢紙を使った月刊——または週刊——誌タイプのもので，これはPDFやHTMLファイルとして企業のウェブサイトに掲載されることもある．もう一つはオンライン・フォーラムやブログに近いもので，言い換えれば，新しい記事が寄せられる都度，時には毎日でも，更新することができる様々なテーマを扱う追記可能な一連のオンライン・コラムである．大抵の場合，形式はどうあれ，記事は発行に至る前にまず編集過程を経なければならないようである[6]．これらの社内報のタイトルはかなり似通ったものになる傾向があり，企業名の後に「人」が付くことが多く，たとえば，『華為人』または『天正人』のようになる．社内報によっては「人」の代わりに，『万科週刊』のように「週報」または「月報」を使い，『通威ライフスタイル』のように「ライフスタイル」を使うものもある．社内報とは区別して，政府が発表する関連政策とともに自社及び業界のニュースを主に取り扱う社内新聞「報」を

発行する企業もある．そのような企業の社内報は，経営理論の記事に加えて，様々なテーマの創造的な作品を重点的に取り扱う傾向がある[7]．

　内容としては，わずかな違いはあるにしても，大多数の社内報に四つの主な欄があることがわかる．社内報のみで，別途新聞は発行していない企業の場合，新プロジェクト，成功した投機的事業，会社・管理者・従業員が受賞した褒賞，その他会社の評判を高める好ましい成果など，最新の自社に関するニュースを載せる欄を大抵設けている．この欄は世界中の社内報と大差はなく，社外の人にとってほとんど興味のわかないところなので——おそらく従業員でもそうかもしれないが——ここでは具体例は挙げないことにする．多分，このような中国企業における自社に関するニュース欄を，たとえばアメリカやオーストラリアの企業広報と比べた場合，明らかに異なる唯一の特徴は，地方または中央政府の政治家による会社訪問についての記事が格段に多いということであろう．この事実は，中国では事業を円滑に進める上で，政治家が大きな役割を果たすことを示している．企業のCEOが地方政府の長，党書記，さらに上位の中国共産党の中央政治局委員と握手している写真が堂々と掲げられているのを，立場の劣る地方政府の当局者が見れば，彼は官僚的形式主義や不当な納付金・税金を持ち出してその企業に対して嫌がらせをしたり，業務を妨害するようなことは見合わせたりするのである[8]．

　このような社内報に見られる欄の二つ目は，経営フォーラム，つまり様々な状況や環境の下でビジネスを進めるために，経営理論・販売技術・その他のノウハウを扱う欄である．そしてこの種の記事も，世界中の社内報に共通している不可欠の要素ではあるが，それに続く文化についての高尚な思索，創造的な著作，社会主義流の修辞法とのバランスを取るため，以下にいくつかの実例を挙げた．英米流の株主を優先する企業理論の観点からは，経営フォーラムの市場志向的，利益追求型の姿勢と，このような社内報の他の箇所にも見られる純粋な自己犠牲の要請あるいは文化の領域での自己実現への強い願望との間には，際立った矛盾があるように見える[9]．この際立った矛盾については本章の結びの節でさらに詳しく論じたい．

　三つ目の欄は文化フォーラムで，通常，従業員による様々な形態やジャン

ルの創作活動を扱うものである．叙情的な散文，「魂のためのチキンスープ」式の心を鼓舞する作品，自由詩，従業員投稿の写真はどの社内報でも見られるが，意外にも，漢詩，書，昔流の中国画のような伝統的な形態の作品も同じように見られる．

　このような投稿作品の中には，企業のビジネスとなんとなくまたは直接的にかかわっているものがある——たとえば，明らかに詩人従業員が経営層の受けを狙って，この素晴らしい会社で働くことの喜びを歌い上げるという，まったくの駄作に過ぎない詩もある．事実，鉄鋼メーカーの首鋼集団が最近出した「原稿募集」通知には，「首鋼の従業員が『新しい長征』の中で示した苦闘と滅私奉公の献身ぶりを記録，描写した詩，特に首鋼の中核技術プロジェクトに関する詩作を歓迎します」と記して，従業員に詩を投稿するよう具体的に促している (Shougang Daily 2007)．しかし以下で示すように，このような文化欄の作品の多くが会社生活とはまったく関係がないことは明らかであり——おそらく従業員が仕事の苦労とストレスについて不満を漏らすような否定的な意味での関係を除いて——このような作品を創造的著作や芸術を取り扱う本流の雑誌に載せたとしても場違いな感じはしないであろう．

　四つ目の欄は模範的な従業員，すなわち「花形社員」を扱う欄である．この欄は大抵が心温まる——時として胸を引き裂くような——従業員の物語が中心になる．顧客のために本来の務めを超えて働く，何はさておき滅私奉公を身をもって体現する，会社の評判をよくするためにいつも襟を正して行動する，という物語である．確かに中国企業以外でも従業員の功績を社外に向かって賞賛する企業は多いが，このような中国人従業員の物語に出てくる，自己犠牲や集団団結を理念とするたゆまぬ姿勢を見ると，革命を支えるために無私無欲で尽力した雷鋒や大慶油田の英雄に見られるような，共産主義時代の模範的な労働者をどうしても思い起こすのである (Chen & Cui 1973; Landsberger 1995 : 24-28)．これらの物語においては，企業に仕えることと国家に尽くすことの境目は，しばしば意図的にぼかされている．その理由は，従業員が献身的に働くことは，単に企業の利益を最大化し株主に配当するという意義をはるかに超えており，中国が再び強大な勢力を持つ国家にする上で

実際に国を左右するほど重要である，ということを印象づけるためなのである．

社内報によっては，これらの四つの欄に多少の違いが見られる．企業の共産主義青年団事務局が編集する「青年従業員」専用のフォーラムを設けているところもある（Panzhihua Steel Group 2011b）．ビジネスに携わる女性，戦略的思考など，特定のテーマを各号に分けて取り扱う企業もある．このような違いはあるものの，社内報の形式や取り扱う内容の分野については，様々な業種や所有形態に共通した全般的な類似性が見られる．大手中国企業の管理者の間には，社内報やオンライン・フォーラムの文化面での役割や目的について，ある種の共通した認識があるように思われる．同時に，これらの社内報からは，各社の理念の間に矛盾が生じたり，さらに本章の最後の節で重ねて論じるように，特にワーク・ライフ・バランスの分野において同一企業内でも理念の矛盾が生じたりしている様子が浮かび上がってくる．このような社内報の特徴について，以下3節それぞれを内容の分野に充てて，より詳しく具体的な例を挙げて説明する．

1) 優れた管理者になる方法：中国企業の社内報に見る実践的なヒント

広東省恵州市にある Cosun Group（僑興集団）は，中国最大の私的支配企業の一つである．基幹事業は電話機及びその他の通信機器の製造である（Cosun Group 2011a)[10]．同社の社内報『僑興人』には，従業員が経営やリーダーシップについて自らの考え方を著した草稿を発表する欄も設けられている（Cosun Group 2011b）．最近の号には，「小石を取り出そう」と題した一文が載っている（Qiaoxing People 2007）．その中で著者は，最近数人の友人と行った山歩きについて書いている．彼らが我先に頂上に着こうと競っていたとき，著者は頂上近くで靴の中に小石が1個入っているのを感じたが，立ち止まって時間をロスするといけないと思って，小石を取り除かないことにした．数分後，この小石がもとで足にまめができ，やがてつぶれてしまったため彼は大変な痛みを感じ，それ以上歩くことはできなかった．彼はレースに勝つどころか，ビリになって頂上まで運んでもらうという屈辱まで味わった．この苦い経験

を引き合いに出して,彼は企業経営について次のように語っている.

　実際,経営の仕事もこの例と似ている.管理者は大抵,大局を見て些細なことは見ないようにすることが仕事の能率を上げるコツだ,と考える.しかし小さな問題というのは放っておくと大きくなりがちで,重大な事態に発展し,結局経営上の失策につながるということになりかねない.

(Qiaoxing People 2007)

　さらにこの著者は,企業という環境にあって小さな問題がどのようにして重大な事態に発展するかについて,二つの実例を挙げている.一つ目は,数人の営業担当者を監督する張という地区担当管理者の例である.周という営業担当者の一人は,販売目標を達成するのは大変得意であったが,ただで何かを手に入れるチャンスは絶対に逃さないという欠点があった.管理者の張は周の仕事ぶりを評価していたので,この欠点には目をつぶっていた.しかし周が昇給を求めてきたとき張は,自分には部下の給料を決める権限はないと伝えた.2日後,周は退職して,彼が担当していた顧客の多くを手土産に競合他社へ鞍替えした.後になってわかったことだが,その競合他社は周の性格上の欠点につけ込んで,定期的に彼に「ただ」で食事を提供し,転職するように説得したのである.二つ目は,別の企業の例である.この会社が大量の自社製品を納期ぎりぎりに出荷する際,いくつかの欠陥品が見つかった.同社は出荷を遅らせてこの品質の問題を解決しようとはせずに,大量の製品の中に基準に満たない製品が一つや二つ混じっていても顧客は気づかないであろうと決め込んだのである.その結末は,顧客は欠陥製品を見つけ出しただけでなく,それを理由に以降,この会社からは製品を購入しないことに決めたのだった.この著者はこう結んでいる.「このような問題を慎重に分析することができれば,たとえ些細な問題の解決にある程度の時間がかかったとしても,後になってからはるかに大きな問題を処理するための格段に困難な努力はしなくとも済むのである」(Qiaoxing People 2007).

　この著者の持論は割り切りすぎだ,との批判がすぐに出てきそうである.

たとえば，管理者が些細なことに気を配るあまり，部下が自分の判断で意思決定するのを妨げるという一種の不健全なミクロ管理に陥る恐れがある，という批判である．またそれが，部下が「他社に鞍替えする」か，そこまではいかなくても静かな敵意を煮えたぎらせる原因になる可能性はさらに大きい，という批判である．同じく，地区担当管理者の張がたかり屋の周の問題にどのように対処すれば解決できたのか，周が競合他社から誘われた食事にひそかに応じてしまうことを張は防ぐことができたのかという問題が残る，周に対して張自らが食事を奢るべきだったのか．しかし不十分な点はあるにしても，この記事は日常生活の中の生き生きとした喩え（靴の中に入った小石）を使って，少なくとも明確な主張はしており，Cosun の管理者が思索し議論するきっかけになったかもしれない．

　Cosun のフォーラムは専門用語や経営理論を使わないようにしているが，管理者のスキルを伸ばす様々な実務的なヒントには重点的に取り組んでいる．経営フォーラムが専門用語であふれ，その上学究的な取り組み方に偏っている企業もあれば，伝統的な中国文化の文献から経営上のヒントを探すという対極の取り組み方をしている企業もある．

　農産食品のコングロマリットである COFCO 集団（中糧集団）の社内報は専門性の極に位置し，「セミナー」及び「アカデミー」と題した二つの定例フォーラムが設けられていて，それぞれ学究的な経営理論誌に載っていても場違いな感じがしないような 3 本または 4 本の熟考された記事が掲載されている．これらの記事に欠けているのは唯一，脚注である[11]．わかりやすい一例を挙げると，2008 年 2 月号には，戦略的計画策定，マーケティング管理，複雑な経営管理概念を単純化する手法，さらにアメリカ企業の 3M が採用した従業員によるイノベーションを促進するための仕組みを解説した記事などが載っている（COFCO Group 2008）．

　上記のマーケティング管理の記事では，COFCO の子会社である清涼飲料メーカーにおいて，著者が率いるマーケティング部門が重要業績評価指標（KPI）と透明性の高い経営管理の概念をどのようにして取り入れ，成功したか，について説明している．

当社では［マーケティング及び販売］プロセスの関連性に着目し，それを測定可能な KPI で表したが，これにより業務の実施状況はもはや主観的感覚によるのではなく各 KPI に基づいて評価するようになっている．現在，売上高の評価に加えて，利益をもたらしている顧客数，新製品の採用率，清涼飲料販売機の設置率，販売数量に対する最小在庫維持単位（SKU）も評価している．これらの要因を適正に管理すれば，売上高を増やすのは困難ではない．

(Zheng 2008)

不可解な頭字語や大量の統計データ持ち込むことによって経営を客観的な科学として表現する試みが，中国の一部企業の首脳部に広がっているのは明らかである．大変興味深いことに，これらの経営関係の記事では，上記の例（KPI/SKU）にあるように中国語ではなく英語の略語を使うことが極めて当たり前になっているので，中国人の読者にとっては明らかに，内容がさらにわかりにくくなっている．このような記事の著者は，海外で流行の最新のビジネス概念に精通した――つまり「先進の」企業文化を普及させている――学のある国際派の管理者を自認したいのであろうとしか推測できない．

　逆の対極には経営の実務を中国の伝統的な哲学や理念と関連づける記事を載せている中国企業の社内報がある．このような記事は読んでいて確かに KPI/SKU のジャンルのものよりも興味を引かれるが，解釈に多少の無理があるように見受けられることがときどきある．たとえば，華為技術の社内報『華為人』は，2006 年 8 月に「禅の悟りによる経営」と題した記事を載せた（Huawei Technologies 2006）．この記事は華為の従業員向けに定期的に開催されている文化セミナーの前年分の内容を記述したもので，孔子の『論語』，ピーター・ドラッカーの『マネジメント・フロンティア』の抜粋，『ヨーロッパと現代』と題したビデオ，孫子の『兵法』，聖書からの抜粋，そして最近の湯一介による『禅仏教の中国的変容』など折衷的でバラエティーに富んだテキストをもとに，従業員が一連の勉強会に参加し講義を受けたことを取り上げている．この記事は次に，古代中国における禅にまつわる物語を紹介する中で湯一介の文章

に焦点を当て，さらに華為の従業員がこれらの物語を自らの会社生活にどう生かそうとしているのかについてまとめている．一例を挙げれば禅僧についての次のようなジョークが載っている．

　　四人の修行僧が七日間連続して瞑想することに決めた．その間誰も口を開くことは許されなかった．初日の日中は誰も口を開かなかったが，夜になって部屋にある唯一の灯火がパチパチ音を立てて消えてしまった．最初の僧が我慢できなくなって「ああ，何ということだ．明かりが消えてしまった！」と叫んだ．2番目の僧が「静かにしろ．何も話してはいけないことになっているだろう！」と返した．3番目の僧が「何も話してはいけないというのなら，おまえの今の行為は何だ？」と言った．最後に4番目の僧が笑いながら「エヘン！　まだ口を開いていないのはわしだけだな……！」と言った．

(Huawei Technologies 2006)

　華為の従業員によれば，この話には2通りの解釈ができる，という．一つの解釈は，他人を責めるのであれば，自分自身も責めなければならない場合が多分にある，というものである．つまり言い方を変えれば，誰もが他人に責任を転嫁することはせずに自身の過ちを改めれば，会社の業務効率は一段とよくなるであろう，ということである．もう一つの解釈は，従業員が問題解決のために同僚と積極的に意思疎通を図るという企業文化が育まれていなければ――代わりに沈黙の誓いを立てた仏教の修行僧のように誰もがオフィスで黙々と働くという状況であれば――会社の経営がうまくいって利益が出るなどということはあり得ない，というものである（Huawei Technologies 2006）．

　この記事は「禅の悟りによる経営」と題されているが，記事に描かれている従業員の文化セミナーには重複する二つの機能があることは明らかである．第1に，伝統的な中国（及びある程度外国の）文化に根差した名言を現代のビジネス・職場環境に応用するという機能，第2に，従業員に対して人文科学の幅広い教育を施すという機能である．この記事では，「セミナーのお陰で新し

いものの見方ができるようになった，自分の直情傾向を抑えられるようになった，自分の仕事に役立つヒントが得られた，同僚と心の交流ができるようになった」とのセミナーを賞賛する従業員の声を是として紹介している（Huawei Technologies 2006）．従業員の文化向上があたかも企業経営の主要な目的の一つであるかのようであるため，このような社内報の記事のいくつかでは実務的経営／管理についての教育と文化の向上との間には相互に重なりあう部分があるのである．このような考え方が，中国で最も収益性が高く競争力のある民間ハイテク企業の一つである華為技術の社内報においてさえ表れているのは興味深い[12]．

従業員の文化向上が重要であるというさらなる証拠は，社内報の内容の次のカテゴリー，すなわち従業員による創作，で明らかにする．

2) 従業員の創作を社内報・企業ウェブサイトで紹介する

ハードコピーの社内報を発行している企業は大抵，各号につき，だいたい5編から10編の従業員の創作を掲載し，中には従業員の芸術，書，写真作品を発表する企業もある．ネット上のブログ方式を採用している企業では，このような創作の掲載頻度がより高くなることもある．中国企業の従業員の間では，創作発表の願望は相当強いと思われる．

たとえば中国最大の国家支配電力会社の一つである中国大唐集団は，「唐文芸作品の庭」と題するウェブサイト上で，文芸フォーラムを運営している（China Datang Group 2011e）[13]．過去3年間にわたって当フォーラムは，従業員による約300編に上る抒情詩調の散文や詩を，週平均約2編ずつ掲載してきた．これらの作品の出来栄えを見ると，ずっと多数の投稿作品の中から選ばれたと考えられる．作品の大多数は同社のビジネスとの明白な関連性は何もなく，むしろ紀行，名所旧跡探訪の思い出，物悲しい失恋の詩，人生の様々な苦境を克服することについての漠とした声援，日常生活の些事についての鋭い眼識，母から受けた愛情や家を懐かしい故郷を回想したお涙頂戴ものの話など，中国の伝統的な叙情のジャンルを中心テーマにしている．

それほど情緒的でない作品の例をいくつか示そう．最初は大唐南京下関発

電所に勤める高飢の散文である．高は，秋の訪れに対して人々が示す対照的な感じ方を省察することから始めている．

> 秋が訪れると悲しむ人もいれば，秋が大好きな人もいる．サラサラと音を立てて木から舞い落ちる紅葉を見て，太古の越の滅亡を嘆き悲しむ宋玉の悲歌が心に浮かぶ人もいる[14]．他方，「秋は物悲しい孤独感を覚える季節だと諸人は言うが，／秋の日なかは春の朝よりも格段に素晴らしいと私は言いたい！」という2行連句を思い出す人もいる[15]．黄色くなった葉が秋の訪れを告げて舞い，まるで人々が騒々しく足を踏みならして通り過ぎていくように風，雨，葉の音が重なりあうとき，私は悲しくなるどころかさらなる幸福を感じるのである．私は心の底では，猛烈な寒さの力は理不尽に命を奪うのではなく，前の季節の遺物がきれいに片付くという点で意味がある，と思っている．物悲しくサラサラと音を立てている荒涼とした景色の裏には大いなる美と新たな希望の芽が育っている．
>
> (Gao 2007)

作者は同様の筆致でさらに数段落を続け，外界の同一現象に対しても人それぞれに異なる反応についてこう締めくくっている．

> このような秋の面影を見ると私はいつもこの世の混沌とした現実から抜け出て，純然たる虚空の神秘的な領域に足を踏み入れる……だが人々はすでに箒を手に紅葉を掃き始めて，金色の紅葉はあたかも単なるゴミのようにゴミ収集車に山と積まれている……敷き詰められた鮮やかな紅葉を，足を踏みならして歩く喜びがわからない人もいるのであろうか．ゴミと映るか宝物と映るかの違いはまったく物の見方の問題に尽きる，と私は思う．
>
> (Gao 2007)

驚くことに，このような超俗的な心情が，いかにして発電量を急速に伸ばし「2010年までに世界のトップ500に入る企業」になるかという議論と一緒に同

じ企業のウェブサイトに載っているのである (China Datang Group 2011f). 作者が「この世の混沌とした現実」と言うとき，作者は職場で自らが毎日携わっている仕事について語っているのであろう，としか想像することはできない！

しかし中国企業の管理者・従業員の多くは，彼らが「精神文明」，「物質文明」と呼ぶものは大企業の中で共存し，かつ相互に補完しあうことも可能である，と信じているように見える．別の電力会社中国南方電網のある従業員は，漢王朝時代の情熱的な詩（漢賦）に見られる，美辞麗句が並んだ古典的な形式に従って長く熱烈な賛辞を書き，これを勤務先に送ることにより，この事実を見事に──難解ではあるが──身をもって例証している．この中の数行は本書の序章で紹介したものである．王朝時代においては，熱狂的な賛辞の対象は皇帝の猟場か宮殿であったと思われるが，現代では，およそ200行の韻を踏んだ古典的な2行連句によって賛辞を送られるのは，電力の力，及び電力を利用して中国社会のさらなる福利に貢献する企業の力である[16]．

もちろん，これらの文化フォーラムに投稿される作品の全てが古典的な形式の詩や散文の影響を受けているわけではない．作者自身の人生経験をもとにした，とても生き生きとした人間的興味にあふれた作品も多く，しばしば暗示的・明示的に教訓調である．たとえば，ある作者は中国料理の基本食材である春タマネギの風味が嫌いな友人について書いている．この友人の最初の妻は長年夫の夕食を賄ってきたが，自分が春タマネギの風味が大好きだったにもかかわらず，これを料理に使うことは1度もなかった．友人が最初の妻を離縁し，もっと若い女性と結婚すると，新妻は春タマネギを使わないで料理をすることを拒んだので，友人は食習慣を変える羽目になった．また新妻はニンニクが嫌いだった．だがニンニクは以前友人が毎日食べていたし，前妻と一緒だったときには，夫婦で食べるほとんどの料理に前妻が使っていたものである．新妻はニンニクの臭いも嫌っていたので，家の中に置いておくことも拒んだ．ニンニクを断たれてから数週間が経って，友人はようやく，前妻がいかに自分のことを愛してくれていたかを悟った．前妻は夫婦が仲良く暮らすということだけのために，自分が生来好きだった物を進んで諦めたのである．作者は，人は大げさな愛の告白というものは往々にしてうわべだ

けのものであるにもかかわらず,それを求めることに汲々とするあまり,他人から受ける些細な好意に感謝するのを忘れることがしばしばある,と結んでいる (Liu 2007).

もう少しユーモラスな例が大唐のウェブサイト上にある「心に栄養を与えるチキンスープ」(心霊鶏湯) という欄に見られる (China Datang Group 2011c). この記事には,ある男が夜中にロバを引いていると,そのロバが深い穴に落ちて這い上がれなくなってしまった話が載っている.男はしばらくの間ロバを引き上げようと頑張ったが,ついに諦めて,他の人が落ちないようにその穴を埋めてしまうことに決めた.男はシャベルで土をすくい穴の中のロバの上に落とし始めた.ロバは自分の背に土が落ちてくるのを感じると,この若さではまだまだ死ねないと決心し,背の土を払いのけ足で踏みつけた.この作業を際限なく続けていると,ロバは次第に穴の上の方へ上がっていき,とうとう穴から這い出ることができた.

この作者によれば,この物語は,物事がうまくいかないときに他人が自分をめがけて泥を投げつけているように思える場合でも,それを,自己を高めるための一つの体験と考えるべきである,ただ泥を払い落とし足で踏みつけさえすればよい,ということを教えている.小さな失敗の一つひとつが小さな踏み石を少しずつ作り上げ,仕舞いには成功に手が届くようになる (Xue 2006).

このような小編の逸話にある教訓は大抵わかりやすいものであるが,企業のビジネス,または表明された理念との明らかな関連性はほとんどない.人によっては,たとえば,上記のロバの話は「全従業員は心を一つにして懸命に働き,あらゆる難問に敢然と立ち向かい,いかなる困難に際しても勝利を目指して勇敢に戦うべきである」という大唐の要請を表していると主張しようとするかもしれない (China Datang Group 2011d). しかしこのロバの話に関する限り,チームワークはあまり関係なさそうである.冷酷な世界と格闘するのは1頭の気の毒な動物である.ここからせいぜい言えるのは,このような物語を書いて発表すれば倫理的問題について従業員が深く考えるようになるだろうし,そうすれば競争の激しいビジネス環境において頻繁に起こる道

徳的に見て正否が曖昧な問題に対処する際に役に立つかもしれない，というくらいの主張であろう．

社内報にはまた視覚イメージも載るが，その中には従業員が出品したものもある．これには絵画，書，写真も含まれるが，これらは毎年恒例になっている従業員美術コンテストへの応募と併せて出品されることが多い．この場合にもこれらの芸術作品の内容とテーマにはかなりの幅が見られる．作品には明らかに企業プロパガンダを意図したものもあれば，従業員がそれぞれの技芸を磨き，独創性を発揮し，日々の仕事の範囲を超えて様々な興趣を掘り下げるのはよいことである，ということ以外にはっきりしたメッセージ性が見られないものもある．

私は第3章において，ハイアールの従業員による芸術作品の中に社内プロパガンダ活動側の極の例について述べたが，その他の作品の例では，同社のビジネスの振興との明確な関係はさほど見られない．たとえば，首鋼集団では社内新聞のウェブサイト上に従業員の絵画や書を展示したかなりのスペースのギャラリーを設けており，出品作品にはビジネスの振興や道徳についての明確なメッセージ性がないものが多い (Shougang Daily 2011b)．これらの作品からせいぜい言えることは，首鋼の従業員はとても才能と教養がある，ということくらいであろう．出品作品の一つの典型である首鋼国際工程技術有限公司の王国順が描いた中国の伝統的な風景画の手法による「秘境の渓谷にたなびく雲」と題した風景画は，製鋼所とはまったく結びつかない手つかずの自然美の一風景を描写している (Wang 2008)．

企業のウェブサイトに載っている写真などの，より現代的な芸術作品にも一貫性のある教訓的な内容は見られない．事実，写真の多くは，大企業のほとんどが体現，推進するその種の技術的「進歩」に影響されていない美しい自然の景色，動植物，名所旧跡の牧歌的な世界を表現する．たとえば，毎年恒例になっている華為技術の2005年に行われた従業員写真コンテストにおいて受賞した写真の中には，「朝焼けに染まる女神の峰」と題した中国のはるか南にある山の風景写真，また「雨の後に」と題した暗い雲を背景に明るいオレンジベル・リリーが咲いている写真もあった[17]．もちろん，従業員が工場，

機械類，普通の労働者を撮った写真もあり，こちらの方が企業プロパガンダの趣旨には一層しっくりと沿うのであるが，これが受賞の要件ではないことは明らかである．

従業員の立場から見たこのような趣味としての芸術を嗜むことの長所が次の叙情的な散文の中で語られているが，この散文は中国大唐集団の文芸フォーラムに載った「漢字の舞を見る」と題した書について書かれたものである．

私は時間の余裕があれば，好んで書道をする．私は書道を人生の大事な一部と思っている．私は文化の愛好者を気取るためではなく，むしろときどき揺れ動く自分の心を慰め，心に暖かみや感受性がなくなったりしないようにする一つの方法として書道を行うのである……柔らかい筆が純白の繊細な書道用紙の上で跳ねたり滑ったりするように動くとき……私の手は心の動きに追いつこうと疾走し，漢字が踊るまっただなかでストレス，不安，憂鬱，心身の消耗状態は雲散霧消する．生命には再び活力と春の暖かさがみなぎってくるようである．

(Yang 2007)

この作品の作者楊秀麗が，書道を一種の心を癒やすための活動と考えていることは明らかである．彼女の雇用主である同社は何のコメントもしていない．事実——上記の散文の作品「紅葉」に見るように——作者は日々の就労生活から受ける「ストレス，不安，憂鬱，心身の消耗状態」から逃避する一つの手段として書道を利用していることを感じさせる．この明らかな矛盾については，次の社内報のカテゴリーから著しく対照的な例を引いた後で，本章の最後の節でさらに論じることとする．

3) 模範従業員を賞賛する：「大きな《会社》家族」の一員

社内報やオンライン・フォーラムに載った独創的な文芸・文化作品の多くにおいては，自社のビジネスの振興，会社「家族」の業務に献身的に尽くすように従業員を督励することにほとんど注意の目が向けられてはいないが，

第 4 章　企業文化の普及及び従業員啓発手段としての社内報　113

他方，最後のカテゴリーに属する作品はその対極に位置する傾向がある．模範従業員を描く作品は，ときには退屈になるほど詳細に踏み込んで，「月の最優秀従業員」がいかに一心不乱に仕事に打ち込み，会社のために何時間も無私無欲の努力を続けているのかを紹介している．このようにこれらの作品は，「団結心」（団隊精神）を例証し，「中国的特色のある社会主義」さらに「和諧社会」の希求を究極の目標として示している．この種の作品の中で使われている用語は中国の公式なメディアの論説に見られるものとかなり類似しており，多くの場合，この種の作品を発表する企業の編集委員会は，企業の中国共産党委員会または政策，イデオロギー部の庇護を受けている．この作品のジャンルが，資本主義者志向の新しい千年紀においてもなお勢いを維持するように見えるのはちょっとした驚きである．

　もちろんこのような作品には，共産主義時代のものと比べると内容の面で異なるいくつかの進展が見られる．たとえば，企業の利益増大に貢献することはもはや疑わしい政治行動ではなく，むしろ強く奨励されることなのである．概して言えば，今や政治は，技術力やビジネスの効率性のはるか後ろを行って第3位となっている．しかし，従業員は会社家族と国家の発展のために自らを（そして家族をも）犠牲にしなければならないと主張するこれらの作品の語調とその主張の不断の反復には，過去数十年にわたって共産党が要求していた革命への熱烈な献身との驚くべき類似性が見て取れる．

　いくつかの例を見ればこの類似性がよくわかる．「献身の物語」と題した中国大唐集団のオンライン・フォーラムが 2007 年に立ち上げられた（China Datang Group 2011b）．当フォーラムの目的は次のとおりである．

わが企業集団が設立以来培ってきた代表的な特質，経験した主な出来事を発掘，公表し，当グループの文化的独自性を明らかにする．これにより我々の献身の文化の理念を鮮明かつ具体的に表明し，従業員が献身の文化をより確実に理解し，受け入れ，実践するためにこの理念を物語に仕立てる．さらに従業員がチームの一員として互いに助け合って働くインセンティヴを与え，現実に目を向け，当社のあらゆる階層で「全身全霊，心からの思

いやり，誠実な言動」を実践する文化的環境の整備をさらに推進する．

(China Datang Group 2007a)

この目的のため従業員は，経営管理・マーケティング能力を向上させたり，安全・エネルギー効率利用についての意識を高めたり，より一般に「人」に対する企業の尊敬・愛・心遣いを例証したりする，同僚の「根気強い努力」の「典型的な事例」を投稿するように強く求められていた．物語はまた，従業員が企業と一体となって「多方面にわたって社会的責任を担い」，「調和の取れた企業と調和の取れた社会を築く」ためにいかに努力しているかについてもはっきりと描かれていることが理想なのである (China Datang Group 2007a)．これらはみな大唐が従業員の間に広めたいと願ってきた基本的な企業理念である．

大唐の従業員が自分の作品を同社のプロパガンダ室に提出すると，そこでイデオロギー政策部に報告し，最も優れた作品が同社のウェブサイトや『わが社の献身物語』と題する本の中で発表された．この本に載った作品の作者は贈呈本と原稿料がもらえた．これらの物語のうち約160編の作品が2007年4月から10月までの間に大唐のウェブサイトに掲載され，2010年以降はまったく新しいシリーズが掲載された[18]．

これらの物語の内容は前記「文芸の庭」の作品に見られるサラサラと音を立てる紅葉や書道の練習とは著しい対比を見せている．各作者は，自らが所属する子会社がその企業グループの中で最も「勤勉である」ことを競って証明しようとしているように見える．たとえば，「遅すぎたカーネーション」と題された作品では，作者は，ある電力子会社の発電部門副部長である朴明海について，彼が2004年中頃に同社の「安全発電月間」の準備に向けて懸命に働き，仕事をやり遂げるためにいつも事務所に午前3時，4時まで詰めていた，として賞賛している (Qiao 2007)．話はこれだけではなく，彼はこの期間極めて多忙だったので，彼の母が重体に陥り「あなたがあまり多忙でなければぜひ会いたいと，お母さんが言っています……」との伝言があっても，両親がいた田舎の実家に帰ることさえできなかった．彼がやっと実家に帰るこ

とができたときには，彼の母はすでに亡くなって埋葬されていたので，彼は持参したカーネーションを母の墓前に置いていった．彼の父も悲しみのあまり3日後に亡くなった．このような状況であれば彼がすぐさま仕事に戻ることはあり得ないであろうか？　いや，そうではない！　彼が次のように述べているからである．「私は個人的な問題で会社の大事な業務に支障を来すようなことはしない．両親もこれについてはよくわかってくれていたと思う」(Qiao 2007)．この作品の教訓について，次のようなはっきりとした論説が加えられている．

> 大きな家族〔つまり会社〕のために小さな家族〔つまり自分の血族〕を犠牲にするのは大唐従業員の精神的本質である．大唐には朴明海のような〔会社のために〕全身全霊を捧げようとする従業員が他にも数え切れないほどいるからこそ……我々は世界のトップ500企業に入るという希望の火を燃やしたのである！

(Qiao 2007)

この作品に挑み凌駕するかのように，2日後に掲載されたもう一つの作品には，叶礼明という大唐の淮南田家庵発電所で働く女性管理者が登場する (Zeng 2007)．特に多忙なメンテナンスの期間中，叶は数夜連続の夜勤をする間，5歳になる娘を寝かしつけて家を出た（夫も夜勤をしていた）．彼女のとびきり聡明な娘が体調が悪いと言って電話をかけてくると，叶は娘に「自分で薬を探して，そしてしばらく我慢していなさい」と言った．翌日，叶が多忙のため「家にいる病気の娘のことは忘れてしまって」まだ仕事をしていると，母親が電話をかけてきて，娘が重い肺炎と診断されて入院していると言った．娘は叶が自分を医師のところへ連れて行く暇がないことをよくわかっていたので，代わりに祖母（他の町に住んでいる）に電話をして，ようやく治療を受けたのである．そのときでさえ叶は全ての発電機の検査をするために職場にいる必要があったので，彼女は娘に対して発電機の修理が全て終わるまで祖母と一緒にいるように諭した．論説は次のように結んでいる．

このように自分の仕事そして職場の家族のために献身的に働くことに対して誰もが賛辞を送らなければならない．大唐の事業を素晴らしい，栄光に満ちたものにするのは，叶礼明のように「大きな家族」のために「小さな家族」を犠牲にする数え切れないほどの卓越した従業員である．

(Zheng 2007)

もちろん，このような自己犠牲（または家族，子どもを犠牲にすること）には全て企業利益の増大という究極の動機がある．別の従業員は，「大事なことは会社を建て直し，利益が出るようにすることである．企業は我々の庭のようなものであり，その利益は我々が手にする大いなる収穫である」と力説する (Xu & Lou 2007)．しかしこの種の物語の中で，企業が得た利益が個々の従業員に対する報酬にどのように反映されるのかについてはっきりと語っているものは稀である．主な焦点は，従業員が目先の経済的な報酬を当然なものとして期待することはせず，全体のために個人の利益を進んで犠牲にするように，緊迫感・不断の危機感を醸成することにあるように見える．

大唐の「文芸の庭」フォーラムに載っている気楽な小旅行や気分転換の趣味などの物語との違いは明々白々であろう．ここからわかることは，「献身の物語」が「数え切れないほどの卓越した従業員」というよりも企業グループ内の一握りの極めて志の高い従業員だけにあてはまるということである．そして何らかの理由があって会社に「全身全霊を捧げる」ほどの気概は持ち合わせていないその他大勢の従業員がいる，ということを示唆している．

大唐は，花形ワーカホリックを模範従業員として喧伝する，あるいは大きな家族のためにもっと懸命に働くよう従業員を鼓舞する社会主義流の宣伝テクニックを用いるという点において，特に特別であるわけではない．民間の電気機器メーカーである正泰集団の社内報には，同社の南京支店の管理者の一人である徐君銀の言葉「私の楽しみは絶えず働くことであり，その他はと言えばやはり働くことが好きだ！」が良い例として引用されている．記事はさらに続く．「南京の人々は悠々自適の生活を好むようであるが，徐君銀は余暇にはまったく興味がない……彼には週末も，夜仕事から離れる決まった時

間もない．彼の世界では仕事が全てである」(Wu 2008).

　会社のために働くことが他のどんなことよりも大事であると喧伝するこのような記事が途切れることなく発表されているにもかかわらず，中国のメディアや企業，政府の指導層の間には，従業員に仕事の圧力がかかりすぎると弊害をもたらし，本来の意図とは逆の結果になる，という認識が広がりつつある．全国的なライフスタイル誌『新民週刊』に 2008 年に載った記事は，華為技術の 6 名の若い従業員が 2 年の間に不自然な原因（自殺・突然の原因不明の発作を含む）で死亡したことを受けて，中国のハイテク企業におけるストレスの多い労働環境について疑問を投げかけている（Yang 2008）．記事は次のように結んでいる．

　華為は従業員の処遇，残業手当の支給，未払い給与の支払い義務の履行について法令を順守しているのは事実であり，全体の経営管理手法も従業員の自由意思による選択を基本としている……しかし現実には〔華為は〕結局のところ人々を目的達成のための手段として扱い，これに対して人々は単に金銭だけではなく，人生を生き，精神的な楽しみを経験することも求めている．華為は，人々のこのようなニーズを全てはぎ取り，従業員の個人的な事柄と見なし，会社とは何の関係もないものと従業員が納得することを期待している……しかしこれら〔ニーズ〕は実際に〔華為の〕製品製造に伴う外因的費用であり，したがって同社はいつでもその対策を講じられるようにしておく必要がある……著名な企業であれば，経済的な目標を達成するだけではなく，その他の目標があるのかどうかについても自問自答すべきである．言い換えれば，……従業員に対して金銭的に報いることとは別に，その他のインセンティヴを与えているか，従業員に対する関心を示しているか，そして〔会社は〕肉体的，精神的に疲れ切ってしまった従業員が回復できるように何らかの対策を取っているか，自問自答すべきである．

(Yang 2008：27)[19]

　また，中国政府は 2008 年 1 月に——多くの中国及び多国籍企業の激しい反対

を制して——中華人民共和国労働契約法を施行した．同法は，雇用契約書を取り交わさない，いかなる形の雇用保障もしない，などの雇用主による著しく悪質な搾取から被雇用者を守ろうとするものである（Global Labor Strategies 2007）．

このような批判的報道，法による圧力を受けて，中国の大企業の中にはまったく見せかけだけの取り繕いをする企業もあったが，比較的真剣に反省し始めた企業もあった．たとえば，華為技術は，従業員は今後事務所内で生活し就寝してはならない（これはそれまでは同社において比較的当たり前に行われていた慣行である），余暇を利用して新たに何か興味を持てるものを探すべきである，と言う一方で，雇用契約法により10年を超えて勤務した従業員に関して締結が義務づけられた長期雇用契約の対象とならないように，長期勤続の従業員7,000人を強制的に退職させると同時に同社への再就職に応募させた（Jiang & Li 2007 ; Beijing Qingnian Bao 2007a）．華為は，それらの従業員を将来解雇できるだけの「柔軟性」を持っていない限り，彼らに対して職務遂行能力を継続して向上させるように動機づけることは絶対にできない，と主張して，この物議を醸す動きを正当化した（Beijing Qingnian Bao 2007b）．華為の従業員に対する暗黙のメッセージは明らかである：飢えたオオカミのように働き続けなければ，君はクビだ[20]．

これとは対照的に，別の民間コングロマリットである通威集団は，そのオンライン社内報の中で，働き過ぎの弊害を扱った極めて公平で思慮に富んだ記事を掲載し，この弊害への具体的な対策を提案している（Jin 2007）．この記事は，華為やその他の企業で起こった最近の死亡事例を取り上げ，さらに働き過ぎは場合によっては死につながることがあり，一般的に仕事上のプレッシャーと様々な慢性疾患との間には明らかな関連性があるということが徐々にわかってきている，と説いて論を展開している．通威集団は社内の広い範囲にわたって様々な職位の従業員を対象に内部調査を行ったが，それによると80%を超える従業員が「肉体的，精神的に疲れ切っていると感じている」，そしてこの中の40%がアルコール性肝疾患，脂肪肝，慢性首・肩痛などの症状で治療を受けており，一方50%が不眠症に苦しんでいる，と回答した[21]．

その上従業員の大多数は，職場の近くに家を買う余裕がないため共用の寮に住んでいる，あるいは仕事の都合で他の地域や外国に長く滞在することが頻繁にある，という理由で，家族と別居しなければならなかった．このため彼らの生活になお一層のストレスが加わったのである．

次にこの記事は，企業と従業員の双方がこの悲惨な状況を改善するために講じるべき対策，たとえば，仕事上のストレスが原因で生じた肉体的，情緒的問題を抱えている全ての従業員を発見し支援するための「従業員支援プログラム」のような対策を提案している．この対策を実施すれば，企業自体の「持続可能な発展」に貢献し，また「従業員と企業の双方に利益のある状況」が生まれるのである (Jin 2007)．

従業員に関して言えば，自らの健康にもっと注意を払うことは可能であることを認識する必要がある．仕事のために命をかけるようなことは絶対に避け，定期的に運動することや家族と一緒にくつろぐ然るべき時間を作るということを全てに優先させるようにしなければならない．結局のところ，プレッシャーは会社の上司から直接かかるのではなく，従業員自身の不安感またはもっとお金を稼ぎたいという欲望が原因であることが多いのである (Jin 2007)．

この記事は，表面上は従業員のストレスを減らすことについて述べているが，企業が社内報を発行し，従業員が自らの創造的な作品を社内報に載せるように働きかける——つまり従業員が興味の範囲を広げることにより仕事でたまったストレスを取り除くのを支援する——主な理由の一つを巧みにまとめている．しかし大企業のような複雑な組織の場合，なぜ中国で社内報がこれほど流行するようになったのか，社内報はどのような役割を果たしているのか，同じ社内にあっても各グループによって社内報に求める役割はどう異なるのか，に関してはさらに説明が必要である．最後の節の中でこの問題をさらに詳しく分析する．

3. 結論：中国企業の社内報が担う様々な役割は相反的か補完的か？

　社内報の基本的な役割の一つはプロパガンダまたは自己PRであることは世界中を通じて明らかである．言い換えれば自社の業績についてのニュースを外の世界及び自社の従業員へ向けて発信することである．中国企業の社内報は事業活動や将来の成長予測についての色鮮やかな報告書と何ら変わるところはない．中国全土や海外に事業部門・子会社を持つ大企業グループの場合，社内報は各地の従業員の間に一種の連帯感を生み出し，また自社の他部門の動向を知らせる役割も担うのである．

　だが中国企業の社内報の場合はこれに止まらず，従業員に自社の事業とは直接関係のない原稿やその他の創作作品を投稿するように働きかけている．海外（つまり中国以外）の社内報について一般論を述べることはできないが，社内コミュニケーションのための一つの標準的な手引き書には，概してイギリス人の従業員が関心を示す次の項目が列挙されている．将来の組織計画，キャリアアップの機会，仕事の進め方についての手引き，生産性の改善，人事政策とその実施状況，自社と競合他社の現状比較，自分の仕事の組織における位置づけ，社外の出来事が自分の仕事に及ぼす影響，利益の配分方法，財務データ（Smith & Mounter 2005：123）．これらは全て完全に実務的な事項であり，中国企業の社内報に普通に見られる文化的な内容とはまったくかけ離れている[22]．

　確かに，中国企業の社内報に従業員が載せた記事や芸術作品の多くは一種の企業プロパガンダと見ることができるかもしれない．このような作品には企業のスローガンや表明した理念を直接に推進する上で有用であるものもあり，これほどはっきりとした企業メッセージ性を帯びていない作品も，同社の従業員は機械的に行動する金の亡者では断じてなく，多芸多才で教養がある人間である，と広い世間に向かって訴える上で効果があるので，企業の評判を高めるのに役立つのである．実際，第1章で述べたように，中国政府は大規模な国家支配企業に対して企業文化を「改善する」ように求め始めてお

り，企業文化の公式な定義に関する一つの重要な側面は，「〔企業は〕企業文化構築に当たり……特にインターネット・サイトや社内公刊資料などを使った革新的な手法を採用しなければならない」という点である（SASAC 2005a：第8条）．社内報やオンライン・フォーラムは，企業がこの企業文化の要件にしっかりと取り組んでいることを政府に対して証明する上で優れた具体的な手段なのである．

この企業プロパガンダ機能の拡充は，従業員にこのような社内報に寄稿させれば，彼らが企業の理念を理解し，受け入れ，広めることにつながるであろうという考えに基づいている．従業員が企業理念の代弁者を演じ始めると社内報またはフォーラムは発言内容を増幅する役割を果たす．中国大唐集団の1子会社の従業員である黄祖安は，同社のウェブサイトで発表した企業文化構築のスピーチの中で，この増幅機能について次のようにはっきりと語っている．

> 一人または少数の人が一室に閉じこもって，いわゆる企業文化の理念を余すところなく列挙したとしても，それは少数派の考えを表すことができるというだけで，その考えが全従業員に受け入れられるということではないし，個々の従業員の志を企業の目標と一体化することができるということでもない．したがって企業文化構築に当たっては広範囲にわたって従業員の参画を促し，大々的な広報活動を通して従業員の間のコンセンサスを得ることが重要である．全従業員に企業理念が受け入れられるようにするにはこれ以外に方法はない．
>
> (Huang 2005)

もちろん，同じような抽象的な理念であってもその解釈や実践方法は企業によって異なる場合がある．したがって，中国大唐のオンライン・フォーラムにおいては個人の小さな家族を会社という大きな家族のために犠牲にする価値が力説される一方で，通威の社内報においては，働き過ぎや家族との別居は慢性的な健康問題を引き起こすので防止すべきである，と明言している．

だが「責任」,「協調的努力」などの最も重要な理念は両社に共通しており,両社とも「優れていること」を求めているのである[23].

　さらに広く見れば,中国企業の社内報の多くは従業員に対してより個人的,社会的,精神的な役割も果たしているように見える.通威の社内報に載っていたように,中国の大企業に勤める多数の従業員は長期にわたり家族と別居している.この状況は,人を鼓舞し,自助努力を語る記事はもちろん,上述したようにもっと内面的な文化や人情にかかわる作品も数多く存在する理由になる.このような記事を従業員が読めば,仕事からくるストレスをある程度緩和するのに役立つこともあるし,社内の同じ考えを持った同僚と経験を共有できるフォーラムが存在することもわかる.天正集団の社内報である『天正人』の創刊号に載った美辞麗句の多い記事ではこの機能について上手にまとめているが,同時に前述したその他のプロパガンダ機能についても次のように触れている.

　　天正は「人が第1」という理念を推進している.人を大事にすることが当社の基盤である.団結が当社の目標である.人が潜在能力を発揮するのを支援することが当社の目標である……したがって『天正人』の誕生が当社の企業文化構築の上で画期的な出来事であることに疑いの余地はない.〔当誌は〕トップの考え方を従業員に明確に伝え,横〔部門間〕のコミュニケーションを助長し,様々な体験を共有し,人々を鼓舞する物語を広めるという重要な役割を担うことになる.当誌により経営管理,イノベーション,文化……などに関連して当社従業員が遂行する仕事の様々な側面の身近な実例を知ることができる.当誌は,精神が憩う港であり,アイディアの香り豊かな牧草地であり,我々の才能と知恵を披瀝する舞台である.当誌は,天正の全ての従業員にとって,持っていることが楽しくなる,熱い思いを込めて育てる庭である！

（Tengen Group 2005）

　もちろん,従業員に自由に意見を述べるように勧めることは企業にとって危

険なことになる可能性もある．プラスの面としては，自己表現ができれば従業員はストレスを解消し，自らの人生の意味を日々の単調でつらい仕事の彼方に見いだしたように感じるかもしれない．しかし従業員があまりにネガティブな調子の記事を発表すれば，なぜ若さを犠牲にしてまで会社の利益をたかだか1％か2％増やそうと頑張るのだろう，という疑問を全ての同僚に持たせる結果になるかもしれない．多分，中国大唐の編集委員会が「献身の物語」を投稿するように従業員に働きかけた際，記事の内容について強く指導したのは，同社の「文芸の庭」フォーラムに現れ始めていた仕事に対するこの種の否定的な態度を阻止するためであったと思われる．それでもなお，企業側が編集のガイドラインを従業員に高圧的に押しつけるならば，作品は生気のないプロパガンダ文言で一杯になり，社内報は大半の従業員読者にとって魅力がなくなり，その結果，情緒に訴える力や影響力を失うことになるであろう．

　おそらく大規模な企業グループにおいては対照的な理念の組み合わせ——相互に矛盾するものもいくつかある——が出てくるのは避けられないであろう．従業員が公に自由に意見を述べることができる場合，このような対照的な理念が企業の様々な公表資料に出てくることになる．かなりの従業員が企業の主流派のイデオロギーに反対する意見を，間接的にしろ，表明した場合，従業員の働き過ぎの問題を取り上げた通威の記事の場合のように，経営層がいずれかの時点でこの問題に気づき，対策を講じることになると思われる．このように社内報やフォーラムは，従業員が自らの懸念や欲求不満状態を経営層に気づいてもらうための道具となり得るのであるが，必要に応じて経営層と直接向き合うことをしなければ従業員が面目を失うだけとなるであろう．

　社内報が果たす最後の役割は，中国のほとんどの大企業が導入している教育プログラムの不可欠な要素としての役割である．下位レベルの従業員の多くが大学に行っていないか，高校課程さえも修了していないということを踏まえて，第3章で見てきたように，多くの企業が，いわゆる企業内大学の形式を取って，専門的訓練ともっと広範囲の文化的教養の訓練の両方を行っている．これらのコースを修了した従業員は，その「資質」は上がるはずなの

で，昇進する可能性が高くなる．広範囲にわたる社内教育プログラムを通して従業員の資質を高めるという考えは，中国においては新しいものではない．このような考えは，従業員を育成するのは雇用主の義務であるという儒教の理念にその起源があるようであるが，葉文心が示しているように，国民党時代にすでに企業の間で広まっていた（Yeh 1995：107-108）．しかし社内報がこれらのプログラムの好結果をPRする手段として利用されているのは興味を引かれるところである．従業員「学生」は著作や制作作品を社内報に載せるよう勧められ，その結果としてすぐに，必ず読む読者層，さらに達成感を得ることになる．同時に，社内報には，従業員のキャリア開発や個人的な幸福感の達成を目的としたこれらの教育プログラムの利点について報告した記事も掲載される．

　正泰集団のウェブサイトに掲載されたこのような報告書の一つには，「文化サロン」についての話が載っている．三人の従業員が時間制の学習プログラムに参加して成果を収めたので，彼らは生産ラインの従業員グループにも当プログラムに参加するように勧めたという（Li 2005a）．この三人の中の一人である女性従業員の陳旻美は，4年前正泰に入社したとき中学校教育しか受けていなかったが，真面目に勉強した結果，徐々に「仕事の資質・文化レベル・文章能力が上がってきた」と書いている．ついに彼女は検査員の地位にまで昇進し，浙江省科学技術専門学校の学生となった．彼女はまた同社の社内報である正泰新聞にたくさんの記事を寄稿し，同誌の「年間優秀記者」として表彰を受けた．彼女はその他の様々な新聞や雑誌にも記事を載せてもらうことができた．当サロンの世話役は多少装飾過剰な文体で次のように締めくくっている．「自己修養には，高い山に登ることと同じで，終わりがない．正泰そしてわが会長の南〔在輝〕の後に続いてあの山を登り，懸命に坂を上がって，我々の力を試そうではないか．頑張っても頂上にはたどり着けないかもしれないが，より高いところへ絶えず登り続けることはできる！」（Li 2005a）[24]．

　これまで述べてきたように，社内報の様々な機能は，急速に変容する社会の中で望ましいアイデンティティを積極的に創造しようとする現代の中国企業を反映している．多様な利害関係者の要求を満たすために，このアイデン

ティティは，現代のビジネス手法，利益重視，合理的な経営の要素と，伝統的な中国の文化的理念，さらにちょっとした社会主義的な共同体精神とを，何らかの形で併せ持ったものでなければならない．どの社会の企業も企業の壁の内側及び外側にいる利害関係者の，ときには相反する要求をバランスさせるように努めなければならない．しかしそれでも中国においては，従業員の教育・文化のレベルを上げるということ，さらに企業は単に職場というよりも自己修養の場であるべきであるという考えが特に重視されている．実際には従業員に自己啓発の時間も場も与えずに，この考えを販売促進資料の中で喧伝する企業もあるかもしれないが，社内報に載った従業員の創造的な多くの作品の圧倒的な質と量からは，多くの中国企業が経済的な要件と従業員の「自己実現」をどのようにバランスさせるかについて真剣に取り組んでいる，ということが見て取れる．この努力が長い目で見て企業業績の改善や従業員の意欲向上につながるかどうかを予測することは困難であるが，当面の間は，中国企業のウェブサイトが非常に興味を引く読み物であることは確かである．

注

1) 中国の資産規模トップ300社のうち，本調査の段階（2007年10月〜2008年1月）で267社が機能しているウェブサイトを持っていた．118社（あるいは44.2％）が社内報もしくは従業員用のオンライン・フォーラムを持っていた．同時期に行われた私的支配企業のトップ200社を対象とする別の調査は，資産規模トップ300のリストには掲載できない比較的規模が小さい企業が対象であったが，165社が機能しているウェブサイトを持っており，その中で66社（あるいは40％）が社内報あるいは従業員用のフォーラムを持っていた．

2) たとえば，中国最大のワイヤレスサービス提供企業の一つである中国モバイルはウェブサイト上には社内報を載せていないが，私が2008年6月，北京にある子会社の管理者に行ったインタビューでは，31の地方子会社のそれぞれが，少なくとも一つの社内報を発行しており，中には二つか三つの社内報を発行していることが判明した．首鋼集団の子会社の企業文化部の主任からも，2011年6月に北京で実施したインタビューの中で同様の回答を得た．

3) 「中華人民共和国企業法」は1993年に初めて公布された．だが，清王朝の末期の1904年には中華帝国初の会社規程が制定されており，またその改訂版が1929年の国民政府下で公布された．Liu 1998：7-11を見よ．実際のところ，中国企業

の原型は，少なくとも 1870 年代から存在していた．1949 年までには 11,000 以上の企業（公司）が結成されており，その全てが 1950 年代半ばまでに国有企業へと編成された（*ibid.*: 10）．Kirby 1995 及び Cochran 2000 の特に第 6〜7 章も見よ．

4) たとえば，首鋼鋼鉄集団は 1953 年から『首鋼デイリー』を発行している．現在の発行部数は 3 万 5,000 に及んでおり，オンライン版もある．Shougang Daily 2011a を見よ．

5) 葉は，銀行の社内新聞は従業員が自らの意見を述べるための手段であると明言はしてはいない．だが，彼女は従業員によるいくつかの記事を引用しており，それらは仕事の退屈さについて苦情を述べるものであったり，労働環境の改善のために経営者がなし得ることを提案するものである（Yeh 1995 : 112–114, notes 49, 52–56）．社内新聞は授業，読書会，日誌管理，講演など従業員啓発を目的とする銀行の他の活動についても，定期的な報告を行うものであった（*ibid.*: 107–108, notes 32–37）．

6) いくつかのウェブサイトには社内報への投稿用の電子メールアドレスが掲載されている．一例としてシノペック新聞（Sinopec Group 2011）や，通威集団の社内報『通威ライフ・スタイル』がある（Zhongguo nongye quan sousuo 2011）．以下で論じる中国大唐の「献身の物語」のように，編集委員会の詳細な連絡先が書かれた投稿募集のお知らせを掲載したウェブサイトもある．

7) たとえば Zhengtai Group 2011 のオンラインで発行された正泰集団の『正泰ニュース』と『正泰マガジン』の違いを見よ．

8) 企業の CEO と中国共産党（CCP）の役人とのつながりについては第 5 章で詳しく論じる．

9) 株主優先理論及び他の企業理論を論じたものとして Redmond 2009 : 76–80 を見よ．他の企業理論としては，企業を私的かつ公共的な制度であり，それゆえに数多のステークホルダー間の相互依存，相互信頼，そして互恵的な利得をもたらす制度でもあるととらえる共同体理論（*ibid.*: 80）が，株主優先アプローチよりも中国企業の環境には適しているかもしれない．これについては本書の結論で詳しく分析する．

10) ウェブサイトにある略歴によれば，僑興集団（Cosun Group）は近年，異例な組み合わせだと思われるインターネット製品と採鉱産業へと多角化している．僑興集団は 2005 年，中国の私的支配企業の中で資産規模で第 23 位であった．

11) 中糧集団（COFCO Group）の経営略歴については COFCO Group 2011a を見よ．この集団は食品の他，生物学的製剤，化学製品，そして梱包製品も製造しており，また不動産業と金融業にも従事している．社内報『企業中糧』〔エンタープライズ COFCO〕に関して COFCO Group 2011b を見よ．

12) 華為は当初，従業員に対する「オオカミ文化」の啓発で有名になった．華為の諸理念に関する議論として，本章の模範的従業員に関する節及び第 2 章と第 6 章を見よ．

13) ここでの「唐文芸作品」とは，偉大なる唐という意味の企業の名称である大唐から来ているが，唐王朝期（618-907）の卓越した文化的業績との関連性も否応なく喚起させる．
14) 宋玉（紀元前3世紀頃）は古の詩人．「九変化」は『楚辞』〔楚地方の詩集〕にある，秋の悲哀を物悲しく瞑想した長編の詩で，通常は彼の作品とされている．
15) この2行連句は，中唐の詩人劉禹錫の有名な詩をわずかに変化させたものだと思われる．「古より，秋は悲劇と孤独の季節である．だが我は言う，秋は春の朝にはるかに優ると」．「秋思」〔秋の叙事詩〕と名づけられたこの四行連句の続きはこうである．「澄んだ空を1羽の鶴が，羽で雲を追い立てながら舞い上がっていく．私の詩情は高く，紺碧の天へと引き上げられる」．この詩について，Xiao 1983：836を見よ．
16) 完全な引用は序章の注1にある．
17) これらは華為のウェブサイトで筆者が2007年に見た写真であるが，今は削除されている．最近の写真及び他の社会的なやりとりと文化的作品は，Huawei Technologies 2011fにあるリンク先「七色の人生」で見ることができる．
18) 2007年の初期の熱中後の2008～2009年の大唐（Datang）のウェブサイトには，少数の「献身の物語」しか掲載されていなかった．新しいシリーズが2010年に開始してから現在まで，合計で約400の物語となっている．China Datang Group 2011bを見よ．特定のトピックに関する企業文化物語を提出するよう従業員に対して求める慣行は，中国大企業ではごく一般的であるように思われる．このような物語の募集事例として，大手牛乳生産業者の新希望乳業によるものと（New Hope Group 2005），化学製品複合企業の恒逸石化によるものがある（Hengyi Group 2009）．
19) この段落で筆者は，上海政法学院の社会学部長張有徳へのインタビューから引用している．働き過ぎで疲弊しているのは一般従業員だけではない．中国で過去10年間に企業の上級幹部が何人も早死にしていることに関する興味深い分析を見よ（Anon. 2011）．
20) 華為の圧力の大きい「オオカミ」文化に関する詳細な議論として第2章と第6章を見よ．
21) アルコール性肝疾患はアルコールの飲み過ぎが原因であり，中国企業の従業員にとっては職業上の危険であり得る．特に，クライアントと政府役人を常に飲食店で接待しなければならない販売部門の従業員にとってはそうである．
22) 中国の慣行により類似的であるのはおそらく，社内報が持つ広範な役割に関する他のコミュニケーション・マニュアルにある次の記述である．「ほとんどの組織にとって……自らの定期的な新聞や雑誌はなお，コミュニティとしての自らの存在のシンボルとして機能している．それらは全員――管理職とその他を含む――が，「クラブ」のメンバーとして事実上対等な立場でともに集える，数少ないフォーラムの一つである．そのため，それらは組織に対する明確な「声」になり

得るのであり，組織の理念と信条を体現し得るのである」(Scholes 1997 : 130).
23) 大唐の諸理念は先の模範的従業員の節で要約した．通威の諸理念は Tongwei Group 2011 のウェブサイトに見出せる．
24) 首鋼集団の従業員によって，同様の感情が，集団のニュース・マガジンの編集者への手紙に表されている．ある従業員は次のように書いている．「私は『首鋼デイリー』への記事の投稿を通じて，文章能力を高めただけではなく，趣味としての執筆にとても興味を持つようになりました……自分の記事が受け入れられ，メディアに公刊されるのを見るのは，大変気持ちがいいですね！」(Zhang 2007a を見よ)．

第5章 模範を示す——CEO の道徳的リーダーシップと企業(及び「中国的」)文化の推進

　会社の CEO と上級管理職は,企業の文化理念を形成し広げるに当たっての中心的人物である.Peters & Waterman (1982:82, 85) は,それを次のように表現している.「ほとんどの極めて優れた企業文化は,その会社の歴史のどこかで起きたリーダーシップの転換に由来する」し,「創造的リーダーの手腕とは,制度の形成の手腕,すなわち,人材と技術的資材を転換させて新しくしかも不朽の理念を体現する有機体を創る手腕なのである」[1].

　会社のリーダーの役割についての同様なコメントは,張徳・潘文君の中国のマネジメントの文献においても見られる.たとえば,

> もし,強力な企業文化を形成することを望むなら,その第1の要因は,ビジネス・リーダーである[2].企業のリーダーたちは,企業文化を創造し,先導し,管理統制し,彼らの理念が企業文化の基調を形造る……,彼ら自身の風格を絶えず向上することにより,ビジネス・リーダーたちは,より素晴らしい企業文化の発展を推進するのである.
>
> (Zhang & Pan 2007:240)

中国の大企業のリーダーシップは,CEO が,共産党書記の地位も兼ねていることが多いとか,党書記の地位を占める他の上級管理職を党書記とし,自身は党副書記であるとかの,際立った特徴がある.CEO が,両方の地位を同時に占めていようが,別の党書記と権力を共有していようが,CEO の企業に関するビジョンと事業計画と,中国共産党 (CCP) の優先的政策の間には,明らかにギブ・アンド・テイク関係があるに違いない.このことは,中国共産党

が，CEO が高い収益を上げる仕方で事業を運営することを，妨害することを必ずしも意味しない．事実，中国の企業内——特に私的支配企業内——の中国共産党組織に関するいくつかの調査は，党の代表者と，彼らと密接な連携を持つ中華全国総工会は，ストライキを誘発するとか，CEO の労働者への対応を批判するよりも，CEO が労働者間の規律を強制するのを助けたり，生産性の増大を奨励したりしようとする傾向があることを示してきた（Dickson 2003 : 40 ; China Labor Bulletin Research Report 2009）．第1章で記述したように，中国共産党の中心的目標は経済成長であり，民間によって所有され支配されているものを含む大企業は，成長と，多くの労働者への雇用の提供の重要な推進者なのである．それゆえ，企業の CEO が彼らの企業の生産性と利益を増大させるための努力を支援することが中国共産党自身の利益となるのである．

しかしながら，大規模会社内での中国共産党委員会とそのメンバーの存在と影響力，さらに，全体として中国の政治制度内での中国共産党の権力は，CEO が公式に採用し，彼らの企業内での言葉，行動に表れ，そして彼らが企業内で推進する理念に影響をもたらす．第1章で，私は，企業文化に関する公式的な見方は，中国政府による，「先進的」な外国のマネジメント方式を「中国」の文化理念と調和させようとする試みに見えると記述した．私は，また第2章で，国家支配企業及び私的支配企業はともに，彼らの従業員間に企業文化の「公式」版を奨励することにより対応してきたことを述べた．この章では，中国の大企業の CEO に焦点を合わせ，彼らがまた，中国企業の文化理念のポジティブな例として自らを示す傾向があることを，論証しようと思う．中国の社会や事業の文脈になじみのない人には不思議に思えるものとして浮かび上がってくることもしばしばであるが，しかし，それらは傑出した企業のリーダーに対する中国の公式的理想像に大変よく適合しているのである．

個別例を報告する前に指摘すべき重要なことは，この章では世界のどこでも見られる CEO と，中国の CEO とでは，多くの場合において差異のある諸側面に焦点を合わせ考察をするということである．しかし中国の CEO が，全ての資本主義経済国の CEO と共有できる一つの本質的条件は，長期にわたり

企業が高い収益性を維持しなければならないことが要求されることである．もし，彼の事業が失敗したり，損出を出し続けたりすると，彼らは，その個人的理念はどうであれ，失敗した CEO と見なされ，賞賛されず，メディアは利潤を生み出す競合他社に殺到するだろう．このことは明らかのようであるが，しかし，産出高の大きさと政治的正当性が最も重要なことであり，利潤は無関係であった高度に共産主義的な時代に比べれば，大きな相違なのである．

　それゆえ，この章で語られる成功した CEO とは，彼らが企業を際立った財務的業績に導いたがゆえに何よりもまず有名人となったものである．しかし，関心を示すべきは，これらのほとんどの CEO は，特大の能力を持った金を生み出す鬼才として呈示されることでは満足しないということである．そうではなく，これらの CEO は，彼らの文化的かつ道徳的気質と，一連のポジティブな文化理念を彼らの行動で体現し，しかもそれら理念を従業員間と社会に効果的に広めることのできる者として宣伝してもらうことを好んでいるのである．このように，利潤創出は，有名な尊敬すべき中国の CEO になるための第 1 の条件として絶対的に必要なものであるが，それだけではまったく十分ではない．その理由は，本章のこれ以降で詳しく述べていく．

　以下，中国の CEO の分析を，第 1 に文化的リーダーシップ，第 2 に道徳的リーダーシップ，の二つの部分に分けて検討する．

1.「文化的」リーダーでありそれを促進する CEO

　2005 年，北京六古典芸術・文化機関と世界中国詩人協会は，『中国ビジネス・リーダー詩選集』を発表した．その目的は，「新しい時代に活躍する中国のビジネス・リーダーの精神的側面，その情熱的詩情的感情とその豊かな洞察力を示すこと」であった (Chinese Business Leaders Poetry Anthology Editorial Committee 2005)．会社役員が詩を書き出版することは，一見彼らの事業関心とまったく結びつかないが，しかし，それは中国では極めて一般的に行われていることである．1990 年代の初期より，「企業文学」と呼ばれるものに属するあらゆる

ジャンルが中国の文学雑誌社によって出版され，そしてこれら雑誌社が，特にその雑誌社を支援するのにお金を支払っているCEOの詩情的・抒情的散文の作品をたびたび出版した（Kong, 2002：111-122）！　詩的素養を持つ企業経営者は，自らの連合を形成してさえいる．2007年6月，吉林省の工業中心地である長春市で，ビジネス・リーダー詩歌団体が創立のための会合を開催し，数十人を超える企業人が参加した．この団体のミッションは，「詩人のビジネス・リーダーの間で創造的交流と探求を促進し，詩歌を好んで書くビジネス・リーダーの創造的水準を引き上げることである」と述べられている（Jilin Daily 2007）．2006年の12月には，同様な団体であるキャピタル・ビジネス・リーダー詩・書道・絵画学術院が北京に創立された．この学術院が2007年の初期にそのメンバー企業の本社で詩叙述サロンを開催したが，会合名は「燕京石油・化学精製会社迎春文学サロン」であった（Capital Business Leaders 2009）．

　中国のCEOの全員が詩の叙述に卓越しているわけではないが（ただし驚くべきは古典の中国詩を知っている人の数は多く，そうした機会が少しでもあるときには暗誦したがる），代わりに毛筆による書道を嗜んでいるかもしれない．

　権威者に，企業，新聞，雑誌の名前を毛筆で描くことを依頼することや，ロゴ，発行誌の頭文字に毛筆による書を使用することは，中華人民共和国では確立した文化的伝統である．中華人民共和国の公式主要紙である『人民日報』の題字は，もともと毛沢東により書かれており，他の共産党の指導者は，過去数十年にわたり多くの新聞や雑誌の題字を書いてきている（Kraus 1991：11-13）．権威者によって書かれた題字は，出版される内容がその人によって保証されており，その出版物の著者はその人により守られていることの確かな証明である．同時に，毛筆でよく書くことができるということは，その人が文化的に洗練されており自己鍛錬がなされていることの証明でもあり，それゆえに，リーダーになるに相応しいということになる（Kraus 1991：72-74）．そのため，事業会社は，中国の政治リーダーの訪問の際，企業の事業への支持を表明してもらうために毛筆の題字を書くことをお願いし，これらの題字は会社の本社に掲示されたり，会社のウェブサイトに公示されたりすらするのである．たとえば，主要な通信サービス提供会社である中国通信のウェブ

サイトには，温家宝や江沢民などの高位権威者の一連の毛筆の題字を掲示している（China Unicom 日付なし）[3]．

あるCEOは，自分の会社の種々の部門を訪問して同様のことを行っている．大同炭鉱集団の前会長で党書記長の劉随生と彼の現在の後継者の呉永平は，様々な記念事業に毛筆での献辞を書くことを習慣としている．大同集団従業員文学誌についての報告に，劉氏と呉氏の両者は，献辞を毛筆で書いてきたとの記録がある．劉氏の献辞は，「卓越した文学作品を創作する努力をせよ／そして大同炭鉱〔集団〕の調和的建設に貢献せよ」．呉氏の献辞は，「大同炭鉱の文学的創造を繁栄させよう／大同炭鉱の企業文化を促進しよう」であった（Jiao 2007）．

詩と同様に，CEOは，彼らの作品を同じ趣味を持つ企業人と共有するために，毛筆・絵画協会を組織してきている．その一例は，2006年に設立された書・絵画研究深圳ビジネス・リーダー協会である．この協会のウェブサイトには，42名の会員による伝統様式の芸術作品と書が数多く呈示されているが，そのほとんどが，深圳市の主要企業の上級役員である（Shenzhen Business Leaders 2006）．ウェブサイトは，またビジネス・リーダーの「質」の向上，芸術実践とポジティブな企業文化に関係があることを明言している．

> 地方政府と地方共産党委員会が，深圳市を文化の中心地とする戦略的計画の一部として，地方政府の……支持と奨励により，……この書・絵画研究深圳ビジネス・リーダー協会は，市立投資館の記念ホールで第1回会合を開催し，……ビジネス・リーダーの芸術的才能を呈示し，……ビジネス・リーダーの精神的かつ文化的水準を高め，社会にビジネス・リーダーのポジティブなイメージを創造するだろう．また，それは，ビジネス・リーダー間，会社間での交流，協力，友好を促進し，進んだ企業文化を拡大するための非常に優れた基盤となるだろう．
>
> （Shenzhen Business Leaders 2006）

CEOは，詩や書のような伝統的芸術に熟達するほどの時間や趣向を持てない

かもしれないが，その場合でも自分自身を哲学者や深遠な思想家のように描写したり，中国古典ないしは外国の知恵を自分の事業や生活の中に利用していることを示したりして自らの文化認識を示そうとするかもしれない．白物家電で最も成功を収めた企業の一つであるハイアール集団の CEO である張瑞敏は，CEO が把握すべき最も大切なことは何かとレポーターに尋ねられ，「第 1 に重要なことは哲学である」と答えている．そして，古代道教の文献である道徳経から二つの句を引用し，それを現代の経営状況に適用している (Haier Group 2011e)．明らかに張は，著しく成功した経営者としてのみばかりではなく，賢人のような思想家と見られることを欲している．

冷酷で残酷な中国の不動産開発業界でこのような CEO 哲学者に出合うのは予想外かもしれないが，著名で巨大な利益を得ている SOHO 中国企業の会長の潘石屹は，道教と仏教のテキストの熱狂的な読者である．オンライン雑誌『今日の中国』にこう述べている．

最近，潘石屹は二つのことを行っている．継続的に家を建築し，『周易』，『金剛経』，老子の『道徳経』等〔古典〕を読んでいる．これらの書物は，数千年もの知恵と深い思想が蓄積されたものである．これらの作品を読む話になると，彼の顔は明るくなる．「何かの創造にはインスピレーションを必要とするし，不動産業も例外ではない．私は，古典，特に『周易』から着想を得ている．この本を読むたびに新しいアイディアを得る」．潘は，日中は世俗にまみれているので，夜にこれらの本を読みそこから精神的滋養物を得ることができる，と述べている．

(Zhan 2003)

潘は，収益のための不動産取引業は，彼の生活における真の宿願である啓発された賢人になることと比べると，副業であるかのようにすら示唆している．

1990 年以来，私は新しい友人を得たが，彼らの影響を受けて仏教と禅に興味を持った．これらの哲学に取り付かれた時期には，家や事務所の至ると

ころに禅に関する本が置かれていた．ある夜に私は夢を見た．その夢のお告げによると，悟りは単に幸福でありユーモアを欠かさないことで達成されるということであった．このことは，私の性格に大きな影響を与えた．私は，今でも知恵は幸福とユーモアから自然に生まれると信じている．

(Zhan 2003)[4]

CEO 仲間によるこういった哲学的文化的姿勢に反対してきた者もいる．それは何ら有用な目的に寄与することなく，企業の事業の実際の業績を不明確にするものであるというのである．中糧集団の CEO の寧高寧は，中国企業の経営者が「文学的趣向」を持つことは有害であると考えている．「彼らが会社を説明するとき，……企業のマネジメントとまったく関連しない多くの『物語』を語りたがり，事業の運営を『文学』にしてしまう」(Ning 2006)．そうではなく，寧が断言するには，会社は，「国際的企業」のように彼らの戦略，マーケットのセグメント状況，研究開発に関する明白な事実と数値を示すべきで，それにより，投資家とステークホルダーは，その会社の業績の良否についての明確な認識を得ることができるのである．

もちろん，アメリカ合衆国やオーストラリアなどのように異なった社会政治的環境においては，寧の批判は完全に合理的なものといえよう．しかしながら，この章の結論の部分で示すように，寧が厳しく攻撃する CEO の文学・哲学志向は，合理的・実利的に説明し得るものなのである[5]．

2. 社会で文化を促進する CEO

中国の最大規模企業の CEO は，文化の実践者として自分を描き出すだけでなく，従業員や広く社会に文化活動を情熱を持って促進している．第 4 章で従業員の啓発について考察したので，ここでは，中国の CEO の企業の外部での文化の促進に焦点を合わせることにする．

その一つの方法は，新製品の売り出しを文化イベントに変えることであり，製品を購入する顧客には驚異的にもまったく新しい文化的ライフ・スタイル

が始まると主張することによってである．明らかに，ある種の製品や企業は，この文化的パッケージングにより適している．化学肥料生産者や産業動力工作機械製造者でも，彼らの顧客がまったく新しい文化的ライフ・スタイルを購入することになるのだと説得することを余儀なくされることもあろうが，この説得技術は不動産開発者に特に適しており，それは，自社を競合他社から峻別する方法でもある．北京でSOHOニュー・タウン開発をする彼の企業のマーケティングにおいて潘石屹によって採用された文化的アプローチは，次のように描写されている．

　潘石屹の成功は，彼が現実に供給する住宅よりは彼のコンセプトにある．彼の前衛的な住宅供給理論は好意的であれ非好意的であれ常に注目を浴びている．「私は，未来のライフ・スタイルを考えています．工業の時代には全てがかっちりと区切られています．活動スペースは，仕事，レジャー，買い物，リクレーションと分割されています．私のSOHOニュータウンのアパートの仕切りは可動式で，意向により取り除くことも設置することもできます．種々の情報ネットワークがアパートに組み込まれているので，アパートの保有者は，家でも仕事ができ，自宅と仕事場がつながっています．これが未来のライフ・スタイルの姿です」……多くの人々が，特に潘石屹の会社により開発された家を購入するのは，彼らがそういった前衛的雰囲気を好んでいることによるのだ．

(Zhan 2003)

SOHOニュータウン開発は，さらに現代中国芸術家による設置の芸術ギャラリーをも含んでおり，それが会社のウェブサイトに紹介されている（SOHO China 2011a）．

　上記のSOHOニュータウンの報告は，SOHO China会長の潘石屹にのみ焦点が合わせられているが，潘の妻，張欣は実際会社のCEOであり，この文化的アプローチを推進する中心的役割を占めている．会社のウェブサイトは，熱のこもった方法で彼女を紹介している．

張欣は芸術を愛している．彼女は，彼女の創造性を示すどんな活動にも熱中することが好きで，建築芸術への情熱に満ちている．彼女は，中国の最も前衛的建物への投資家として，さらに高度に革新的な精神を持つ起業家として，多くの国際的に認知された賞を獲得してきた．SOHO China の開発プロジェクトへの創造的衝動は，全て張欣からきている．

(SOHO China 2011b)

単に家を建てて売るだけでなく，潘と張のような経営者は，むしろ文化の審判者ないし教祖として見られることを望んでおり，新世代の裕福で社会的に上昇移動している消費者が，趣向を洗練化させ眼識のあるお金の使い方をするようになるよう手助けしているのである——彼らの言葉を使用すれば，文化の「前衛」になるようにである．

　潘と張は彼らの前衛芸術の思想を，単に建築プロジェクトによって広めているばかりではない．彼らは，また現代中国の建築やその他の文化テーマに関する本を出版し，そこで彼ら自身の企業プロジェクトを際立たせながらも他のものにも紙面を割いている（SOHO China 2011c）．彼らの会社は，『SOHO ジャーナル』という無料の月刊誌のスポンサーをしており，それには，種々の文化的テーマのエッセイ，抒情詩，現代小説を掲載している（*SOHO Journal* Editorial Board 2011）．この雑誌は，前章で述べた会社の e マガジンとは次の点で異なっている．それはよく知られた著述家や知識人にその企業のビジネスに必ずしも関係するものでないあらゆるテーマの記事を寄稿してもらえる点である．ある号の序言に，次の文章がある．「SOHO ジャーナルは，その特有の視点と見解から，私たちの住む都市と私たちの送るライフ・スタイルを描き出し，分析している」（*SOHO Journal* Editorial Board 2005：扉のページ）．最後に，他の民営企業の新しく金持ちになった中国 CEO と同じく，潘は彼の世界観に関する本を書き，彼自身のブログを開設し，そこに，ビジネス，文化，哲学，そして生きる意味についてさらに広く彼を尊敬し羨望する「ネチズン」の多数の読者に対して定期的に書き込んでいる（Pan 2008；2011）．

　潘石屹と張欣の行動は，中国の CEO の中では特別なものではない．別の不

動産コングロマリットである万科集団のCEO王石も,彼の人生とビジネス哲学についての本を出版している (Wang 2006). 彼は,特に登山に夢中で,それは一見エリート文化からはるかにかけ離れているように見えるが,「高く登り遠くを望む」(登高望遠) という伝統的な振舞いは,2000年以上に及ぶ中国の詩人と文化的官吏の楽しみであった.もちろん,王は,エベレストやキリマンジェロのような厳しい頂上への企てを試みることによって,また,輿に乗らないことによって,その活動を現代風にしているのである[6].

　王石は,彼の会社を通じて,中国の文化産業に大きな投資をしている.王は1999年に彼の不動産ビジネスからの利潤で,万科文化放送会社 (万科影視有限公司) という子会社を設立した.恋愛物語,犯罪ドラマなどの人気ジャンルのみに焦点を合わせることなく,この子会社は,中国中央電視台,深圳党委員会の宣伝部門と協力し,古典的な共産党の「鋼鉄はいかに鍛えられたか」のリメイク版をプロデュースした (Yu 2000 : 193-194)[7]. オブザーバーが,策略と取引に満ちた深圳という大都市に発した万科集団のような民営企業が,典型的な主流の共産主義的テレビドラマを生み出すことは奇妙であるとコメントしたとき,深圳宣伝部門の官僚はすぐに万科を防御する行動を取った.

　　中国的特徴のある社会主義経済はひとたびある程度に発展すると,それは必然的に優れた文化を要請する.深圳市は,第1級の経済生産物を作ることのみを望んでいるだけでなく,第1級の文化作品をも生み出すことを望んでいる.

　　　　　　　　　　　　　　　　　　　　　　(Yu 2000 : 194,注1)[8]

文化的活動と中国CEOの腕前に関するこの公式声明と公式メディアの報告は,応々にして道徳的な論調である.あたかも文化に携わることが,道徳的によい人格であることの証拠であるか,少なくともCEOとその従業員の「質」の改善を支援することになるかのようである.高い文化を達成することは道徳的行動と密接に関係するという考え方は,単に共産党だけの論題ではない.中国においてその考え方には長い歴史があり,文(文学的・文化的達成)と道

（人間社会と宇宙の間に調和をもたらす道徳的方法）の関係に関する伝統的な儒教論争に戻るのである（van Zoeren 1991 : 11-15 ; Bol 1992 : 第6章）.

その伝統的な考え方に基づけば，CEO が文化的手腕を提示することは賞賛に値するが，しかし，それは CEO が尊敬されるべき指導者であり，文化に対する熱情は単に中身のない示威でないことを証明するために，道徳的徳性が明確に示されもしなければならない．そうしてはじめて，CEO はその従業員が企業理念——その多くは高度に道徳的なものであるが——を受け入れるようにすることができ，広く社会から尊敬の念を得るのである．劉・李・張は，それを企業文化の文脈に置くのである．

> もし，〔経営者たちが〕人々に自分たちを信用し受け入れてもらうことを望むなら，率直，正直，勤勉，他者の尊重，忠誠，公正，謙虚，質素など道徳的徳性を自分自身が模範として示してはじめて経営者たちは彼らの同僚から真摯な支援と強い協力を受けられるだろう．
>
> （Liu *et al.* 2004 : 132）

3. CEO と道徳的リーダーシップ

成功している中国の CEO の文化的表現が，いかに道理的性格を模範として示す試みと密接に関係しているかを示すために，蒙牛集団の現在の会長で前 CEO であった牛根生の経歴をここで選び，より詳細に分析することにする．多くの意味で，牛は，企業リーダーシップの中国の公式的・学術的説明が促進する一連の典型的ポジティブ理念を示している．しかしながら，高度に成功している中国の CEO のリスト中でさえも，牛は，並外れているという点で突出しており，それゆえ，CEO の全ての理想的な徳を浮き彫りにするのに役立つであろう．もちろん，牛の善行についての出版された説明には英雄伝として強調されている部分もあろうが，このことは全ての中国ビジネス・リーダーがたとえ，完璧からほど遠くかけ離れているケースにおいてでも目指すべき CEO の理想的な徳があるという事実を強調することにほかならない．牛

根生の説明から，CEO の道徳的理念を広い企業理念に翻訳することがいかに重要であるかがわかるのである．それにより，困難な中国の政治的・経済的環境で企業の生き残りと崩壊（CEO の不名誉）との明暗が分かれるからである．

4. 牛根生：創立者の神話から企業理念と政治的資本へ

牛根生は，1999 年に何人かの同僚と蒙牛集団を創立し，それから 5 年間という短期間で中国でトップのミルクとアイスクリームの生産企業としたことで有名となった[9]．蒙牛集団が 2004 年の半ばに香港証券市場に上場されたときに，グループの株の大きな割合を所有していた牛と創立時の同僚たちは，急に驚くほど金持ちになった．牛の約 10％の株式保有は，たとえば，2005 年までは人民幣で 10 億元の市場価値であったが，2006 年までに 15 億元以上に上昇した．しかし成金の CEO のように，酒盛りに支出したり，マンションやヨットを買ったり，豪勢な生活をしたりすることなく，彼はその株式分の全てを，「老牛特別プロジェクト基金」という自らの名前で設置した慈善基金に寄付をした．彼の株式の 51％は直ちに基金に入り，残りの 49％は，牛の死亡時に基金に譲渡されることになっていた．基金からの配当は四つの目的に使用された．乳製品産業の促進に，酪農家への支援，従業員への報奨と支援（傑出している労働者とともに困窮した従業員，疾病した従業員を含む），そして有徳の社会的目的への支援である（Sun & Zhang 2008：297-313）．

他の CEO が過去に彼らの所得（または会社の収入）を慈善事業に寄付することにより寛大さを示したこともあったが，株式の全てを寄付したのは牛が初めてであり，この寛大さの規模は過去になかったものである[10]．最初の 2 年間で，基金が利用可能な配当額だけでも 1,000 万元にも達しており，それはそれだけで莫大な資金であった．中国国内のメディアが熱狂して，コメンテーターたちはこの極限の私心なき行為を解釈しようとした[11]．しかし，牛はこの行為を，富に関する個人的な哲学と，蒙牛の名を「数世紀にわたって馴染み深い名前」とするという彼の望みの，一番最近の表明にすぎないと説明している．

なぜ私は私の富を手放すか，ですか？ ……お金を手放すことは本当にお金を失うことでしょうか？ たくさんのお金を自分のために蓄積することは，本当に利益を得ることなのでしょうか？〔私が信じることは〕もし，富を分配すれば，あなたは人々を自分の側に引きつけることができるでしょう．しかし，あなたが自分の富を溜め込むなら，人々はあなたを見放すでしょう……もしあなたが人々の気持ちを失うなら，あなたのビジネスは崩壊するでしょう．それが起きたときは，あなたには何が残るでしょう．そのときどうすれば，あなたの利潤は持続可能にできるというのでしょうか？
　……だからお金を「失う」ことは，実際にはありがたいことなのです．しかし，他の人よりも勝る利益というつまらぬものを求めても，それは不幸の種になります……実際に，「何も持たないこと」が最善であり，「何も持たないこと」が，私に必要な「全てを持っている」ことなのです．

(Chen 2007b : 113)

　牛がここで使用している「何も持たない」（無）と「何か持っている」（有）という用語は，老子の『道徳経』にその起源があり，中国読者は共鳴するだろう．たとえば，『道徳経』の第40章は次のように述べている：「世界の無数の創造物はあるもの（有）から生まれ，そのあるものは，無から生まれる (Lau 1963 : 47)．あるコメンテーターは，牛はここでは道教の賢人のように聞こえるし，牛自身，彼の株式を寄付するという決定は，『道徳経』を注意深く研究してなされたものと主張している (He 2004)．彼が道徳の逆説を金融の用語で再解釈した仕方は，大変興味深い．すなわち，さらに多くのお金を儲ける道は，すでにあるお金を手放すことにあるという．
　道教の修辞法を超えて，牛のコメントを理解し，それらがいかに彼のリーダーシップの様式と蒙牛集団の文化理念と一致するかを考察するには，牛の経歴上の主要な展開と，「富を分配すること」と「何も持たない」ということが，彼を現在の地位に至らしめた役割を振り返る必要がある．これが，企業文化理論家が「創立者の神話」と呼ぶものであり，従業員が，その会社に入ると学習し，CEO の範に倣うよう触発されるものなのである．

1) 牛根生の神話

牛根生の「神話」の第1の側面は，彼の仕事生活は文字通り「何も持たない」で始まったことであった．1958年に内モンゴルの非常に貧乏な家に誕生し，彼の両親は彼を自分たちのもとに置いておくことができず，彼は生後1ヶ月で養子の親に売られた．継父母もまた貧乏であり，牛はしばしば寒さと空腹の状態に陥った．彼の継父母は1949年以前に国民党に協力したため，マルクス主義の用語では「下層階級」であった．彼らは，文化大革命中は迫害され，少年時代，牛は学校でクラスメートからいつも打ち叩かれた．しかし，彼は，人々を自分の側にする方法の一つは人々に対して物惜しみしないことであることを次第に学習し，彼の母親がお小遣いとしてわずかのお金を与えたときはいつでも，彼は自分に友好的であれば誰にでも喜んでお金を与えた．その結果，人々は彼の言うことに耳を傾け始め，彼と遊ぶようになり，しかも彼をいじめようとする小悪党に対抗するのを助けることさえするようになった．これが人を引きつけるために富を分け与えることの力を知った最初である（Sun & Zhang 2008：17-20）．

牛の神話を形造る第2のエピソードは，1980年の初期に生まれたもので，彼が内モンゴルの都市フフホト（呼和浩特市）のミルク工場で瓶洗いとして働いていたときのことである（Peverelli 2006：113）．文化大革命の階級迫害は終わったが，牛はまだ貧乏であった．彼は10代で継父母から捨てられ，彼のサラリーは1ヶ月わずか20元であった．しかしながら工場長は，牛が結婚を望んでいることを知り，牛に結婚費用の支払いに利子なしで500元のお金を貸した．牛は，この気前のよさに驚き，特に工場長がいずれお金を返済すると信用してくれたことに喜び，その結果，彼は工場で2倍の努力をして，その工場で最も懸命に働く者の一人となった．このエピソードから，牛は，惜しみなく与える寛大さは，友人を得る方法になるだけでなく，従業員から最大限の努力と長期にわたる忠誠心を引き出すリーダーシップ技法となり得ることを知ったのである（Sun & Zhang 2008：19-20）．

1983年ミルク工場は呼和浩特紅旗工場に合併され，それは後に中国で最大

の国家支配乳製品製造企業の一つである伊利集団に再整理された (Peverelli 2006：116). 彼は着実に働いて伊利で昇進し, 最終的にはグループの副社長, アイスクリーム部門の社長になった. 牛は, 彼のもとで働く人々への継続的な物惜しみしない寛大な行動により, 工場で名声を獲得していった. 彼を有名にした例には次のようなものがある. 彼は, 年間ボーナスを彼の部門の種々の従業員へ定期的に配分し, ある年に彼の年間ボーナスが108万元になっても, その全てを分け与えた. 伊利のアイスクリーム部門社長時代に彼用の社用車1台分として彼に配分された18万元で, 彼の従業員が通勤で毎日無料で乗ることができる中古車のバスを2台購入した. 困窮するいかなる従業員に対しても自らのサラリーで援助した. それは, 過去において彼が援助されたのと同じであった——たとえば, 1990年に彼の従業員の一人の楊文君がアパートの頭金4,000元を工面するのに困っていたとき, 牛は彼に2,000元を自分のポケット・マネーから与えた. そのとき, 牛自身の給料は, 楊の給料に比べそれほど高いものではなかったにもかかわらず (Chen 2007b：111-112).

この種の惜しみない寛大さで, 牛は彼の部下たちの中に猛烈な忠誠心を持つ信奉者を作り出した. 1998年, 伊利のCEO鄭俊杯は, 牛の人気により彼の地位が脅かされると感じ始め, 彼を解雇する言い訳を見つけたときに, 伊利の300人の従業員が彼について船から飛び降り, 次の年に牛が蒙牛を新設するのを助けたのだった. これらの人々には, 乳製品工場を運営する何年にもわたる経験を持つ伊利の主要な役員たちも数人含まれていた (Chen 2006：113). そのうちの一人が楊文君であり, 彼はそれまでに伊利の生乳生産部門の社長に昇進しており, 蒙牛集団で同じような役割を担った後, 2006年には蒙牛集団のCEOになった. このとき, 蒙牛集団は政府の支援なしの完全なベンチャーであり, しかも, 国家支配のコングロマリットの伊利と同じ地域で競争するという明白な危険があったにもかかわらず, その大脱出が起きたのである. さらに驚いたことに, これらの従業員は蒙牛加入に際してその初期資本に自らのお金を投資したのである. 彼らがこのことを喜んでしたのは, 牛の過去の経歴が, 彼がその事業を成功させ, 彼らに伊利で受け取るよりはるかに大きな報酬を与える潜在能力を持っていることを証明していたからであ

る (Sun & Zhang 2008 : 56). 1999 年以降の蒙牛の驚くべき成長，その多くは高度に献身的な労働力と触発されたマーケティング技法によるもので，「富の分配は人を引きつける」という牛の金言の有効性，そしてこのような人たちを一員とすることは，お金を溜めて自分自身に使うよりもはるかに大きなお金を生み出すことを示したのである．

　この文脈に照らせば，蒙行集団の上場の際の思いがけない収益を，牛根生が蒙牛の企業活動について肯定的印象を人々に与え——引き続き「富の分配は人を引きつける」という彼の個人的理念を体現する新たな機会と捉えたとしても驚くに当たらない．2005 年，「老牛基金」からの分配の最初の受取人に誰を選んだかは示唆的である．20 万元が 150 人の大学生に彼らの学修を援助するため配分され，他に特記されていない額が中国の酪農首都としての呼和浩特を祝う公共的彫刻を建てることに向けられた一方，多額のお金が義務を勇敢に果たした警察官の英雄の報奨祝賀会に与えられ（2 億元），また，——2004 年に亡くなるとともに「モデル党役員」の地位に高められた前市長で呼和浩特の党書記であった牛玉儒についてのドラマの作成費用に向けられた（やはり 2 億元）[12]．換言するなら，寄付は蒙牛集団とグループの運命に影響を与える力のある政治家の利害との間に良好な関係を維持するために主に向けられている[13]．

　明らかに，牛根生の「法外」な寛大さは，中国特有の政治的・文化的文脈で人々の忠誠心を得，かつ蒙牛集団のイメージや評判を改善する，注意深くテストされた長期的戦略の一部である．

　いかに牛が彼自身と家族への支出を厳格に管理していたかを見れば，この結論は強調される．彼の質素と一般社員と同一の待遇に喜んで甘んじることもまた，蒙牛集団の神話の一部となったのである．

　　彼の部下たちが自分の昼食に 50 セントを使うだろうとき，〔牛は〕15 セントしか使わないだろう……職員食堂では彼は CEO であっても，他の人と同じように並び，彼のカードで支払い，それから空席を探した……どんぶり麺一杯と一皿の漬け物野菜が，彼のお気に入りの「ごちそう」であった．

(Chen 2007b：112-113)

同様に，牛はいつも彼の家族に1ヶ月3,000元の厳しい予算を課し，彼の所得が百万元を超えるときでさえそのようにしたと言われている．確かに，「老牛基金」を設置する理由の一つは，彼の株式収益のほとんどを蒙牛集団と他の価値ある目的のために支出し，彼が死んだときにも彼の家族には遺産が相続されないことを確保するためであった（Sun & Zhang 2008：297-298）．彼の理由付けは極めて明確であった．

富と地位は決して3世代以上は続かないので，私の後継者には有形資産を渡さず，むしろ彼らには無形資産を与えるようにした．私は自分の息子と娘には物やお金を与えなかったが，彼らに私の精神を与えた……私は，私の子どもが私から「無」から「何か」を創り出す能力を学ぶよう望み，彼らに大金をただ渡すようなことはしない．

(Sun & Zhang 2008：309)

稼いだお金を蒙牛の発展に投下することへの願望，また彼の家族が彼の財産を相続するなら彼らは怠惰な怠け者になるという恐れ以外に，牛の質素さを説明するほかの要因がなおも存在するだろう．極度の貧困の中で育った牛は簡素な生活スタイルに容易に満足し，また彼の家族にもそれを期待した．彼はまた蒙牛の部下たちの範となることを望んだ．すなわち，会社は最優先で家族より大事ですらあるというメッセージを与えたのである．確かに，牛の行いは，蒙牛の他の経営者に対して自分の所得を物惜しみなく与えることを鼓舞し，社会的圧力となった．2005年蒙牛集団の経営者チームは，彼らが受け取るべき3億元余りの報奨的賞与の80％が会社の発展に再投資されることを表明した（Sun & Zhang 2008：314-315）．これに加え，牛の正当な恐れは，彼の家族が誘拐の的になるか，彼自身がメディアでマイナスの注目を浴び，最終的に脱税で逮捕されて会社を破滅させることであった．こうしたことは，中国で高名な民間企業家に起きていたことである[14]．彼の動機がどうであれ，

牛は貧困者には惜しみない寛大さを与え，しかも，彼自身は質素にし，会社の利益と広く社会の利益を彼の個人的望みや彼の家族の要求より上に置く徳の高いリーダーという強い公的イメージを確かに創り上げた．

2） CEOの個人的理念の企業理念への転換：蒙牛の企業文化

これまでの章で記述してきたように，企業文化に関する公式の中国的アプローチは，会社に対して株主，従業員，中国共産党，そして広く社会といった種々のステークホルダーの利害のバランスをとることを要請している．牛根生は，特にこのバランスをとるスキルに優れており，さらにこのステークホルダーの複雑なネットワークを指す「企業生態系」という用語をつくり出しさえした．彼は，この生態系内のいかなる一つの関係でもバランスが崩れたり，切れたりする場合には，全体のシステムが崩壊し企業は没落すると主張している[15]．彼の富が種々の社会的目的を促進するために利用され，もちろんまた，蒙牛集団が一貫してその株主のために利益を増大することを確保するほかに，牛は特に「企業生態系」の四つの相互に関係する領域に焦点を合わせてきたのであり，それらはまた，ポジティブな企業文化への公式の要請にもよく適合しているものである．

第1は，蒙牛集団の経営管理に中国共産党の役割を熱心にはめ込んでいることである．蒙牛が設立されると間もなく牛根生は盧俊を企業の共産党書記長に迎え入れている．盧女史は現在内モンゴルの証券規制委員会の党の地位に昇進していたが，それ以前は長い間伊利で党の副書記長であった（Sun & Zhang 2008 : 58）．この任命で，牛は，中国共産党と経営の権力を共有することは，私的支配企業では極めて重要であることを重視していた．

> 国家支配企業はその性質上政府に属する……しかし，私的支配企業は政府に属さない．その所有者，経営者そして労働者は政府の利害を代表しない，それゆえに，企業内の〔他の三つの「腕」である所有者，経営者，労働者の〕諸利害を調停し仲裁する客観的な「第4の腕」が必要となる．それは党である．

(Niu 2007a)

盧俊はさらに蒙牛集団内での党の役割を次のように説明している.

蒙牛集団が党委員会の設置に固執する他の理由は，……党の内部監督メカニズムと，イデオロギー的・政治的思想活動の領域にその技能を最大限に利用することである……私の理解では，イデオロギー的・政治的思想活動とは，人民の気持ちと考えをマネジメントすることである.

(Sun & Zhang 2008 における引用：263)

より具体的にいえば，蒙牛内の党組織には三つの任務がある．第1は，従業員を動機づけ彼らの生産性を上げるということであり，これには蒙牛の企業文化研修を組織することが含まれる．第2は，従業員の関心事を探り，企業のプロセスを改善する合理的提案を見つけ出すために，定期的調査を実施すること，第3は企業の従業員の腐敗を捜査して根絶することである (Sun & Zhang 2008：263-264)．換言すると，表面上の政治的レトリックとは裏はらに，蒙牛における党の主要な役割は，従業員の作業力を上げて，企業の事業が改善するのを援助することである.

牛が特に焦点を合わせている第2の領域は，蒙牛の供給者を育成し，利益を守ることである．この供給者とは主に生乳を生産し，それを蒙牛の牛乳事業部に売る200万を超える小農家である (Mengniu Group, 2011c)．牛は他の牛乳生産者との熾烈な競争にもかかわらず，蒙牛は，他の競争相手がやっているように農家の牛乳に支払う価格を下げることはけっしてやらないと主張している[16]．蒙牛は，内モンゴルの貧しい農家に牛を信用貸しで購入し，それで生産した牛乳によってローンを返済することができるように小口ローン基金プログラムを設置した．蒙牛は，そのローンを保証し農家が牛乳を販売するための市場を提供した．ローンの返済が終わると，農家は畜産事業を立ち上げるためのさらなるローンを受けることができた．その方式を使って農家が購入した牛は110万頭を超え，それら農家の多くはその牛乳生産から自分

自身の家を購入するのに十分なお金を稼ぐことができたと伝えられている（Sun & Zhang 2008：286-287）．蒙牛に必要な供給者の数そのものからして，このプログラムは，中国の農家の生活，特に北西の貧困地域に，重要なプラスの影響を与えてきた．

　牛の説明では，貧困者を支援したいという彼の望みは彼自身が田舎で貧困にあえぎながら育ったことに由来するのであり，伊利が彼を貧困から逃れることを助けたように，蒙牛も同じことをして他の人々を助けられるという認識に由来するのである．同時に，それは偶然ではないが，北西中国の農家に経済的機会を与えることは，「西部開発」という，さらに都市部と地方の住人の間の所得格差を小さくするという中国政府の政策にぴったり一致することであった[17]．それゆえ，蒙牛が良好な企業市民であり，社会的責任を果たしていることを外部者に示すことのできる明確な証拠となったのである．

　第3に焦点を合わせた領域は，従業員の啓発である．牛は，自身が飽くことなき独学と読書の人であり，彼は蒙牛を従業員が学習を通じて自身の知識を増し自己実現を果たせる「学習する組織」にする考えを絶えず紹介した．たとえば，2003年に蒙牛は牛を所長とするビジネス研究所を設立した．研究所は，新規採用者の研修の他に，トップからボトムまでの蒙牛の全ての従業員に毎年，技術科目，マネジメント技法，また蒙牛の企業文化の最新の状況が含まれる再教育コースに参加することを課した（Chen 2007b：38-45）．これに加え，蒙牛は，毎週火曜日の午後を「学習日」と呼び，従業員は同社の経営者または外部の講師がしばしば指導する3時間の集団学習セッションに彼らの同僚と参加しなければならなかった．これらの研究セッションの内容は，大変折衷主義的で，同社の経営・生産過程をいかに改善するかという実際的な議論と，従業員を鼓舞し彼らの生活を意味あるものとする「精神的」内容の両者が含まれた．後者のカテゴリーとして，たとえば牛は2004年に，彼の中間レベルの管理者全員に，おそらくリーダーシップの模範的モデルとしてであると想定されるが，テレビ・ドラマの「漢の武帝」を見る集団学習に従事させた（Niu 2002）．

　学習セッションの内容は広範囲で，ある場合には蒙牛の事業とはわずかに

第5章 模範を示す 149

しか関連しないこともあったが，牛にとって決定的に重要な目的は彼の従業員をともにグループで学習させ，それにより，従業員が知識を向上させながら理念と相互支援の意識共有を発展させることであった．彼はそれをスピーチの中で次のように述べている．

> グループ学習は，共通の企業哲学を形成する上で個人学習よりはるかに優れている……もし，全従業員が企業内でそれぞれ学習するなら，私はト長調で演奏し，君はホ短調，そして彼はロ短調という混乱状況に容易につながるだろう．〔我々が目指すべきは〕「和して同ぜず」である〔孔子,『論語』XIII〕[18]．換言するなら，同じ曲を違った楽器で演奏するのである．我々はグループ学習を続けることによってのみ，自分たちの考えを共有し，歩調を合わせることができるのである．そのとき我々は偉大で調和した音楽をともに奏でることができる．
>
> （Chen 2007b : 45, 同様の考え方については Niu 2007b 参照）

共通の企業哲学と調和を促進しようとする点は，孔子とともに，中国国家主席胡錦濤が名づけた「和諧社会」にぴったり一致するものであるが，牛によるその達成手段は，公式の研修と集団学習セッションに留まらない．彼は，絶えずスローガンと格言を考案・借用してはスピーチでそれを用いたり，蒙牛の生産施設や事務所のいたるところにそれを掲示させたりした．その多くは強く道徳調であり，従業員がどこを向いてもポジティブな理念を思い出させるよう設計されていた[19]．

これらの掲示されたスローガンのいくつかは次のようなものであり，これらは蒙牛本社を訪問したレポーターにより観察されたものである（Xi 2004）．

- 太陽はいつも輝いている／両親はいつも惜しみなく寛大である／最良の人々はいつも寛容である／しかし，狭量な人々はいつもいらついている！[20]
- もし君が他の人々がいらついているのに気づいたなら，君は，自分の仕

事をさらにする必要がある！
- 君に知恵があるなら，それを示してごらん／君に知恵が不足しているなら，汗が落ちるまで仕事してごらん／君に，知恵もなく汗を出す用意もないなら，どこかに消えなさい！

食堂の前には，

- もし君が皿の上に少しでも食べ残すつもりなら，ここに来て食事をしないでください！

この最後の金言は皿に食べ物を残したものへの 50 元の罰金で支えられており，従業員は，また他の様々な企業のエチケットに関する規則に違反したときも罰金を払わなければならない（Xi 2004）．

蒙牛の公式的な企業文化研修の多くは，従業員が有徳な行動をし，継続的な学習により自分自身を向上することに焦点が置かれている．この会社の『企業文化ハンドブック』には，牛の道徳的リーダーシップ様式の痕跡が明瞭な多くの章があり，次のような内容を含んでいた．「知識によって君は小さな勝利を得ることができる，しかし，大きな勝利は徳に依拠する」，「蒙牛の事業を君自身の責任として扱いなさい，しかし，蒙牛の利益を君自身のお金として扱ってはいけません」，そして「絶え間ない自分自身との闘いによって」「自己超越を目指しなさい」といったことである（Chen 2007b : 145-154）．これらや他の高揚させる金言が，全従業員がその集団学習セッションで定期的に参照しなければいけない『企業文化ハンドブック』において詳細に説明されている[21]．

牛は，彼の従業員だけを教育し啓発することで満足せず，このやり方を従業員の家族にまで拡大する努力をしている．彼は，2005 年に，再び彼自身の給与から「和諧的家族特別訓練キャンプ」を主催し指導している．配偶者や子どもに対するこの 1 ヶ月のサマーキャンプの間に教えられる科目は，儒教の『論語』，『大学』，孫子の『兵法』，老子の『道徳経』『周易』といった中国

の伝統的古典を網羅していた．さらにキャンプには，社会的エチケット，コミュニケーション・スキル，子どもの養育技法，「学習する家族の形成」というような実際的課題も含まれていた（Mingxing qiyejia 2005）．

　最後に，牛が蒙牛の企業文化に自身の個人的理念を刻印しようと努力した第4の領域は，蒙牛の競合企業への彼のアプローチに見られるものである．蒙牛が国家支配の乳製品コングロマリットである伊利と同じ地域で設立されたときに，伊利が市場シェアの獲得をさせまいとするであろうことは明らかであった．たとえば，蒙牛の牛乳配送トラックが強盗により強制的に止められて，牛乳が路上にぶちまけられるとか，蒙牛の広告版が夜中に汚されて駄目にされるとかの2，3の醜い事件の後，牛は，「忍譲（堪え忍ぶ）」戦略を採ることを決定した．彼は蒙牛の従業員に対して，伊利との直接的な競争を避けるようにという厳しい方針を打ち出した．この方針には，伊利がすでに設置している場所に牛乳回収所を設置してはならないこと，蒙牛独自の供給網以外の供給者から牛乳を購入してはならないこと，さらに供給者からミルクを購入するとき伊利と価格戦争をしてはならないことが含まれていた（Peverelli 2006：118-119）．彼のマーケティング・チームにより，牛は，広告宣伝に独自の方法を考案した．それは，蒙牛の促進を図るとともに伊利と内モンゴル全体の促進も図るというものである．蒙牛の広告宣伝スローガンには，「蒙牛乳業は内モンゴルで2番の乳製品ブランドを打ち立てます」（伊利が1番であったことを意味する）．また「広大な草原地帯が伊利，興発，蒙牛を生み出しました」（興発は主要な肉生産会社）（前掲書：119-120）．蒙牛は，このように蒙牛を含めた種々の内モンゴルの企業を一緒に賞賛し，それによってその企業名を公衆に認識させ，同時にその競合他社と「内モンゴルの草原地文化」を賛美する一連の広告にお金を払っている．同社が最も触発された考えの一つは，「中国の乳製品の首都」として呼和浩特を推進させることであり，それは地方政府により熱狂的に採用されて，それ以来その市のスローガンになっている（前掲書：120-122）．

　伊利からの激しい集中攻撃や蒙牛の事業を崩壊させようとする伊利その他の牛乳生産者による手荒い企てに忍耐せざるを得なかったにもかかわらず，

牛は，報復を拒否し，むしろ伊利を蒙牛が多くを学ばせてもらった「お兄さん」と呼ぶことを好み，貧困生活から救ってくれたことに対する彼自身の伊利に対する感謝を強調した．この忍耐は理想主義的で感傷的に見えるかもしれないが，実際には，蒙牛が成長のための最初の困難な数年間を生きのびることを保証するのを助けたのである．牛は，忍耐と服従の方法を正当化するのに，彼が文化大革命の間に打ちのめされたときのことを述べ，子ども時代の生々しい例を用いてこう説明した．

> 私が反撃しない限り，私は押しつぶされて死ぬことを避けえた．私がもし，1度でも反撃に出たら，押しつぶされて死に至る確率は極端に増大したことであろう．そのため，その頃に殴られたり罵られたりすることに堪えたことは，将来殴られたり罵られたりすることを避け得る唯一の道であった．
>
> (Chen 2007b : 118)

よりポジティブに捉えれば，牛は中国の乳産業において巨大な潜在的成長が見込めることを間違いなく認識していた．乳製品が次第に中国の食生活の一部になりつつあったからであり，確かに内モンゴルには乳製品の主要企業が1社以上存在し得る余地があった．それゆえ従順と辛抱強い忍耐は，最終的に報いられる見込みであった．

興味深いことに，中国政府は最近になり逆説的響きのある「協力的競争」(競合) を企業に奨励し始めた――換言するなら，非持続的で不安定な事業となり，事業の崩壊後に必然的に失業や社会秩序の乱れをもたらす種類へと導く悪性の価格戦争や生き馬の目を抜くような商業慣行を止めさせようとしているからである (Williams 2005 : 4, 7-11)．自分の企業を促進することにより，また同時に彼の主要競争企業と地域経済全体を促進することにより，牛根生は，この協力的競争運動を予見していたように見え，さらに外部世界に対して彼の企業が中国の企業市民の一つの「模範」であることをまた1度示したのである．

牛根生のリーダーシップへの「道徳的」アプローチは，疑いなく部分的に

は彼が多くの機会と利益を与えてもらったと感じている地域共同体へ（そして党へ）お返しをするという彼の理想的要望から生じている．彼は，金融的・経済的発展の機会を，できる限り多くの人々，特に中国の田舎の，社会の最貧困メンバーと共有することを望んでいる．しかしこの理想主義の他に，「道徳的リーダーの模範」であることが，現在の中国の社会的・政治的風土では蒙牛が継続して生き残りかつ成長することを確保する最善の方法であるという現実主義的な計算に基づくものでもある．特に，私的支配企業として蒙牛は，困難なときに政府の役人がその企業を倒産させることが容易でないように，できる限り社会的・政治的資本を蓄積する必要があるのだ．

3） 蒙牛の生き残りのための闘い：政治的資本としてのCEOの道徳と企業理念

　牛は，マイナスの評判が燃え上がり蒙牛が崩壊するのを防ぐのに過去10年間で少なくとも2回彼が貯めてきた政治的信用に頼らなければならなかった．最初の事態は，2004年の初頭，蒙牛が，もし特定の銀行の口座にお金を振り込まないと同社のミルクに毒を入れると脅す匿名の手紙を受け取り始めたときである．最初は個人的なゆすりのように思われたが，すぐに蒙牛の評判を破壊しようとする組織化された運動であることがわかった．同じような脅しの手紙は，蒙牛が小売市場に参入した中国の異なった地域から送られ，さらに毒入り蒙牛製品の危険性を警告する手紙がそれら地域の自治体政府と公共安全事務所に送られた．とうとう2004年3月に湖北省武漢の二つのスーパーマーケットにおいて蒙牛牛乳の7本に異物混入が発見され，検査では多量のホルマリンがミルクに加えられたことがわかった．この化学薬品は悪臭がするので，毒入りミルクを誤って飲んでしまう消費者はいなかったであろうが，それでも蒙牛は安全性を保証するために，武漢地域の棚からその全ての製品を回収せざるを得なかった（Sun & Zhang 2008：171-184）．

　この脅迫運動の真の目的は，この事件の直後に明らかになった．湖北省の衛生監査所が，この地域の全ての国家支配小売販売店に公式通知を送り，調査が進むまでは蒙牛の製品を販売するのを中止せよとの命令を下した．この

通知は，それ以上毒入り製品が発見されなかったので2日後に取り消され，普通に行けば，蒙牛の全国販売に重大な影響を与えなかったところであろうが，しかし，蒙牛の競争相手の一つが（どこであるか明らかではないが）その通知を掌握し，その通知を次のようなタイトルで中国全域にインターネット，テキストメッセージ，またファックスで流す運動を組織した．「あなたがたは本当に蒙牛の製品を飲んではいけません．誰かの命を救うためにこのメッセージをお回しください」(Sun & Zhang 2008 : 177)．この通知は，また国中の役所に送られ，ニュースの出所をチェックすることなしに取り上げたタブロイド紙もいくつかあった．その結果，役人が大事をとって蒙牛に無期限で同社の製品を店舗から回収するよう命ずる決定をした役所は中国全域に及んだ．蒙牛の販売は急激に減退し香港証券市場へ上場する計画だったところを，代わりにまもなく破産を宣告する瀬戸際に立たされることになってしまった．

この事件が発生したとき，牛根生は，内モンゴルの中国共産党との良好な関係に頼り，省の党書記は武漢に飛んで警察が調査をするよう手段を講じた．しかし，危機がひとたび国レベルに広がると，明らかに崩壊を防ぐことができるのは中央政府からの支援だけだった．2004年の初頭，内モンゴルの小農家の暮らしを改善するために行った蒙牛の努力の結果として，牛は彼の工場の業務を中央政府のトップに報告するように招かれていた．温家宝首相は蒙牛のアプローチが政府の「西部開発」と「三つの農村の問題」の政策にぴったり一致することから，特別な関心を示した．牛は，それゆえ温首相に手紙を書き，蒙牛の倒産は同社の数千人の労働者だけでなく，百万以上の牛乳サプライヤー小農家に対して決定的な影響をもたらすことがより重要であると説明した．その2日後，ミルクに毒を入れた事件の最初の犯人が深圳で逮捕され，まもなく彼女の共犯者たちは武漢で拘留された．逮捕は公共メディアで報告され，蒙牛の製品は中国中で棚に戻された．どちらかと言えば，公安庁長の周永康——蒙牛は彼をも巻き込むことができたのだが——の支援とともに1万人にも及ぶ公安警察を巻き込んだ1ヶ月に及ぶ取調べの結果，これらの逮捕がなされ，もちろん逮捕に結びつく情報への，蒙牛による1万元の報奨もあったのだが，しかし，牛は主に温家宝の高位からの介入のおかげであ

るとした (Sun & Zhang 2008 : 178-183).

　明らかに，この事件以前からの，牛が道理的リーダーであり，蒙牛がポジティブな企業文化を有していることを示す牛の一貫した努力，また，言うまでもなく中国共産党の監督と指導を企業経営に進んで取り込んだことが，蒙牛が危機に瀕したときに配当を支払わせたのである．蒙牛の繁栄時には企業の事業や利益と直接関係がないように見えた行動が，企業が困難に陥ったときに，決定的に重要な政治的善意を確立することができたのである．

　牛が貯めた政治的資本は，最も最近の危機である，2008年の毒入りミルクのスキャンダルのときも蒙牛を再び守ったようである．その事件とは，中国の少なくとも21の主要牛乳工場の乳製品にたんぱく質強化剤としていくつかのサプライヤーによりメラミンが加えられ，30万人以上の幼児が病気になり6名の乳児が死に至ったのである (*People's Daily* 2009a)．蒙牛は，もちろんこれらの事件の主たる加害者ではなかったが，その後同社の製品の僅かなパーセンテージの中に，ごく微量のメラミンが含まれていたことが発見され，問題が処理されるまでにまたもや自社製品全てをリコールしなければならなかった．しかし，主要な生産者である三鹿集団はそのCEOがこのスキャンダルに加担した罪で終身刑を課された後に倒産し，伊利のような他の生産者も2008年に巨大な損失を蒙り，今もなお回復に努めているのに対して，蒙牛は相対的にそれほどの痛手を受けていないように見える (*People's Daily* 2009b)．その理由には，同社の全般的に厳格な品質管理制度と，前回の危機以来4年の間に獲得した忠実な顧客層もあるが，中央政府からの継続的支援にも助けられたのであった．温家宝が，2009年6月に蒙牛のある牛乳加工工場を訪問し，2009年7月には国家支配の食品コングロマリットの中糧集団が，蒙牛の株式の約20％を購入することに同意し，53億元以上の新しい資本がその企業に注入されて，この戦略的投資により同社は財務的に強化された (Sun 2009 ; Caijing Magazine 2009)．この追加的資金は，蒙牛がその配給網を拡大し，同社を主要な国際的な乳産業コングロマリットにするという牛の長期的な志をかなえることを可能にするかもしれない．

5. CEO が文化を促進し道徳的模範として行動する理由

　上記で文化と道徳的リーダーシップについて見てきたことから明らかなように，いくつかの要因が結び付いて，文化を促進し公の目に自らが道徳的模範として映ることに強い関心を持つことが中国の CEO には不可避となっている．第1に，中国政府がビジネス事業一般に対して，特に金持ちの CEO に対して示すどちらともつかない態度がある．一方で中国共産党は，会社に利益を上げ，より多くの雇用を生むことを奨励し，それにより中国が豊かになり中国人の生活水準が上がることを望んでいる．他方で党は，人々が組織化して大きな集団を形成すること，特に彼らが党の権威を脅かすほどの十分な力と資金を持つことを懸念している．そのため，党は，企業が積極的に政府の政策を促進することも期待している．そしてこれには「優秀な企業文化」の確立，「社会的責任」を果たすこと，さらに「精神的文明」を広めることを支援することが含まれるのである[22]．私的支配企業でさえも，この義務を回避することはできない．なぜなら，私的支配企業も国家支配企業と同様，企業内に共産党支部を設置しなければならないからである[23]．実際には，私的支配企業は党に猜疑の目を向けられないようにするために，より一層党の政策を促進しなければならないように見える．

　中国企業がその従業員を教育し，「自己改善」のために文化活動に従事することを奨励したり，党に認可されたトピックについての文化的雑誌やテレビドラマを製作したりするとき，CEO は明らかに片目をしっかりと党に向けている．企業は，政府と良好な関係を続けるために事業の経済的価値を社会的価値と調和させなければならないことを認識しているのである．中国飲料会社娃哈哈集団の CEO 宋慶紅は，次のように述べた．「政府があなたがたを支持しなければ，あなたがたは一歩も前に進むことはできないでしょう．あなたの会社は国の問題を解決するのを支援しなければならない」(McGregor 2005 : 288)．

　いささか異なった観点から見ると，より抜け目のない CEO は中国独特の市

場環境で彼らの利潤を最大化する一つの方法として文化と道徳を利用していると見ることができる．事業を多角化して文化事業に参入し，革命をテーマにした道徳調のテレビドラマを制作した万科集団のようなケースでそれは最も明らかである．中国では，特に高齢層の消費者が持つ革命への郷愁に巨大なマーケットが存在しており，この郷愁を収益源とするあらゆる商品にも高い収益性が見込まれる．万科集団は，「鋼鉄はいかに鍛えられたか」の広告権・配給権を売って多くの資金を作り出し，さらに，深圳広告宣伝事務所と他の二つのテレビプロダクション会社との共同による外国の共産主義の古典，*The Gadfly* のリメイクにその資金を投入した（Vanke Film and TV Corporation 2010）[24]．

その結果は，牛根生の寛大な公的行為，特に中国共産党のヒーロー，警察，貧しい田舎の住民に向けられたケースに似ている．これらは短期的には相当な費用がかかるものの，企業が危機のときにはそれまで貯めた善意から引き出せるのであり，現代中国に流布している恥知らずの商業行為や腐敗に対する攻撃の的となるのを防いでくれるのである．

CEO による従業員の文化的啓発の促進についても，同様に経済的観点から論じることができる．多くの成功した中国の企業は 20-30 年の間にほぼゼロから成長した．これらの企業は何千もの新しい従業員を，それも多くは若く国の他の地方から来た従業員を雇用してきた．彼らは，企業の宿舎かアパートに住んでいる．そこで，会社は彼らの新しい家となり，従業員たちは彼らの同僚と知り合いになり，自分たちが単に生産ラインのロボットではなく，それ以上のものであることを感じられるように，会社が種々の社会的・文化的諸活動をアレンジしてくれることを期待するのである．多くの従業員は満足な教育を受けておらず，多くの理由から早くに学校を辞めている．企業がその資源を用いて，従業員が潜在的能力を全人的に開発するのを奨励し，従業員の創造性を公的称揚や金銭的インセンティヴで報いることにより，従業員はより長期に会社に留まるのである．このことにより，採用と新入社員研修を繰り返すことに伴うより大きな支出を節約できるのである．

CEO が，自ら文化活動を実践する——そして公の注目を集める——ことは，

美学的な喜びのみならず，多くの関係し合った目的に役立つのである．すでに述べたことであるが，書道や詩のような伝統的芸術は中国のエリートによって長く実践されてきたし，優秀なリーダーは書く才能が卓越していることを示すことが期待されている．これらの難しい伝統的芸術をマスターする時間のない人たちにとっては，中国の古典的哲学や価値観——例えば潘石屹が古典の『周易』からの触発を伝え，牛根生が『道徳経』から引用したように——これらの CEO が単なる金の亡者の資本家ではないことを示唆している．雑誌，芸術家への支援金，家族向け文化ワークショップを通じた現代の文化界への寛大な後見者となることと結び付くと，このような活動は，彼らを文化的エリート階級に参加させ，彼らの商業活動に対するより広い支持と積極的宣伝につながるのである．換言するなら，文化を実践化し促進することは，なおも名目的には社会主義である社会での資本蓄積に対するマイナスの視線をそらす方法となるのである．

ここには中国の伝統の影響さえも作用しているといえるであろう．それは単にビジネスをするとか，金儲けをすることには，やる価値がないという考えである．もし誰かが CEO でなければならないとしたら，その人は少なくとも教養のある洗練された人で，他人に対して道徳的に模範となる人でもあるべきということだ．このビジネスへの嫌悪は，儒教思想に深く根付くものであり，過去には「儒商」という折衷的理想に至ったものである．すなわち，人はビジネスに従事できるが，しかし自己啓発により達成可能な高徳を見失ってはならないということである（Zurndorfer, 2004：2-3, 8-10；Brook 1997：27-44）．もちろん，共産党政府は 1949 年に支配権を獲得して以来，このビジネスに対する儒教的嫌悪は，資本主義的搾取に対する共産主義的疑念によって強化された．このことは，CEO が，最も下劣な類である貪欲な商人というより，文化的かつ道徳リーダーとして振舞うより強い理由となっている．

同時に，中国の CEO が伝統的中国の文献と文化的実践から慰めと実際的な触発を得ていた可能性もおおいにあるだろう．純粋に実際的な例を挙げると，孫子の兵法に関する作品は，何世代にもわたってビジネス・リーダーが用いて大きな効果をもたらしてきたのである．それは，彼らが，その敵，商業世

界では競争相手，への対応に時代を超えた戦略的助言を与えてきたのである．牛根生の，「道徳経」に触発された「忍譲」アプローチは，このような戦略のとてもよい例であり，それにより蒙牛は，主要な競争相手である伊利と相並んで成長し，最終的にはある生産ラインでは伊利を凌ぐまでになった．「水は他と争わず多くの生物に寄与することに秀で，他の望まぬところに停まるため『道』に近い」(『道徳経』8章, Lau 1963：64)．より精神的な活動では，詩を書き書道を実際に行うことは，教育を受けた中国エリートにとっては，何世紀にもわたって社交的また治癒的活動ですらあり，忙しいCEOが彼らの気持ちを平穏に保ち毎日の仕事からのストレスを弱めるのに役立っていると考えられる (Billeter 1990：168-174；Hawes 2005：第4章)．

中糧集団の寧高寧のような何人かの企業経営者は，CEOや企業が文化や道徳に集中すると会社の実際の仕事に注意が向かなくなり，株主に対して貧弱な収益をもたらすようになる，と不満を持つかもしれない．中国のCEOは――特に私的支配企業の高度に競争的な世界では――企業の収益にプラスになると信じていない限りこのような活動にかかわるようには思われない．むしろ，欧米の大企業がビジネスが可能な限りスムーズに運営されるために多くの外的活動，たとえばロビー活動，スポーツ・音楽へのスポンサーシップ，さらに地域との関係へ諸資源を投入――いわゆる企業の社会的責任 (CSR) ――するのとちょうど同じように，成功している中国のCEOも，彼ら自身の文化的才能や道徳的卓越を示し，従業員や広く地域の中に文化的意識を増進しなければならないと認識している．現在の中国の環境では，これが政府と広く社会から支持を獲得し，彼らの巨大な資本の蓄積に対する批判をそらし，さらに，彼らが中国の新しい社会的・政治的エリートとして尊敬に値するメンバーであることを証明する一つの決定的な方法なのである．換言するなら，これは，中国流長期利潤の極大化法なのである．

注

1) 二つ目の引用は，Philip Selznick 1957：152-153 から引用している．
2) 著者たちは，中国語の企業家を使用していて，それは「起業家 (entrepreneur)」

とも訳せるが，しかし通常は比較的大規模な企業のリーダーを指す．それゆえ，筆者の訳は「ビジネス・リーダー」とした．Wang Chaoyi は企業家を次のように説明している．「我々が企業家という場合，その意味するところは大雑把にいうと，……ビジネス事業のリーダー（企業領導者）である（Wang & Li 2006 : 87）．

3) 中国通信の前身の Peoples Post and Telecom（人民郵電）のロゴは，企業名の毛沢東による毛筆の題字となっている．オリジナルの題字は，北京の中国通信の電話通信博物館で 2011 年 6 月に筆者が見ている．

4) 潘石屹のブログに，彼は道教に関する香港での会議に『道徳経』についてのスピーカーとして招待された経緯について記しており，さらに彼はそのスピーチをブログへ掲載し，ブログ訪問者にコメントと改善のための提案を求めている（Pan 2011 参照）．

5) 寧は，中国のビジネス・リーダーの「文学的傾向」に反対しているのであろうが，彼自身は経営理論に関する多作の執筆者であり，自らを深遠な思想家と見なしていることは確かである．中糧集団のウェブサイトは，集団の月刊誌の数年間の記録を含んでおり，その各号がマネジメントの方式や理論についての寧による長文の論文を掲載している（COFCO Group 2011b を参照）．

6) 登山については王の自伝のいくつかの章，たとえば Wang 2006 : 241-248 に示され，エベレストやその他際立った山への登頂について説明されている．そのブログには最近の登山旅行の写真が掲載されている（Wang 2011 参照）．

7) 「鋼鉄はいかに鍛えられたか」は，ウクライナの執筆家の Nikolay Ostrovsky（1904-1936）による社会主義・現実主義の小説で，共産主義者たちがロシア市民戦争（1918-1921）で勝利する闘いについて描写されている．それは，1950 年代の中国で非常に人気となった．

8) 万科集団は，また「企業の視点，人間的情緒」をスローガンに Vanke Weekly と名づけられたビジネス，文化と現代芸術についてのオンライン雑誌を出版している．The Vanke Weekly のサイトは読書，詩，ハイキング，飲食といったライフ・スタイルと文化的トピックについての種々のブログを掲載している．これらのブログは公開され，万科の従業員だけでなく誰もが読み参加できる（Vanke Group 2011 参照）．

9) 蒙牛の初期と伊利乳製品集団との困難な関係を知るのに有用な説明については Peverelli 2006 : 113-122 を参照．筆者がここにおける牛根生に関する説明のために参照した主な資料としては，スピーチ，メディア記事とインタビューをコメントつきで収集した Sun & Zhang 2008 は極めて有用であった．また，Chen 2007b がある．

10) もちろん，中国の新しい富裕者には他に寛大な慈善事業家がたくさんいる．そのうち最も惜しみない慈善活動家の一人は江蘇黄埔再生資源利用集団公司の会長の陳光標で，彼は 13.4 億元を慈善事業に寄付し，70 万人以上の人に便益を与え，亡くなるときには彼の財産の全てを慈善事業に寄付することを約束している．

People's Daily 2010 を参照.

11) このイベントについての典型的なメディアの意見は Sun & Zhang 2008：305-308 に掲載されている.
12) Sun & Zhang 2008：313. 牛玉儒（1952-2004）は死後，中国のトップ・リーダーに党の役人の模範として表彰されたが，それは，彼の能力，誠実さ，そして内モンゴルの西の貧困地域の経済の発展を促進させることに献身的だった仕事ぶりによる．牛玉儒に捧げられたウェブサイトとしては，Sohu.com 2004 参照．このサイトは胡錦濤の「人民需要牛玉儒様的貼心人（我々人民は牛玉儒のようなより親しみやすいリーダーを必要としている」と題されたスピーチからの抜粋を含む.
13) 「老牛基金」からの最近の寄付は，2007 年の地震の後，雲南の学校の再建と移動式病院の提供の支援に，さらに 2008 年 2 月の中国南部の着氷性暴風雨の被害者の救済と四川の地震，その他に向けられた（Mengniu Group 2007, 2011a を参照）．
14) より最近の例は，国美電器の創立者で中国の最大の富裕者の一人である黄光裕で，現在証券詐欺で 14 年間の拘留中である.
15) 牛がこの概念を最初に紹介したのは，2003 年 8 月の中国乳産業生産者の年次会合のスピーチにおいてである．Sun & Zhang 2008：286 に抜粋あり．
16) Sun & Zhang 2008：289, しかし蒙牛の支社が，他の二つの牛乳の会社とともにサプライヤーの価格を下げようとした 2005 年の例については，Peverelli 2006：126-127 を見よ．
17) 2000 年に始まった西部開発キャンペーンの詳細な分析に関しては Goodman 2004 を参照．農村の貧困住民の生活向上のための政府の努力はしばしば「三農問題」と呼ばれ，2004 年に熱心に開始された．三農問題決策参考網の資料集参照（San Nong 2004）．
18) この語句は，『論語』13 章「君子は和して同ぜず，小人は同じて和せず」からである．
19) Sun & Zhang 2008：291-292, また蒙牛の共産党委員会は従業員に配布するためこのような発言集を本の形で出版している．
20) 中国語の「最良の人」と「狭量な人」は，「君子」と「小人」で，それらは，『論語』ではポジティブ及びネガティブな行動のモデルとしてそれぞれ頻繁に登場する．
21) 蒙牛のウェブサイトでのハンドブック簡易オンラインのようなものは，Mengniu Group 2011b を参照．
22) 社会的責任の義務は，改正 PRC 会社法（PRC State Council 2005）の 5 条に含まれている．この条項は 2006 年 1 月施行である．精神的文明と卓越した企業文化促進の要請は，Chinese Communist Party 1993：1.7 そして SASAC 2005a, 2005b を参照．
23) PRC 会社法の 19 条は，共産党支部はいかなる会社にも組織されることを示して

いる.そこには国家支配企業か私的支配企業かにかかわらず少なくとも三人の党員社員が充てられる.これについては,Hawes 2007 がより詳しい.
24) この 20 回テレビシリーズも Ethel Lilian Voynich (1864-1960) による小説 *The Gadfly* に基づくものであり,それは 19 世紀の革命的英雄の人生を描いたフィクションである.

第6章　企業文化とインセンティヴ制度
——ハイアールと華為

　第3章では，中国の大規模企業が自社の理念を従業員に浸透させるために採用した多様な技法を示した．これらの技法は，従業員に知的なレベルで企業文化を理解させ，また，社内の持続的促進キャンペーンと結びついたとき，従業員たちが自社の理念を理解し受け入れ，そして同僚たちに広げるよう奨励するようにするかもしれない．さらに，従業員たちは，よい顧客サービスや高い生産性，イノベーションなどのような理念を実践しようとする際に，自分自身の行動を自発的に調整することさえあるかもしれない．

　ところが，丁寧に設計され会社の経営者や従業員の全員に公正に適用される厳格かつ包括的なインセンティヴ制度——賞罰両方を含む——なしには，数人の立派な「会社の英雄」の志の高い理念や感動的事例が，多くの従業員の身に染みついた仕事の習慣を変えることはできない．多くの従業員は，「素晴らしい業績」とか「全力で取り組む」とかと口先では言うが，自分の月給や年末ボーナスをもらうのに最小限のことだけをやり続けるだろう．世界のどこでもあるように，素晴らしい一連の理念，教育的で面白い社内報，「卓越した企業文化」賞を一杯に陳列するショーケースを持っているものの，まだ効率的に運営されておらず，競争的市場経済が求める厳しい要求には適応できていない中国企業は少なくない．

　一方，言明した自社の文化的理念を定着させ強化していくために有効なインセンティヴ制度を導入した中国企業の中には，約20〜30年間という短期間に，小規模な集団所有の赤字工場や民間のスタートアップ企業から，大規模な複合企業に成長した企業もある．中には世界レベルの製品を製造し，外国の多国籍企業とグローバルなステージで競争できるほどの企業も生まれて

きている.

　中国の文脈において，インセンティヴ制度がどのように機能して文化的理念の教育を補うかを示すため，この最終章では，ハイアールと華為という中国で最も成功している2大企業で文化的理念とインセンティヴがどのように相互に影響し合っているかについて考察する. 2社のCEOらの文化的経営に対する情熱や，企業文化についての「公式」な解釈の受け入れについてはすでに説明したので，ここでは繰り返さない[1]. その代わり，本章で焦点を当てるのは，金銭的インセンティヴと非金銭的インセンティヴについてである. これらのインセンティヴは，品質改善，顧客ニーズを満たす製品とサービスの提供，イノベーション誘発など言明された文化的理念を実現するために開発されたものである. 両社のCEOらは早くから次のような認識を持っていた. すなわち，これらの理念を実現するための唯一の方法は，従業員の態度を変え，生産・供給・研究開発・マーケティング・販売など各過程の全ての側面を改善しようと従業員が自らイニシアチブを取るように――換言すれば，革新的に思考するように――彼らを動機づけることである. このようにイノベーションの促進は，技術的開発に限らず（それは大変重要ではあるが），経営イノベーションや工程イノベーションをも含んでいる.

　両社の驚異的な成功と，多くの中国製造企業に見られる低賃金・輸出加工型メンタリティを乗り越えようとする両社の尊敬すべき努力を認めながら，両社における企業文化の「中国スタイル」の負の側面についてもいくつか示していく. これらの課題は，対処され是正されなければ，2社が該当分野で真の意味で国際的企業や世界的リーダーになるのを妨げるものになりかねないからである.

1. ハイアール集団：品質・イノベーション・国際的競争力の文化創造

　ハイアールは，冷蔵庫，エアコン，洗濯機の中国で最も大きいメーカーの一つであり，欧米で高い認知度を持っているほぼ唯一の中国家電ブランドである[2]. 最近では，ハイアールは，他の家庭用消費財の分野とサービスの分野

に事業を多角化している．同社は，世界第4位の白物家電メーカーで，全世界に240の子会社，29のデザイン・センター，工場及び商社，8の研究開発センターを持ち，7万人以上の従業員が働いている．同社の2010年の全世界での売上は，1,350億人民元であった（Haier Group 2011f）．ハイアールの会長兼社長を長年務めてきた張瑞敏は，1980年代の中頃から企業文化の変容を主張した先駆者であり，同グループのウェブサイトでは，従業員を高業績に動機づけるために，同氏の経営チームが20年以上にわたって導入してきた数々の理念宣言やスローガンを見ることができる（Haier Group 2011g, 2011h）．

同社はまた，従業員に品質という会社のコア理念の重要性について考えてもらうため，強力な「創立者の神話」を作り上げ，強化してきた．その物語によると，1985年当時のことであるが，顧客がハイアールの前身である青島冷蔵庫工場で製造された冷蔵庫の品質が悪いことについて苦情を寄せた．当時同工場の工場長であった張瑞敏は，そのロットの冷蔵庫76台に欠陥があることを発見した．一部から，これらの冷蔵庫を従業員に低価格で売るという当時多くの中国企業では一般的なやり方が提案された．ところが，張瑞敏は，これらの冷蔵庫は，製造した作業者たちの手で公の場で破壊されるべきという「不合理」な意思決定をした．しかも，張は参加して，自ら大きなハンマーを振るった．まだ再利用可能な冷蔵庫部品が無駄になることは明らかであったが，彼は，経営陣が品質の悪い製品を許さないことを明確に示したかったのだ（Haier Group 2011i ; Luo *et al.* 2006 : 347）．

当然ながら，このような「製品粉砕」の逸話は，会社のインセンティヴの体系的改革によって強化されることなしには，従業員の行動への持続的効果は持たないだろう．ハイアールのように企業が急速に拡大し他社を買収するとき，このことがさらに重要になる[3]．そのため，1980年代後期から1990年代初期にかけて張は，同集団に属する従業員の個々人の実績を記録しそれに基づいて賞罰を決めるという，極めて厳格な品質管理制度を作り上げた．その制度は，Overall - Everyone, Everything, Every Day - Control and Clear という英語としては意味をなさず，それぞれ構成語が個別に説明されて初めて意味をなす表現の頭文字からOECと略されている[4]．

1) 品質の文化的理念の実現：ハイアールの OEC 制度

　OEC 制度はどのように機能したか？　O と E とは，企業全体（Overall）において会社の製品を製造し施設を維持するのに必要な全ての工程［Every single process］と全ての作業［Every task］が細かく分解されて，個々人の担当が定められ，データベースに登録されることを意味している．そして，全ての従業員［Every employee］の名前と，その人が日々（Every Day）責任を持つ全ての作業［Every task］がリンクしている．品質の基準と手続きは，それぞれの作業に対して記述され，担当の従業員に交付される[5]．そのため責任者は，各工場の毎日の実績記録を確認したり，会社の建物を歩き回り正常に機能していない施設があったりした場合に，担当作業を適切にこなさなかった従業員の名前を直ちに知ることができる．もしその従業員がその日のうちに欠陥を修正しなければ，給料から一定の金額が引かれる．同様に，もし万が一，小さな欠陥を持つ製品が何らかの理由で厳格な品質管理制度をすり抜けて顧客まで届けられ，その製品が顧客から返却された際には，担当従業員の名前を簡単に特定できる．その担当従業員と欠陥を見逃した品質管理の責任者の両者とも，金銭的な処罰を受けることになる[6]．これが，OEC 制度の Control と Clear の側面である．すなわち，従業員の全ての仕事が監督され日常ノルマが適切に「クリア」（Clear）されなければ，あるいは［達成できなかった…訳者補］その「原因を説明」（「清理」）できなければ，その従業員は処罰を受けることになる．処罰には，減給，研修生身分への降格，目標未達成が続く場合は解雇が含まれる（Ren 2007：43-56）．

　この制度は，金銭的処罰の他に，従業員の羞恥心と誇りの感覚も利用している．たとえばチームの責任者は，作業チームをモニターするために 2 時間ごとに各工場を回り，その時点での作業員の実績（欠陥も含む）を，その現場のフロアに設置され誰もが見られる大きな掲示板に書き込む（Ren 2007：8）．さらに，ハイアールは毎日ある儀式を設けた．それは，各シフトが始まる前に責任者が工場の床に書いてある大きなフットプリントの上に立ち，自分の作業グループに手短な激励の言葉を述べる．シフト終了時に，作業グループ

の作業員がフットプリントの周りに集まる．その日の実績が最も悪い人がフットプリントの上に立ち，自分の失敗に対する批判を聞かなければならない．その後，実績の最も良い作業員がフットプリント上に立ち，その日自分がどのようにして良い実績を達成したかを説明するというものである (Yi & Ye 2002: 49–50 ; Lin 2006 : 51).

　ハイアールにおいて 1980–1990 年代にかけて実施されたこの制度のもう一つの重要な側面は，従業員は目標達成だけでは十分でなく，常に向上し続けなければならない，という点である．彼らの目標は，出来高1日1%増加の達成を狙い，定期的に上方修正されていた (Ren 2007 : 24–25, 32)．これは，作業者がノルマ達成のために最低限の作業しかせずその後は怠けてしまうという，目標設定制度共通の問題を防止したのであった．

　もう一つ，当時の多くの国家支配企業の慣行と違う点は，処罰や降格は上級管理職に対しても例外なく厳正に実施されたことである．これによってハイアールのスタッフの間で，高い内部流動性が生み出され，その流動性は現在でも維持されている．2007 年以降の統計によれば，ハイアールの管理職スタッフ (「管理人員」) の平均年齢は 26 歳で，事業部部長 (「事業部部長」) の平均年齢は 35 歳である (Ren 2007 : 50–57).

　ハイアールの OEC 制度は，確かに過酷なものであるが，伝統的な集団所有企業に根を張ったネガティブな労働文化を克服するためのおそらく唯一の方法だったであろう．次のことを強調しておくことは重要である．すなわち，張瑞敏が最初青島冷蔵庫工場の総務部長になった当時は，同工場は1億 4,700 万元の借金による赤字と，深刻な労働規律の諸問題を抱えていた[7]．そのような工場が4年後には大きな利益を上げるようになっており，以来，現在まで成長し続けてきたのである．

　張瑞敏の目的は，単に，厳格な賞罰の適用により従業員を望みの形に鍛え上げることだけではない．それを超えて彼は，こうした制度を従業員の考え方——彼の言葉では従業員の「文化」——を変えるための第一歩として活用したいと思った．彼は次のように述べた．「もし会社が独自の文化を持たなければ，短期間では急成長できるかもしれないが，持続性に欠け長続きはしな

い……経営では，ハイアールの最終目的は，全ての従業員が自己管理できる，いわゆる完全な自己認識の状態に到達することである」(Luo *et al.* 2006 : 346-347, 351).

ハイアールは，1980-1990年代で見事に規模を拡大し，中国の冷蔵庫，エアコン，洗濯機の製造業者の中で急速にトップの座に登りつめたにもかかわらず，張は，国内市場を支配することに満足せず，ハイアールの技術や製造工程がすぐに他の中国競合企業に真似されることを意識していた．彼は国際市場で主要な諸多国籍企業と競争したいと考えた．ところが，それを実現するために，ハイアールは，全社の事業運営において中核的なイノベーションを達成する必要があった．そのイノベーションとは，技術革新と，同様に重要である管理・供給・生産・流通・販売の工程革新の両方を含むものであった．これが，ハイアールがOEC制度を「戦略的事業単位」(Strategic Business Unit = SBU) 制度に改良し，それを1998-2003年の間に全社に導入した理由である[8]．

2） イノベーションと顧客サービスの理念の実現：ハイアールのSBU制度

紙面の制約上，同社のSBU制度の包括的な検証は難しいが，この制度の主要で顕著な特徴は次のようである．

① 全ての従業員は「小さな上司」である：まず基本原則は，会社の全ての従業員を「会社の顧客との距離感ゼロの」潜在的起業家，あるいは「小さな上司」(「小老板」)」として取り扱うことである (Zhang 2002)．全ての従業員が会社の外部顧客と直接やりとりをするわけではないため，実際，多くの従業員にとって「顧客」とは社内の生産ラインにおける次の工程の人であり，「供給者」とは生産ラインにおける直前工程の人である．従業員が担当工程で定められた製品の供給や定められた納期を守れなければ，後工程の「顧客」はその個人に「賠償」請求をすることができる．失敗を犯した作業者の給与は引き下げられることになる．換言すれば，ハイアールは，会社の職能部門や事業部門のレベル（伝統的な企業集団では，

通常の「戦略的事業単位」）で数々の報告書を作成する方式を取らず，むしろ，全ての従業員がいわゆる「マーケット・チェーン」に寄与した実績を記録し，彼らに毎日「損益計算書」を提供し，自分が関与している製品の市場業績における自分の働きを示す高度なソフトウエア・システムを構築した[9]．この方法で，それぞれの従業員は，市場リスクと顧客満足ニーズに対してずっと敏感な「戦略的事業単位」，つまりSBUになるのである（Liu 2006：117-138；Lin 2009：46-48；Chi 2003：74-75）．

② 顧客中心の研究開発（R＆D）：ハイアールは，1998年より年間利益の平均5％に相当する研究開発への重点的投資で国際事業を拡大してきた（Liu 2006：174）．1998年に集団の研究開発戦略の調整をするためハイアール中央研究所が設立され，青島のハイアール本社に自社の先進的研究ラボを有している他，中国や海外で48箇所の科学研究施設を設けて，また，国際市場向けの技術を共同開発するため28社の外国のハイテク企業と戦略的提携を結んでいる（Liu 2006：158-163；Haier Group 2011k, 2011m）．

これほど研究開発に重点を置くこと自体印象的であるが，SBU制度の下ではハイアールの全ての研究開発職員が顧客ニーズにより注意を払い，厳しい時間設定内で市場性のある製品の開発に専念することが期待される．彼らの給料の一部は自分が開発責任を持った製品の売上額に連動している．つまり，もし製品が顧客獲得に失敗したら，その製品の設計にかかわった研究開発職員への給料は，その全額ではなくなる．一方，もし自分がかかわった製品が成功したと認められたら，その製品で得られた（研究開発費を除いた）利益の一定の割合に相当するボーナスがもらえる（Liu 2006：132-134）．この仕組みは，ハイアールの研究開発職員に対して，顧客やマーケティング販売部の職員と非常に密接なコミュニケーションを維持しようとするインセンティヴを与えている．換言すれば，SBU制度は，科学者が市場のない優秀製品ばかり開発しかねない研究開発と顧客が乖離するリスクを取り除くのである．

ハイアールは巨大な研究開発の投資と顧客中心の製品開発とを結びつけたことにより，驚くほど数多くの特許を得た．2008年までハイアール

は，合計8,795件，平均にして年間800件前後の特許を申請した（Haier Group 2011m）．

③ 新製品のアイディアに対して常に開かれている：SBU制度の第3の基本原則として，全ての従業員は，顧客と密接な関係を持っているので，常に斬新な新製品のアイディアを受け入れる用意を持っていなければならない．社内報『海尓人』は，従来の情報源や新しい情報源から収集した市場性あるアイディアに迅速に対応した従業員の活動を記事にして定期的に特集し，それを通して，顧客中心のイノベーション文化を賞讃し推進している．有名な例として，ハイアールが洗濯機を中国各地の農家や酪農家の役に立てようと連続的に改良を行ったことが挙げられる．彼らが洗濯機で服の他に，ジャガイモ，サツマイモ，麦などの様々な農作物やロブスターを洗ったり，あるいは（チベット市場向けには）ヤク乳をかき回しバターを作ったりできるようにしたのである．ハイアール従業員による他の興味深いイノベーションには，石炭を燃やして作られる電気より天然ガスの方が環境に優しいというアイディアから開発されたガス式エアコン，洗剤を必要とせず電気分解で洗濯する洗濯機，中国ではよくある非常に小さくて狭い飲食店向けの冷蔵庫とプレート加温器の複合機（冷蔵庫の冷却により発生する熱を，調理済み料理を貯蔵する上段での保温に利用される）など数々ある（Luo *et al.* 2006：354-355；Liu 2006：170-175；Haier Group 2011n）．こうした斬新なイノベーションを社内報で定期的にポジティブに広報し，開発者に潤沢な奨励金を与える仕組みは，従業員の誰もがイノベーションを起こせるという同社の文化理念を強化するのに役立っている．

④ 工程イノベーションも製品イノベーションと同様に重要である：SBU制度の第4原則では，イノベーションは技術だけに限定されるのではなく，より効率な工程作りをも含む．上述したように，ハイアールのインセンティヴ制度では，製品にかかわる全ての従業員が，後工程の「顧客」への「売上」から得られる利益を少しでも多く保持するよう，自己の個人コストを最小限にして効率を最大限にするように奨励されている．こ

れを実現するための一つの方法は，枠を超えてコスト削減の方法や収入増加の方法を創意工夫することであり，それは社内報でやはり賞賛される．

たとえば，ある物流センターのマネジャーは，月次損益計算書を見て担当部門の支出が高いため自分の給料を犠牲にせざるを得ないと気づき，自分は事務所にいる時間が少ないので実際には事務所が不要だとか，担当部門はレンタルのフォークリフト車が12台ではなく8台で十分だなどと結論づけた．このコスト削減決定により，彼はレンタル代を削減し部門の赤字をなくしただけではなく，フォークリフト車8台利用の方が12台より効率的であることにも気づいたのであり，その分，部門の生産性と利益が急増した（Liu 2006：118-119）．こうした社内工程に対するイノベーション思考は，同社が国際的経営管理動向，特にビジネス・リエンジニアリングの動きに影響を受けた現れでもあった[10]．

社内で公表されるのは，イノベーションやイニシアティブに関する良い例だけではない．悪い例もハイアールの社内報で掲載され，多くの場合は会社の理念の受け入れを「頑固」に拒否したことが原因で業績が悪いとされる従業員や部門が取り上げられている．他の従業員へのメッセージは明確である．すなわち，あなたがもし，一所懸命仕事して成功した「SBU」にならなければ，将来，同じように公の場で恥ずかしい大目玉を食わされるかもしれないと．たとえば，2004年に『海尔人』誌は，同社のスチール専門部門，特にその部門長である張力平について，従業員のインセンティヴと顧客のニーズとを適切に結びつけるための目標を設定しなかったことを取り上げ，厳しく批判した．この場合，「顧客」とはハイアールの冷蔵庫部門であるが，この部門は，2004年のはじめ頃，スチール部門からの鋳造スチール・パネルの供給が遅れたため，生産を停止していた．パネル製造工程は2箇所の建物に分かれており，半製品のパネルをトラックで両建物の間を搬送して行き来する必要があったために，遅延や搬送中の損傷も時折発生していた．ところが，作業者たちは，搬送の無駄を改善しようとしなかった．なぜなら，スチール・パネルの枚

数による計算のため，搬送されるほど給料が上がったからである．この話は，「なぜ張力平の下で生産工程が6回も曲折するのか」というタイトルで掲載された (Liu 2006 : 120-121)．この記事は，張力平（及び彼と同じようなマネジャーたち）に対し，自己担当部門のインセンティヴ制度を社内市場のニーズに対応できるよう調整するよう求めている．

⑤　従業員を常に公式評価する：SBU 制度の第5の基本原則は，OEC 制度と同様に，従業員は自分自身の業績について常に評価とフィードバックを受けることである．全従業員は毎日作業を記録せねばならず，その記録は毎日直属上司にチェックされる．上司たちは，それぞれの部下について月次評価報告書を作成せねばならず，自分自身も担当部門の全体的な業績に基づいて自分の上司に毎月評価されている．毎月，各部門から最上位10名と最下位10名の評価が社内の掲示板に掲載される．毎月，優秀従業員と問題従業員が集められ，問題従業員が成功している同僚たちから業績改善へのヒントを得るための会議が開かれている．部門で10％の最下位に長く停滞している人は，仕事を失う可能性がある (Liu 2006 : 197-200)．

　ハイアールの経営者たちが，SBU のマーケット・チェーン制度が全従業員の潜在能力を発揮させ，従業員に会社の文化を受容させてその態度と行動を変えるよう圧力をかけ，新製品開発や工程改善，コスト削減など革新的な方法を常に考えさせるのに決定的な手段であると確信しているのは明らかである．張瑞敏によれば，この制度は，ハイアールが国際舞台で確固たるブランドを築いた企業と競争するために不可欠なものなのである．

ハイアールでは，常に業績を向上しなければならないというプレッシャーが厳しい反面，同社の文化的アプローチや厳格なインセンティヴ制度により，かつて中国の集団所有企業の特質であった非効率性や非柔軟性，成長低迷などの諸問題が確実に克服されてきている．一連の経営改革により，ハイアールは確実にグローバル企業になる道に乗り出したし，他の多くの中国企業もハ

イアールの文化を試みたり真似たりするようになった．ハイアールの経営手法がグローバルな文脈で通用するのか，また現代の中国で持続可能なのかについては，疑問視する論者もいる．この点については，ハイアールと華為技術を比較した上で再度検討する．華為は，自らの産業セクターで成功した私的支配企業で，そのCEOがその成功主要因が自社特有の強い企業文化にあると考えている点でもハイアールと同様である．

2. 華為の文化的理念の実現：たった20年で「オオカミ」から多国籍企業に

　私的支配企業である華為技術は，1988年に任正非と6名のパートナーにより2万元の資本金で設立された．任は，香港の企業から電話の構内交換機（通称PBX）を販売するライセンスを買い取ることに成功し，華為は，海外から技術を輸入しそれを用いて簡単な製品に組み立て国内市場に販売する何千社もある小規模企業の1社として事業が始まった（Zhang 2007b : 23-24, 135, 223-224）．ところが，華為は，中国の通信インフラの近代化に伴い大きな成長を迎えようとしていた産業セクターを選んだ点で幸運だった．華為は現在，無線通信機器で中国市場を支配し，140カ国以上に事業を展開してシスコやアルカテル・ルーセントなどの多国籍企業と競争している．2010年までに，同社の売上1,850億元の約53％は中国ではなく海外市場から獲得するようになっている（Huawei Technologies 2010a, 2011g ; Fan 2006）．

1）華為の創立神話：オオカミ文化，自己批判，軍隊流のキャンパス

　華為で最も有名なのは，いわゆる「オオカミ文化」の促進，つまり，従業員にオオカミの三つの特性を見習うよう促すことである．三つの特性とは，第1は鋭い嗅覚（会社においては，販売やマーケティングのチャンスを「嗅ぎ分ける」能力），第2は欲しいものをひたすら追求すること（新市場や利益増大など），第3は強い共同体精神である（Zhao 2005）．このオオカミとの喩えは，任正非が華為の成長初期に使っていた多くの比喩の中の一つに過ぎず，その後同社はこの描写をあまり使わなくなったが，多くの評論家の間では，オオカミとの

喩えが同社の文化を象徴するものとなった[11]．

　華為の文化的神話のもう一つの側面は，CEOの任正非が従業員のやる気を引き出すのに政治色に満ちた革命用語を解釈しなおしたことである．特に，第2章で述べたように，任は，毛沢東思想の「自己批判」を華為全従業員の定期的評価の一部として用いることでそれを復活させた．そのため，ハイアールと同様に，華為も，上級管理職も含めた全従業員に対する，または従業員からの強力で批判的なフィードバックが，会社の成功に不可欠なものであり，従業員の間に革新的な文化を作るのに重要だと考えている．権力や定着した正統性に従うことが文化的特徴として深く根づいている中国社会においては，このような態度が特に重要であると任は考えている（Ren 2001）．

　それと同時に，特に目まぐるしく変わるハイテク通信の世界では，規律も，命令系統の末端まで迅速に意思決定を下す能力も，同様に重要である．こうして，任正非は高い能力と独立思考をもつ大学卒業生を何千人も雇い入れるのに成功した一方，17年間軍隊に務めた彼自身の過去の経験は，会社の軍隊的雰囲気を奨励している．何人かが述べているように，華為は，大学キャンパスの新しい発想や研究に対する開放性と，軍隊兵舎の厳しいルールや権威主義的構造とを結びつけようとしている（Chen 2007a：99-103；Zhang 2007b：79）．

　これらの革命，軍隊及び動物の比喩全ては，おそらく，華為が無からスタートし，一瞬でも油断したら容易にまた無に帰してしまうという，任正非の数々の経営手法の背後に潜んでいる深い原動力の，別な表れかもしれない．1996年に任は華為の状況について次のように述べた．

　　資源は限られているが，文化だけは絶えず更新される……華為は頼れる天然資源を持っていないので，人々の心にある巨大な「油田」，「森林」，「鉱山」に頼るしかない．

　　　　　　　　　　　　　　　　　　　　　（Huawei Technologies 1998：第6条）

　華為は現在，中国の最大コングロマリットの一つであり，中国国有銀行や

外資系銀行から容易に融資が得られるにもかかわらず，自社の人的／文化資源に全面的に依拠しなければならないという認識と，任正非が従業員に対して危機感を促す指向は今日まで続いている．こうした常時の危機感は，中国における国家支配の企業環境で活動する私的支配企業としての華為の地位を示す徴候である．

2) 文化的適応のインセンティヴとしての華為の持株制度（1988年以降）

設立初期，華為は従業員に給料を払う財源がほぼなかったため，同社の創立者たちは，入社した従業員には主に華為の株式で給料を支払い，利益の一定率は従業員株主に毎年配当金として分配し，残りの利益を事業に再投資することを合意した（Cheng & Liu 2004 : 109-110）．

この従業員持株制度は純粋に経済的必要性からスタートしたかもしれないが，間もなくして華為の創立者たちは，この仕組みが従業員を動機づけるのに素晴らしいものだと気づいた．1990年代に，華為の経営陣は，各従業員のマーケット・パフォーマンスから会社の利益に貢献した量を測定し，その貢献度に応じて従業員にボーナスとして株を分配するための比較的高度なシステムを開発した．また，好業績を達成し会社の利益を大いに増加させた従業員はすぐに管理職に起用されて，会社の株式をより多く保有する権利が与えられるが，会社に利益をもたらさなかった人は降格されて，年次ボーナスをカットされ，最下位の業績になった場合は解雇された（Cheng & Liu 2004 : 110 ; Zhang 2007b : 51, 101）．急速に拡大していたため，華為はまもなく好業績の従業員に他の中国企業よりも高い報酬を与えるようになった．会社のために一所懸命働けば非常に裕福になれるので，工学，コンピューター，情報技術分野の能力の高い大学卒業生を集めることが可能であった（Wang 2007a : 101）．

同時に，従業員持株の発行は，従業員の行動をコントロールする強力な仕組みとして機能した．従業員持株は投票権が付されなかったため，華為の経営陣は会社のほとんどの重要な意思決定においてまだ支配権が握れたのである．同様に従業員たちは，もし会社を辞めれば，自分が保有している持株を会社に売り戻さなければならず，期待するようになっていた潤沢な年次配当

が受け取れなくなることを理解していた．この方法で，華為は当初，多くの中国民間企業が直面していた高い離職率の問題を避けることができた[12]．

華為は従業員持株制度により，年功序列などの伝統的理念よりも利益貢献や業績，忠誠心の方がずっと特典を得られるという特徴的な考え方が同社の従業員に植えつけられていった．以下で述べるように，この従業員持株制度は，顧客との戦略的パートナーシップへと拡大していくことによって，顧客に類のない「サービス」を提供するという華為の別の文化的理念も触発したのである．

3) 顧客とのパートナーシップによる「サービス文化」の構築

設立当初，華為は競合の通信業者と厳しい競争にさらされており，顧客範囲は限られていた．実際，1994年までは，通信サービスを独占していた郵政通信省（MPT）管轄の国有企業中国電器に属する県事務所や市事務所だけが唯一の「顧客」であった（Guan 2003 : 18-39）．

これらの事務所で安い給料しか払われない公務員たちを勝ち獲るために他の企業が贈収賄など露骨な手口を利用したが，華為の経営陣は，こうした不法な方法は危険で不適切であると認識していた．その代わり，華為は国有通信プロバイダーの県や市での公務員たちと「戦略的パートナーシップ」のネットワークを構築した．そのネットワークで公務員たちは，華為が新設した合弁企業の株式を保有する機会を与えられ，管轄地域で華為製品の売上から得られた利益は該当合弁企業の配当として同社と通信公務員たちとに分配されるようにした（Cheng & Liu 2004 : 76-78, 104-109）．

こうした方法により，華為は，先行投資としての初期費用（すなわち賄賂）はほぼなくして多くのビジネスを獲得し，利益を上げることができた．一方，通信公務員らは，自分の管轄地域における華為のビジネスに既得権益を持っていたため，単に賄賂やたかりに頼るよりはるかに堂々と利益を得られるよう長期的な成長をサポートしたのである．こうした国有県営の通信業者との合弁提携は，製品・サービスの代金が迅速に支払われることを保証し（これは，多くの私的支配企業が官僚的国家機関と取引する際に直面する大きな課題であった），

国有銀行から融資を受けやすくなり，資金繰りの問題を軽減するのに非常に役立ったのである（Cheng & Liu 2004：104-105）.

　こうしたパートナーシップ・アプローチから，今日まで続く華為文化のもう一つの側面も進化した．それは顧客のニーズを満たそうとすることであるが，それは，信頼性のある先進技術による解決策の提供にとどまらず，華為の商才で顧客が手際よく利益を獲得できるようサポートするということでもある．任正非は次のように述べている．「華為文化の主要な特徴はサービスである．なぜなら，我々は，人にサービスを提供することによってのみ営利を獲得できるからである……我々が人にもうサービスする必要がなくなる日とは，会社が倒産し閉業する日である」（Ren 2007）．また，より功利主義的な表現では，「華為は，従業員，顧客，取引先の間で『利益共同体』を構築したい」（Huawei Technologies 1998）．この「サービス文化」や「利益共同体」に関する近年の例については，本章後半の同社の国際化についての節でより詳細に検討する．

　華為は，労働力を増大したため，『華為基本法』というタイトルの従業員のための企業文化マニュアルを作成し自社の理念を定めた．従業員はこのマニュアルを注意深く読み込まなければならず，また，これらの理念は定期的な研修セッションや会社の儀礼で強化された（Huawei Technologies 1998）．華為はまた，社内研修センターを設立し，それはその後華為大学へと拡大した．新卒社員は，会社のために金を稼ぐ人材になる前に厳しい研修と文化順応プロセスを経なければならなかった．今日でも，新入社員の研修は，命令服従，効果的な集団行動，肉体的かつ精神的鍛錬，利己的個人主義の抑制などの文化的習慣を浸透させるために設計された軍隊スタイルの基礎訓練キャンプ地からスタートする．その後，新入社員は，体系的かつ実用的な方法で，営業スキル，マーケティング，PR及び華為の製品や文化的理念について学ぶ．華為のリーダーたちは，科学系の卒業生を学部卒業後すぐに採用しビジネスの研修をすることを好む．その方が，新卒社員が顧客とやりとりする際，華為の極めて複雑な製品技術に対する理解が高いし，また彼らが若くて感化されやすいので，会社の文化を速やかに受け入れるからである（Zhang 2007b：60-63,

82).

　研修は，最初の2年間の研修期間終了後も続き，華為の全ての従業員の生活の一部となる．同社は，直接の授業や，外国や遠隔地にいる従業員のためのオンライン・バーチャル教育によって，全てのレベルの従業員のために，技術や営業に関するワークショップを頻繁に開催している．また，毎年，研究，営業，マーケティングの上級スタッフのための合宿もあり，そこでは，研修，評価会議，1週間の軍隊的訓練の再教育が行われる．つまり，こうした大学キャンパスと兵舎をミックスした雰囲気は，従業員の会社でのキャリアを通して行われる定期的儀式によって強化されている（Wang 2007a：95-99）．

4）華為の国際化段階への移行：再構築の背景にある要因

　華為が中国で事業を拡大し商業用通信機器の市場シェアを増大させた頃，それは21世紀に変わる前後で，同社が新しい経営環境に文化や理念を適応させざるを得ないようないくつかの変化が起きた．

　第1に，1990年代後期，中国政府がサービス・プロバイダーの間に一種のコントロールされた市場競争体制を確立する目的で，6社の通信企業を新設するなど，通信産業を大きく再構築し始めた（Li 2009：361）[13]．この動きが華為に与えた実際の意味は，これらの新しい通信企業は株式公開買付けを行い，単に自社の管理職がパートナーシップからかすめ取られる利益の多寡で取引先を選ぶというよりも，むしろ市場原理に基づいて最も競争力のある適切な技術を選ばなければならなかったということであった（Zhang 2007b：8, 38, 55）．

　この時期に起きた第2の重要な展開としては，中国のWTO（世界貿易機構）加盟が最終的に認められ2001年から発効となり，中国の国内市場がますます外国企業の競争に対して開放されるようになることが明らかであったことである．華為は，シスコやノーテルなどの多国籍企業を超えるためにいろいろ学ぶ必要があった．こうした進展は，同社の中国国内の潜在的市場規模に限界を与え，海外で新しい市場を探すよう，同社に圧力をかけることになった．

　第3の展開は，中国政府は，成功している中国企業が「海外に進出し」国

際的競争力のある企業になり自社のコーポレート・ガバナンスや経営管理体制を改善するよう学ぶことを促進する政策を採ったことである．1990年代後期から，中国政府は選定された企業が，特に中国が外交関係を深めたい発展途上国に海外投資できるように融資や保証金を提供し始めた（Brautigam 2009）．海外に事業を拡大したり，進出は困難だが中国政府が国交を深めたい地域の海外市場へ進出を希望したりする際，同社は，過去に慎重に築いてきた通信省の幹部らとのビジネス・パートナーシップにより，このような財政援助を申請するのに有利になった[14]．

最後の展開は，華為の経営陣が自社の財務体制と報償制度を再構築する必要があると認識したことである．競争力を維持するために，華為は，大幅にコスト削減をし，研究開発と海外市場開拓の二つの活動への投資を迅速に行う必要があった．ところが，華為は，主にボーナス株を発行して利潤の大きな部分を毎年配当の形で従業員に給料を払ってきていたので，この報償制度はもうこれ以上維持できなかった（Wang 2007a：102）．

これらの展開の結果，華為は，新しいミレニアムを迎えて以降，内部構造と重点事業に大転換を図り，またそれに呼応して自社の文化や理念も調整も図ってきた．現在，華為は，中国の国内中心企業から高い競争力のある洗練された多国籍企業になろうとしている．このプロセスについて，次節では主に同社のインセンティヴ制度に焦点を当てて分析しよう．

5）華為の国際化を維持する新インセンティヴ制度（1996年以降）

報償，人事及び外部調達

ハイアールと同様，華為も，厳しい品質管理基準を維持し競争的な価格の製品を開発すると同時に従業員の起業家精神や革新的精神を促進し続けるための財政的に持続可能なインセンティヴ制度を作り上げる必要があった．

華為の経営陣は，従業員持株制度が新市場を開拓したり中国の競合他社との競争に勝ち抜いたりするのに従業員を動機づけるには大変有効なものであると認識していたので，この制度を部分的に維持しつつ，国際的人的資源コンサルティング会社合益集団から提示された三点で大きな調整を加えた．第1

は，一般社員は株ではなく，支払いは給料によってのみ行われ，給料が月次業績によって調整されたことである．この調整により，華為は平均報酬が高い中国企業の一つであり続けながら，全体的な従業員分は大幅に軽減され，一般社員への利益分配のプレッシャーも緩和された (Wang 2007a : 102)．

　第2は，株式保有の資格のある従業員に対しても従業員株式購入の仕組みが変更されたことである．全株式が従業員株式基金で保有されることになり，従業員は，以前のように名目金利で株式を直接に受け取る代わりに，市場価格でこの株式基金の「単位」を購入しなければならない．必要な場合，従業員は華為に保証してもらい銀行から資金を借り入れこの基金の「単位」を購入し，その後自分の収入から徐々に借金を返済していくのである．この調整により，従業員が「単位」を購入することにより会社は従業員から定期的に融資を受けることになった．たとえば，華為は2003年に，海外での事業拡大のため，従業員への株買い増し権で50-60億元の資金を上げた．この方法で，華為は資本として必要な増資を十分に果たしながら大きな借金負担を避けることができた (Zhang 2007b : 14-15, 50-51, 73-75, 230-232 ; Wang 2007a : 100-104)．この報償制度の再構築は，コスト削減の方法として有効であるが，本章の結論のところで検討するように，多くの議論を引き起こしたのである．

　第3は，華為の経営陣がなるべく多くの仕事を自社の従業員に比べ安価でこなせる外部の独立した請負業者や供給業者に外注し始めたことである．この第3の調整は，1990年代に場当たり的に行われていたものであるが，IBMのアドバイスに従ってあっという間に高度な総合的サプライ・チェーン・システムに発展した．印刷や社員食堂，警備など周辺的サービスは言うまでもなく，ソフトウエアのプログラミングや開発など中心的工程さえも独立業者に外注することができた．現在，華為は，本社所在地の深圳市だけでも100社以上の独立供給業者や請負業者を持っており，そのほとんどは，元華為の経営者が華為の融資で設立し，華為のためだけに製品を製造し，サービスを提供する業者である．これらの業者は，サービスを極めて競争的な価格で提供しなければならない．さもなければ華為は他の業者にのり代えてしまう．外部調達による費用節約額は極めて大きい．Zhang (2007b : 74) の見積によれ

ば，華為はエンジニアの給料だけでも毎年20億元まで節約できるということである．

体系的に外部調達を進めた結果，華為は，もはや社内で製品を製造しておらず（「在庫費ゼロ，倉庫費ゼロ」を実現），現在，約11万人の正社員のほとんどは中核的研究開発の人材か営業スタッフである（Huawei Technologies 2010a : 2）[15]．

研究開発と市場との結びつき

華為は，様々な手段で節約した費用の多くを今や研究開発に投資している．同社は，年間売上の最低限10％を研究開発に投入することを目指しているが，2010年にはこれは金額にして1年で165億元に上った．2001年以降，華為は，中国国内とシリコンバレー，ダラス，モスクワ，バンガロール，ストックホルムなど海外で20箇所の研究開発拠点を拡大または新設してきた（Huawei Technologies 2011h）．

ハイアールと同様，華為も中国の大学とパートナーシップを組み，シーメンスやルーセントなどハイテクの多国籍企業と研究開発の提携を結んできた（Huawei Technologies 2011i）．華為は，特許を数多く取得してきたため，これら多国籍企業と双方向ライセンス協定を結び，どちらも相手により開発された先進技術から収益を上げることが可能である．華為は2010年までに計4万9,000件以上の特許を申請し，そのうち1万7,700件がすでに認可された．同社は，自社がUMTS（第3世代移動通信システム）技術における重要な特許の7％を所有しこの分野の特許の数では世界第5位であるとしている（Huawei Technologies 2011h）．

しかし，こうした技術の向上は，高い志を持つ研究開発の人材と，彼らのマーケットチャンスを「嗅ぎ分け」開拓する能力抜きには得られなかったであろう．彼らの能力を発揮させるため，華為は一人のマネジャーが一つの新製品ラインの監督責任を持つ製品開発制度を採用した．ある製品ラインの工程に属するメンバーの給料の額は，その製品ラインによる歳入に基づいて支払われる．そのため，メンバーは完全にラインの製品を成功させることに集中する．製品ラインのマネジャーは，他の収入を受け取る前に会社から前払

いの資金が提供されるので，ラインの工程をできる限り効率よくし，コスト効率を高めることに特に動機づけられる．ハイアールはこのシステムを「マーケット・チェーン」と呼んだのに対して，華為はIBMのコンサルタントから影響もあってか，欧米ではより一般的な「総合的製品開発」という名称を採用している．しかし，狙いは一緒である．すなわち，有効な金銭的インセンティヴの活用を通して，研究開発スタッフと顧客及び市場性のある製品をなるべく密接に結びつけることである（Wang 2007a : 178-180）．

「サービス文化」の海外顧客への拡大

　もちろん，新製品の発明や先進技術の開発は，新しい顧客が獲得されなければ，つまり華為の場合は世界中の主要な通信サービス・プロバイダーに自社の通信機器やワイヤレス設備を購入してもらえなければ，無駄なものになる．海外市場を開拓するに当たり，華為のCEOの任正非は，「まず農村部を抑えてから都市部を取り巻こう」という毛沢東の革命時のアプローチを採用するようにと，海外の従業員に働きかけた（Chen 2007a : 121-122）．つまり，華為は最初，自社技術が北米や西欧など先進国で通用するほどには高度なものではないと認識したため，国内通信システムの近代化の初期にある比較的貧乏な発展途上国で製品のマーケティングを展開するところから出発した．これらの国は，最新技術を必要としないし，巨大な多国籍企業が提示する価格を支払う余裕もない．華為は，低価格製品を提供し，これらの国の通信会社に劇的に収益を上げさせるよう支援し，これらの会社の経営者や従業員の利益を高めるという，以前に中国市場で試みた販売戦略を用いた．また，華為は，リスキーなビジネス環境にいるサービス・プロバイダーが通信事業での投資上の資金難を克服することを華為製品を購入すれば中国の輸出入銀行やその他国際融資業者から融資を受けられるよう支援するという方法でサポートしてきた（Zhang 2007b : 84 ; Brautigam 2009 : 140-141）[16]．

　同時に，海外スタッフの動機づけや忠誠心を維持するため，海外支社のマネジャーは担当市場の損失リスクを分担することが求められる．つまり，華為は，支社のマネジャーへのローンの形でそれぞれの海外支社に資金を提供

し，マネジャーはその借金を返済できるまで給料やボーナスの全額を受給することができない（Zhang 2007b : 234-235）．

　華為は，サービス・イノベーション・忠誠心の文化を作り上げるための戦略とインセンティヴを結びつけて活用したことにより，たった20年で140以上の国々に事業を拡大し，またその成長ぶりが衰退する気配はまったく現れていない．

3．ハイアールと華為における企業文化変容の負の側面

　ハイアールと華為は，この20年間で確かに見事な成長と収益性を達成し，その業績の一部は，間違いなく，これまで示してきたような有効なインセンティヴ制度に強化された両社の強い文化に負うところが大きい．他の中国企業の経営者や中国政府は両社の成功を見過ごさなかった．ハイアールの企業内研修センターであるハイアール大学では数千人もの中国企業経営者が「ハイアール方式」講座を受講しており（Haier Group 2011a），両社は常に中国の経営テキストで引用され，ビジネススクールで成功例として研究されている．両社と，両社に近い文化変容プログラムを採用した企業の素晴らしい業績は，国務院の国資委が中国最大の国家支配企業集団において企業文化を促進する2005年方針の導入を決定した際の，主要な決定要因であった（SASAC 2005b）．

　ところが，両社の成功には高いコストも付き，両社の財政状況を劇的に改善したこれらの文化的理念が，労働者に深刻な諸問題をもたらし，世界で成長を持続させる力を妨げる可能性さえあるとも論じ得る．

　両社が解決すべき第1の主要な課題は，労働力の拡大，そして数多くの国への海外進出に伴い増加し続ける海外の従業員を雇用していく際の文化的困難にどのように対処していくか，である．両社とも成長初期には，従業員の行動を型にはめ，会社の中核的理念を従業員の心に刻み付けるために，厳格な賞罰制度に依存していた．両社の努力は，保護された中国市場と，その市場の莫大な成長可能性によって大きく支えられていた．両社は，他の中国企業より高い給料を従業員に払い，品質改善やイノベーション，顧客サービス

などに目を向けてさえいれば，競争でトップの地位を保ち，大きな収益性を維持することができた．両社の従業員が，高い業務負担にもかかわらず会社に不満を言わなかったのは，他のほとんどの中国企業の従業員，特に中国沿岸地域における数多くの輸出加工工場で搾取されている労働者と比べれば，自分の財政状況はましであることを知っていたからである (Zhang 2007b : 232)．

ところが，中国が 2001 年から国内市場を外国投資に開放し，他の中国企業が同様の文化的慣行を採用して両社に迫ってくるようになると，両社は海外への事業展開や最先端の技術開発を行わずにはいられなくなった．これらを実現するには，様々な国からの高いスキルや教育レベルを持った従業員を多く必要とするが，これらの従業員は，ハイアールや華為の企業文化では普通に行われている軍隊風の規律や常時の監視，過酷な勤務時間，周囲の目にさらされた屈辱などに耐えないかもしれない．特に華為は，たった 2 年の間で 6 人目の若い従業員が不自然な原因（自殺も含めて）で死亡した 2008 年以降，中国のメディアからその過重労働の文化について厳しく批判されている (Yang 2008)．ハイアールにも同様の批判がある．ハイアールの多くの元従業員は，マネジャーが日々のノルマを達成できなかった従業員を厳しく叱責する同社の「呪いの文化」について語っている (Deng 2004 : 87)．

特に心配なのは，両社ではこの数年多くの従業員が競合企業に転職しており，両社が経験ある人材の高い離職率に直面していることである (Ran 2005 ; Deng 2004 : 87-88 ; Zhang 2007b : 246-247)．このことは，両社の高い給料やボーナスではもう，従業員のストレスや緊張に満ちた労働環境と釣り合いがとれないことを示唆している．第 4 章でも述べたが，華為は，中国の新雇用契約法 (PRC State Cauncil 2007) の下でも高い年齢層の従業員に長期契約を結ぶことを回避する決定をしては論争を引き起こし，世間一般の評判を下げたが，その決定はもちろん，業績を上げた人には支払いを，収益を上げない人は解雇するという同社の文化的慣行と一致しているにもかかわらず，従業員の間でも非常に評判が悪かった (Beijing Qingnian Bao 2007a, 2007b)．

華為の従業員株式基金も同社の従業員の間で議論を引き起こした．華為の登記録によると，同社株式の 99.9% がこの従業員株式基金で保有されている．

基金の「単位」を購入した従業員は基金から定期的に配当を受け取るが，配当がどのように計算されるかは説明されない（Cheng & Liu 2004：112-113）．この制度では，華為の経営陣は会社の利益を業績に基づいて従業員に分配するか，あるいは事業に再投資するかを自由自在に決めることが可能であり，これがコスト削減に大いに貢献した．しかし，この制度をとり巻く秘密主義は，複数の元従業員や現役従業員に大きな不満をもたらし，一部はこの制度で少なくごまかされたとして会社を訴える裁判を引き起こしている．国際株式市場や中国の株式市場へ上場すれば，華為は新資金源を獲得できるであろうが，それを遅延させている主要因は，この問題かもしれない（Cheng & Liu 2004：106-107；Deng 2004：37）[17]．

　第2の課題として，華為やハイアールのような中国の大企業は，一般に中国政府からあまりにも強い影響を受けていると海外の政策担当者やメディアが見ていることである．このことは，これらの企業が外国企業の買収を通して自社のグローバル展開や中核的技術の向上を実現する潜在力が相当限られているということを意味している．この点，ハイアールではまだ深刻な問題は発生していないが，それは家電製品が政治と直接関連しない[18]ためである．華為の場合は，私的支配企業にもかかわらず，製品が潜在的に軍事あるいはスパイでの応用が可能な高度通信システムでビジネスが展開されているために多大な疑惑に直面している．同社が米国のデジタル電子機器メーカーであるスリーコムを買収しようとした試みは，2008年に米国政府の外国投資委員会（CFIUS）が国家安全保障を理由にその買収を承認しなかったことで失敗した．オランダや英国など他の先進国市場では通信機器供給業者との契約で成功しているものの，華為は常に外国報道において，同社が中国軍や中国共産党の利益のためにひそかに動いていると非難が挙がっている[19]．

　この問題の一部は，地政学的要因や歴史的要因，及び根深い偏見など中国企業がコントロールできない要因に起因している．華為が中国軍や中国共産党と密接な関係を持っているという疑惑には根拠が乏しい（Zhang 2007b：20, 55-56, 134-135）．しかし，同社が本当の所有構造を明示するのを拒否していることが，軍や共産党との関係について「従業員株式基金」を隠れみのにして

いるという疑惑の種となり続けているのである．

　華為のような企業は，より透明性のある報告制度を採用し，所有構造を完全に明示し，会社が本当に政府から独立して運営されていることを明確にするために有効な政策を導入することにより，国際的イメージを大きく改善することができるだろう．ところが，それには，会社のトップ・ダウン型財務管理の文化を緩和することが必要となり，それは，不満を持った従業員の大量退職や訴えを引き起こすかもしれない．これは同社が過去に採用したインセンティヴ制度が残した制度的な負の遺産である．華為は実際 2010 年に，自社のコーポレート・ガバナンスの改善を試みた．会社の株式基金の「単位」を購入している全ての従業員が間接的に取締役会を選出することを認めたのであって，これはもちろん過去にはなかったことである．それでも，世界のベスト・プラクティスが期待する財務透明性やガバナンス透明性からはまだほど遠い[20]．

　両社の成長を妨げる最後の課題は，従業員が短期的利益を追求するよう圧力をかけるあまり，長期的な事業損失につながりかねない傾向である．ハイアールの場合，こうした傾向は，同社の経験が少なく，同社に適さない分野に過度に事業多角化していることに現れている．ハイアールは，パソコン，携帯電話，家具，薬品，食品の分野に事業を拡大するために膨大な資源を使い切ったが，このうち投資に対して十分な利益を生み出した事業は一つもなかった（Deng 2004: 81-82）．ハイアールの明らかな無原則的多角化戦略は，部分的に SBU 制度に起因している．このインセンティヴ制度では，全ての従業員が，会社にとって収益性があるなら，どんな事業でも起業家になり製品開発をしてもよいと促進されている．しかし，そのやり方は，ほぼ必然的に，短期的で限られた需要しかないような新製品を大量に生み出してしまう．この戦略は，膨大な人口がありニッチ製品でも十分な売上を生み出せる中国国内市場には相応しいかもしれないが，欧米など成熟（また規模が小さい）市場には，長期的成長を犠牲にして短期的利益を追求する戦略となる．最悪の場合，拙速に開発した夥しい数の製品やサービスは，ハイアールが苦労して手に入れた品質に対するブランドの評判を下げかねない（Deng 2004: 72-75）．

一方，華為でより問題となっているのは，多角化ではなく知的財産の争いである．同社は，シスコやモトローラなど知名度の高い多国籍企業を含む競合他社から知的財産を盗んだとして中国と海外の両方での訴訟に苦しめられてきた（Wahba & Lee 2010）．これらの訴えのメリットが何であれ，市場性のある製品を絶えず開発し製造しなければならないという重いプレッシャーから，近道をして他の技術業者の知的財産権に手を出してしまう従業員が出かねないことは推測に難くない．

本章では，ハイアール集団と華為技術が文化的理念の推進，従業員の業績向上，国際的競争力のある企業への変革をするために採用したインセンティヴ制度について述べた．この 20 年間，両社が素晴らしい経済的業績を達成したのは確かであり，彼らの文化的経営アプローチはその成功の一要因かもしれない．しかし，両社の急速な事業拡大の過程ではいくつかの負の問題も現れてきており，それも両社の文化的理念に起因すると考えられる．理念を調整し新しいインセンティヴ制度を作る努力がなされない限り，これらの課題は，両社の将来の成長を妨げかねない．もちろん，これはまだ進行中の過程であり，ハイアールと華為が国際的なステージでどのように成功し，どのように自社文化を真に多国籍な労働者に適応するのかを判断するのは，時期尚早である[21]．それでも，両社のこの 20 年間の進展と今日直面しているいくつかの課題は，企業文化の中国的アプローチの長所と短所を示している．これらの長・短所については，本書の結論の章でさらに論じることとする．

注

1) 華為については特に第 2 章と第 4 章，ハイアールについては第 3 章を参照されたい．
2) ハイアールは，『フォーチュン誌』などの一般向け雑誌や欧米ビジネス誌に広く紹介されている．本文に引用された研究以外に，同社の経営や国際化の多様な側面を扱った学術論文には次のようなものがある．Omar *et al.* 2009 ; Liu & Li 2002 ; Du 2003 ; Bonaglia *et al.* 2007. ハイアールは，企業文化に関する数多くの中国語での研究においても中心的な対象の一つである．下記に示した中国の研究以外に「ハイアール文化」を描いた初期の中国文献を引用した Luo *et al.* 2006 : 344-346 も見よ．

3) 1988年以降，ハイアール社は数々の破綻しかかっている国有企業を買収し，これらの企業を高収益性があり効率のよいハイアール方式の手本企業に蘇生させた．その過程は，CEO の張が「死にかかった魚を蘇らせる」と呼んだものである．ハイアールの M&A アプローチについての詳しい説明は Chi 2003 : 3-26 を参照されたい．
4) 同社の出版物では，中国語の用語，たとえば，日清工作法（日常作業の自主点検方法）がときどき用いられるが，英語の略語 OEC の方が同社の中国語のウェブサイトでもより好まれているように思われる．Haier Group 2011g : section 5 を参照されたい．
5) 後に続くハイアールの OEC 制度についての詳細は，主に Ren 2007 の包括的説明からの引用である．OEC 制度について英語でまとめたものとしては，Lin 2005 が役立つ．生産をその構成作業に分割することは大仕事である．ハイアールの典型的な冷蔵庫は，およそ 156 のステップで 545 近くの構成作業を要しており，それぞれの構成作業に担当の作業員が割り当てられる（Ren 2007 : 26）．
6) ハイアールは，自社の品質管理のチェック体制を構築するためにも大がかりな努力をしたが，その品質管理スタッフに発見した製品の欠陥の数に応じてボーナスを与えるというやり方が最もよい方法だと気づいた．その欠陥に責任のある従業員（ら）の給料から差し引かれた罰金が品質管理スタッフへのボーナスに充当される仕組みである（Ren 2007 : 37）．
7) たとえば，初期には張は，「工場の床に排便や排尿をするな」といった極めて基本的なルールを定めなければならなかった（Luo *et at.* 2006 : 344-345）．
8) 張瑞敏は，SBU 制度とその導入理由について，1998-2003 年の間に行われたいくつかの講演で紹介した．これらの講演は，Haier Group 2011j のハイアールのウェブサイトに中国語で掲載されている．以下で述べる同社の SBU 制度とイノベーションへの取り組みについての多くの情報は，Liu 2006 の詳細な説明から引用した．ハイアールの SBU 制度について英語で簡潔にまとめたものとしては，Lin 2009 がある．
9) GE など多国籍企業で開発された「戦略的事業単位」についての伝統的な考えについては，Hammer 2001 : 129-136 を参照されたい．
10) CEO の張瑞敏は，1998-2003 年の間に自分のいくつかの講演で，Hammer & Champy 1993 のリエンジニアリングの先駆的研究と Hammer 2001 の続編に言及している．たとえば，Zhang 2002 を参照されたい．
11) 華為の比喩に刺激を受けて，中国では，企業のオオカミ文化を促進する本とものによっては批判する本も出ている．たとえば，Wang 2007a ; Wang 2007b ; より批判的な研究としては Zhang 2005 を参照されたい．
12) Cheng & Liu 2004 : 116 によれば，こうした従業員持株は，従業員を金持ちにさせるが会社に束縛される状態にもすることから，応々にして「金の手錠」と呼ばれている！

13) 2008年にこの6社はさらにまた3社に再構築され，情報産業省（旧郵政通信省）は産業情報技術省に改名された．
14) Cheng & Liu 2004：103によれば，1996年当時の中国副首相朱鎔基による華為訪問が大規模国有銀行からの同社への融資をかなり後押しした．朱のこの訪問は，同社と電信担当役人らとの初期の関係構築がなければ実現されなかったであろう．
15) 華為の正社員は，約38％がマーケティングと販売，46％が研究開発に属している．残りの16％は主に管理職である．
16) 華為は，自分が市場開拓してきた中で比較的貧乏な国々に多くの通信設備を寄付し，これは，明らかに同社への評判を良くし，将来その国での市場シェア拡大にもつながるものである．これらの事例については，同社の2010年度CSR報告書（Huawei Technologies 2010b）を参照されたい．
17) ハイアールは私的支配企業ではなく青島市の監督を受ける集団所有企業であるため状況が違う．同市は当初，持株インセンティヴ制度が様々なレベルで大きな従業員の賃金格差と社会的不安を引き起こすことを恐れて，その導入に消極的であった．市は2007年に最終的にこの制度を承認したが，張瑞敏は中国共産党の中央委員会の委員であるという政治的な理由で，その枠組みに含まれていなかった（McGregor 2010：202-203）．ハイアールが，新しい上級従業員向け持株インセンティヴ制度で，グローバル活動を持続させるために必要な国際経営の経験のある優秀な人材を同社に引きつけて勤続させることができるかどうかを判断するには，まだ時期尚早である．
18) ハイアールの2005年のMaytag買収の失敗は，明らかに経済的な理由によるものであり，政治的な理由ではない（Lenard 2005）．
19) 代表的な報告書としてTech Law Journal 2007やDean 2008を参照されたい．これらの報告書で示された主要な「根拠」は，華為が所有構造を公開していないことや，任正非が会社を設立する前に人民解放軍（PLA）の軍人であったこと，同社の通信製品が軍用と民用の両方に利用可能であることであり，どれも決定的証拠ではない．これらの報告書の多くは，RAND Corporationの2005年の研究（Medeiros et al. 2005）を引用しているが，この研究自体も数多くの無名情報源や逸話風の情報に依拠している．
20) 華為の従業員持株基金の単位保持者は年次総会で51名の代表を選び，これらの51名のメンバーは取締役会選挙で投票権を持つ（Huawei Technologies 2010a：6, 53）．
21) 自社の文化を新しいビジネス環境に適応させるため，華為は現在，『華為基本法』を改正中である．ハイアールの張瑞敏も，最近の講演で，海外での多国籍の従業員に対応する際に直面する困難を述べている．

結　論──（中国的特色のある）ハイブリッド社会主義的企業文化？

　企業文化が中国の企業政策担当者によって熱心に信奉されてきたことは明らかである．その理由は文化管理アプローチが，従業員の業績と生産性向上という実際的な技法と，文化的理念と企業ビジョンというより高尚な概念を，結合させたためであるように見える．これらの政策担当者は，中国は社会主義国家なので，企業を動機づける中核的理念は社会主義的であるべきだと結論づけた．この中国独特の考え方は，1980年代以来の，初期の公式及び準公式の企業文化の解釈のいくつかに明言されている．元中国共産党中央紀律検査委員会の韓天石は1988年のスピーチで次のように宣言した．

会社は……近代社会における経済活動の基本組織であるが，中国においては，それらは政治的・経済的・文化的役割を併せ持ち，特に人材啓発と，人民の文化水準の向上の役割を担っている．企業文化は，経済発展と文化発展を統合する最良の方法であり，したがって新しい社会主義文化を牽引する鍵となる可能性がとても高い．

(Han 1988 : 120-121)

さらに韓は，企業が努力すべき理想的理念を高揚的に語った．

人民個人の価値と自立への敬意を基礎として，人民の個人の特徴を彼らの社会的特徴と統一する企業精神を……創らなければならない．この企業精神は，従業員たちを凝集して一つの一体とさせ，会社を，国家建設に寄与する和諧・チームワーク・愛情と活気で満ちた一つの「偉大なる家族」へ

と変容させることができる．これが，中国の社会主義的企業文化の中心的目的なのだ！

(Han 1988 : 123)

韓がこのスピーチを行ったのは，1990年代の中国の会社化運動の前であり，私有財産と，中小企業における大規模民営化が公式に承認される前であった．したがって，彼が企業文化の社会主義的理念の重要な役割を強調したことは驚くに当たらない．しかし，公式な中国の解釈は今でもずっと中国の企業文化と社会主義につながりを持たせ，さらにそれと対応して，中国共産党が企業文化を中国企業に適用し監視する上での中心的役割も強調している．第1章で見たように，国資委の「指導意見」(2005)では，次のように宣言されている．

先進的な企業文化を創ることは，[共産]党権力を強化し，進歩的な社会主義的文化を強力に発展させ，社会主義的和諧社会を建設するために重要な要因である．

(SASAC 2005a：第1条)

興味深いことに，「社会主義的」理念は，いまや「伝統的中国の」理念のポジティブな諸側面とも同一視されている．「[企業は]中国国家の卓越した伝統的文化の遺産を広めることに注意を払わなければならない」(SASAC 2005a：第12条)．現在の中国政権は，1949年以来の短い社会主義期間のみならず，有史以来の伝統的中国文化の「ポジティブ」な理念も代表・推進すると主張することにより，その遺産を広めようとしているように見える．これが「中国的特色のある社会主義的企業文化」である (Zhang 1994 : 77)．

企業文化の「公式の」解釈は，単に理論的な理想ではない．本書で示したように，国家支配，私的支配にかかわらず，数多くの中国大企業と企業集団は，公然とこの解釈を信奉しており，国資委の政策に明らかに影響されている企業文化変容プログラムを熱心に社内に確立しようとしてきた．本当にこ

れらの企業の上級管理職がそういったプログラムの効能を信じているかどうかを知ることはできないが，彼らは疑いなくそれらを実施し維持するために多くの時間と資源を費やしてきた．

中国大企業においてほとんどの企業文化プログラムの有するもう一つの顕著な側面は，会社の企業文化担当部署として，あるいは企業文化変容チームの熱心なメンバーとしての，共産党委員会の強い関与である．数年前に幾人かの学者が予想したように共産党委員会は背景に消えゆくどころか（たとえば，Guthrie 1999 : 37-39），企業文化「コンサルタント」として自己復活を遂げた．彼らはいまや，企業理念を心から信奉するように従業員たちの考え方を変える「思想建設」の方法とプロパガンダの専門家である．専門性を用いて従業員をより生産的で革新的になるように動機づける上に，共産党が企業理念の方向性を最新の党路線に沿うように影響を与える機会を得ることもできる．このようにして，大企業における企業文化研修プログラムは，「和諧企業の建設」や「科学的発展」（胡錦濤の用語にならい）についてのセッションをほぼ確実に含むようになるだろうし，企業は最近の中国共産党創立の90周年など，党の主要なイベントの全てを自らの豪華絢爛な文化的催しとともに大きく祝うことにもなろう．

換言すれば，中国の政策当局者によって再定義され企業内で実施される企業文化は，企業内の共産党が自らを資本主義的経営にとって敵対的なものから，企業のビジネス業績にとってより適切で有益なものにその役目を変容させる機会を与えるのだ．しかし同時に，このように企業の中における自らのポジションを保持し正当化することにより，中国共産党は企業理念に対して中国共産党自身の政策に沿うように影響を与えることもできる．もちろん，ビジネス・リーダーと中国共産党とのこの協力関係は，企業のCEOたちの支持なしには起こりえず，これが中国共産党が民間の起業家を党内に取り込んだり，国家支配企業の上級管理者の雇用プロセスに支配権を保持したりすることに大きな努力を払っている理由である（Chen & Dickson 2010 : 28 ; McGregor 2010 : 72-73）．

社会主義的理念を維持し続けようとしながら，企業内の政治的仕事をより

適切にする方法としての企業文化の二重の役割は，企業文化の理論が中国に翻訳される過程の初期から見られ，これらの理論が中国の政治的・ビジネス的環境においてなぜこれほど強力に根付いたのかを，これで説明できるだろう．たとえば，北京人民代表大会の常務委員会前副委員長であり，中国企業文化研究会の創立メンバーである張大中は1994年のスピーチでこのように説明した．

> 政治・イデオロギー建設の主要な内容はマルクス主義教育である……基本的な党路線に関する教育を強化し，愛国心，集団主義，社会主義を推進し，広範な人民大衆が〔中国社会の〕改革開放と近代化に専心するよう彼らの熱意を刺激する．企業文化が企業内の政治・イデオロギー建設を弱めることがないだろうことは確かである．むしろ逆に……企業の生産と政治／イデオロギー建設の間の長年の分断を克服する新鮮なアプローチを与えてくれるであろう……企業文化を発展させ，政治／イデオロギー建設が経済業績に奉仕するために用いられるべきことを明確にすることによって，企業リーダーを長い間困らせていたこの分断をついに解決することができるだろう……企業文化は，従業員が協力，信頼，愛情と良心的進歩の雰囲気の中で企業目標を達成するために懸命に働くよう，企業内にポジティブな心理的環境を生み出すことを強調する……企業文化建設と政治・イデオロギー建設の統合は，とりわけネガティブな社会傾向に対処するとき，企業内にポジティブな環境を生み出すと同時に従業員の政治・イデオロギー水準を高めるだろう．
>
> (Zhang 1994：80-81)

企業文化の中国的公式解釈はどのような企業モデルまたは理論を含意しているのだろうか？ 多くの学者がアメリカ企業に典型的であると指摘した，「管理者の義務は，企業の株主の……富を最大にすることであり，会社法の機能はその目的を推進することである」(Redmond 2009：79；Jensen & Meckling 1976：307参照) という前提を持つ株主至上主義ないし「契約主義」モデルとは非常

に異なることは確かである．株主は，国資委の「指導意見」やいくつかの中国企業の理念宣言に言及されてはいるものの，それは従業員，顧客，広く中国社会，そして中国共産党とともに，いくつものステークホルダーの一つに過ぎない．一般に株主至上主義モデルに特に影響されていると考えられる私的支配企業さえも，実際には，彼らの富の蓄積がネガティブな注目を惹くのを避けるために，国家支配企業以上に声を大にしてその他のステークホルダーへの配慮を公に示さなければならない．第5章で記した蒙牛集団の例は，猛烈に競争の激しい中国の経済環境で私的支配企業が長期的に生き延びていくためには，公のための善い行いと中国共産党との協働的関係を通じて積み重ねた社会的・政治的資本を大きく蓄えておくことが不可欠であることを示している．そうしておいてはじめて危機のときに政府が助けの手を差し伸べるのだ．

したがって，ある意味，現在の中国企業の正統なモデルは，株主の利益への短期的焦点が共同体や環境にもたらし得る害に着目する学者が理想とするステークホルダーないし「共同体主義」モデルに，より容易に当てはまるものである．David Millon は，共同体主義モデルを，法律や規則が「株主の富の最大化の管理的追求が株主以外の構成者［たとえば従業員］にもたらす有害な影響と対決する」システムと定義した（Millon 1993：1378）．共同体主義者は，「企業活動の広範な社会的効果」を強調し「……企業を……その行為が実質的に公的な意味を持つ強大な機関」として，企業は真剣にその社会的責任を果たすために統制されなければならないとする（Millon 1993：1379）．

企業の共同体主義ないしステークホルダー理論と似ているのは，企業文化の公式の中国的定義だけではない．中華人民共和国の2005年の改正会社法の次の規定は，企業が株主の利害をはるかに超えた利害に対して責任を持つことを要請している．

> ビジネスを運営するとき，会社は全ての法と管理規則を遵守し，社会的道徳とビジネス道徳に敬意を払わねばならない．会社は誠意をもって行動し，政府と一般大衆の監督を受け入れ，社会的責任を持たなければならない．

(PRC State Council 2005：第5条)

私が知る限り，主要な産業国における企業に関する法令で唯一，企業の社会的責任を義務として要請しているものである[1]．

　企業文化政策と会社法に述べられている公式の中国モデルは，企業のステークホルダーモデルと近似しているものの，企業内の政府，特に中国共産党の役割にずっと大きな重きを置いている点でそれとは異なっている．我々はすでに中国企業の文化管理プログラムにおける中国共産党委員会の中心的な関与について述べたが，そのような中国共産党委員会の法的地位は会社法の第19条で保証されているものであり，そこでは次のように述べられている．

　中国共産党の組織は，中国共産党規約の規定に基づく党の活動を実施するために，会社内に設けられるべきである．会社は党組織の活動を助けるために必要な条件を全て提供しなければならない．

(PRC State Council 2005：第19条)

ステークホルダーモデルでは，企業の理事会がビジネス上の決定を下すときに株主の利害を超えた様々な利害を考慮すべきであっても，究極的にはステークホルダーから独立して行動しなくてはならないこと，そしてある特定の政党の利害に左右される必要がないことが確かであることが前提とされている．しかしながら中国においては，中国共産党90周年の祝典へ資金供与をするようにとの中国共産党委員会の要請を拒否するのが会社のためであると決定したり，企業の利益に有害としてその他の政治的要請を積極的に無視したりした大企業の役員は，間もなく失職するであろうし，最終的に投獄される可能性がある．明らかに，中国共産党は政治的意味を持ち得る全ての事柄に関する企業経営上の意思決定に，特に強大な影響力を持っている．他方，上述のように，中国共産党はいまや企業の管理者と同じような目標を持っている．すなわち，従業員の生産性と革新性を上げ，企業の経済業績を向上させることである．そこで，もし企業の管理者が中国共産党を支持し続けたとしても，

多くの場合，管理者たちとこの最も強大なステークホルダーの間には対立はないはずである．実際，企業内の党書記は，彼らも企業の株を保有し，彼らの報酬が部分的に企業の利益に基づくことがあるため，企業の業績向上にとても個人的なインセンティヴを持っていることが多い[2]．

現在の中国的企業モデルは，全ての収入がまず国家のものとされてから，従業員にその働きと必要に応じて再分配されたかつての社会主義的モデルとはとても異なっている．かつてのモデルでは，従業員と管理者の給料の間にはほとんど差異はなく，ほとんどの会社の収入は貨幣形態ではなく，会社支給の住宅，補助付きまたは無料の飲食，無料の健康保険，その他の社会福祉と文化的サービスなど，様々な利得の形で配分されていた．今日の中国大企業は一般に住宅手当や寮を一部の従業員に供給してはいるが，従業員も相当分を払うことが期待されており，今日の全ての企業のインセンティヴ・システムは，主に企業の利益によって上下する貨幣給与に基づいている．一部の報酬システムは，華為の例に見たように，アメリカの典型的「資本主義」企業に見られるものに極めて近く，従業員株式保有やストックオプションを含んでさえいる．同様に，国家支配企業の職はまだ，私的支配企業の職より安定している傾向があるとはいえ，いまや全ての所有形態の企業において，ダウンサイジングや解雇が発生している．社会主義的「鉄碗飯」と，それに伴う，政府が全ての人々に実りある雇用を供給するという前提が崩れていることは明白である．事実，中国共産党の政策を遵守する必要があることと，おそらく従業員の文化的・教育的向上に焦点を置いていることを除けば，これらの現代的企業に社会主義がまだ当てはまるのかは疑問であろう．

今日の中国大企業集団と，日本の系列モデルの間にはいくつか同様の点が見られる．Eleanor Westney は日本の系列モデルの鍵となる特徴として次の点を指摘した：課題達成の必要に応じて個人が集団間を移動する流動的チーム制の組織であること，ラインの労働者が品質管理に責任を持つだろうという期待があること，生産プロセスに有益な改善案を提案することを含む全ての従業員から知恵を引き出すシステム，在庫品を減らし「ジャストインタイム」ロジスティクスを推進するサプライヤーとの緊密なネットワーク，アウトプッ

トが市場の需要と一致することを保証する流通業者・小売業者・消費者との緊密なつながり，市場のない商品に研究時間をかける無駄をなくすためのR&Dと生産・消費者との緊密な統合である (Westney 2001：112)．これらの全ての特徴は，ハイアールや華為といった成功している中国企業にも見られるものである．しかし中国共産党が企業内に存在するという明白な違いの外にも，中国大企業で主流のアプローチは，年功，年齢，学歴に基づく昇進ではなく，業績によってずっと大きく昇進・降格する点でも日本モデルとかけ離れてきている (Westney 2001：109)．ハイアールや華為の例に見たように，上級管理職の多くは著しく若く，年長の管理者が目標を達成できなかったときに降格することは，とてもよくあることである．首鋼集団や中国石油化工集団といったより伝統的な国家支配企業集団でさえも，政府の黙認とともに，この10年ほどで，多くが年長で学歴の低い何千何万という従業員を減らし，それが労働力の若返りと効率の向上につながった[3]．

　もし中国的企業モデルがすでに確立された説明理論やモデルに合わないとすれば，それはどのようなものなのだろうか？　将来にわたっても現在の形で持続する可能性が高いものなのか，それとも株主至上主義アプローチやステークホルダー・アプローチといった既存の国際的なモデルのどれかに徐々に収斂していくものなのだろうか？

　東欧の社会主義後の企業に関する大変面白い論文において，David Starkは，所有権が明確でないか移行期にあるところでは，——彼が「異型体制」(*heterarchies*) と呼ぶ——「市場でも階層制でもなく」，「公私の境界が曖昧な」多くの異なる世界観や信条システムのある組織が出現するとした (Stark 2001：75, 82)．そのようなシステムの中で生き延び，繁栄するためには，起業家とCEOは「曖昧さを大切にし，あるいは創り出しさえし……，ご都合主義的に数値を語り，……［そして］時により言い方を変えなければならない．そうする中で，社会主義後の価値の異型体制的対話が生まれる」としている (Stark 2001：99)．

　中国は，確かに所有の移行というそのような時機にあり，多くの種類の曖昧さに対処している．たとえば，香港やニューヨークの株式市場に上場させ

ながら，社会主義的企業文化を推進すると主張する国家支配企業や，熱心に共産党委員会を企業内に設けて従業員の中で党の政策を推進できるようにしている私的支配企業などである．しかし多くの東欧の国々と異なり，中国では，共産党はいまだに大きな権力を持っている．よって，曖昧さと逆説は，単に企業が新しい政治的制度や所有権制度を交渉する必要性から生じているばかりではなく，中国共産党自体が逆説を抱えた機関になったという事実からも生じている．個の自己利益の哲学に起源を持つ市場資本主義を信奉しようとしながら，しかも同時に，より偉大な（企業及び国家という）「家族」のために個の欲求や家族関係を犠牲にするなどの社会主義的理念を奨励している．企業が政府の関与から離れて市場原理とビジネスの論理で運営することを望みながら，しかも同時に，国家支配あるいは私的支配企業にかかわらず，これらの企業内の中国共産党委員会の役割を近代化し強固にしようとしている．Geremie Barmeの言葉を借りると，中国共産党は中国に，「商品化された社会主義」あるいは「企業共産主義」という独特の環境を創り出した（Barme 1999：20-23）．

このように論理的に矛盾した経済的・政治的環境において，企業はハイブリッド的「組換え」組織（Stark 2001：82）になることを学ばざるを得なかった．そしてそこには株主至上主義理論からもステークホルダー理論からも要素が取り入れられ，おまけに一服の社会主義的理念と，ひとつまみの伝統的中国文化も取り込まれた．

もちろん，中国大企業が全て同じになるであろうという意味ではない．企業文化の公式解釈の中の様々な要素の解釈の余地は大きいし，それぞれに良し悪しの両面ある様々な実施技法やインセンティヴ・システムも出現してきた．ハイアールや華為のように最も経済的に成功している中国企業は，社会主義的レトリックと従業員啓発にリップサービスをしながらも，生産性，顧客サービス，利益を上げる革新を増大させる理念を促進する強力な金銭的・心理的インセンティヴ・システムを作る努力に専念してきたことは明らかである．それら企業は，幾人かの中国コメンテーターに，利益と成長の最大化に重点を置きすぎ，それが従業員に過労とストレス過剰を生じさせていると

批判されてきた．John Tomaneyの言葉を借りれば，それら企業は労働者をエンパワーするどころか，単に文化管理技法を従業員が自らを「資本主義的搾取」する主体になるよう用いているように見える (Tomaney 1994 : 181)．より厳しくなっている労働市場において，それら企業は従業員が競合他社に移ることを防ぐためには，そういった企業文化をより軟化させなければならないかもしれない．

対照的に，中国大唐集団のような企業は，明らかに企業の中核的理念である「献身」を推進するため，創作文フォーラムや文化的公演など，様々な向上活動に従業員を参加させるとても活発な企業文化プログラムを持っている．従業員はそれら課外活動に熱心に参加し，それによって実務的な知識のみならず，（文化的存在である）人間としての自らの潜在力に関するより深い自覚を持つに至っている．中国大唐は，自らを「学習する組織」と呼ぶ中国によくある企業の一つであるが，同企業がその文化理念である献身をその中核事業である発電における従業員生産性と顧客サービスの向上につながるように，実際どのようにその金銭的インセンティヴを変えてきたのかについては定かではない．換言すれば，競争の激しい市場経済で生き残るには，企業はその文化管理アプローチが経済的に維持可能で，従業員たちの「自己犠牲的」努力に対して適切な報酬があることを保証する必要がある．

適用の仕方は異なれど，中国共産党が権力にある間は，企業文化の政策文書や会社法に表現された公式の中国的企業モデルが，中国大企業の管理慣行に対し，予見し得る将来にわたって影響を与え続けていくことであろう．それら企業は，モデルの矛盾や逆説にでき得る限り適応していく必要があるだろうし，その過程において——その試みの延長の中で——利益を上げて社会的に責任を持つ経済的・政治的・文化的ハイブリッド組織という，成功的な独特の中国的統合を創り出すかもしれない．実際，同モデルは，今日の企業の前共産主義的原型に根ざしている可能性がある．Daviesが指摘したように，「文化」が幾世紀にもわたって国の刷新と道徳的啓発とに密接に関連してきた社会において，そして「労働単位」が文化と労働が一体となる場とされてきた社会において，中国独自の「企業文化」解釈が出現したことは，決して驚

くべきことではないのである（Davies 2007：5-6）．

注

1) イギリスのように，役員が企業のビジネス上の判断をする際，株主以外の利害を考慮することを許可する規定を持つところも今はあるが，それらの規定は強制力を持たない．
2) たとえば蒙牛集団の党書記である盧俊は，2004年に上場するまで，同社株式の大半を保有する40人の上級管理職の一人であった（Chen 2007b：79）．
3) 首鋼のウェブサイトでは，たとえば2000年以来，同集団が正規社員を約19万5,000人から今日の8万人未満にまで減らしてきたことを記している．その「社会主義的」理念に忠実に，同社は，解雇した従業員を転職先を探す移行期の間，助けることに大きな努力を払っているとも述べている（Shougang Group 2009a：II.3）．

参 考 文 献

Alperman, B. (2006) "'Wrapped Up in Cotton Wool': Political Integration of Private Entrepreneurs in Rural China," *China Journal* 56: 33–61.

Anon. (2011) "Sheqi yiwan shenjia: zhongguo shangjie fuhao weihe xuanze bugui lu?" ["舍弃亿万身家 中国商界富豪为何选择不归路?"〔なぜ，中国の裕福な大富豪が巨万の富を捨てて自殺を選んだか.〕『法制周刊』], *Fazhi zhoukan*（2011-6-15）(15 June).

Bakan, J. (2004) *The Corporation: The Pathological Pursuit of Profit and Power*, Toronto: Penguin Group.

Bao, L. (2009) "Xinshang meihao" ["欣赏美好"〔美を鑑賞〕], www.easthope.com.cn/info/infodetail_qywh.asp?infoid=l77（2011年7月21日アクセス）.

Baosteel Group (2009) "Baogang ren geyan"［宝钢集团 "宝钢人格言"〔宝鋼社員の格言〕], www.baosteel.com/group/04culture/ShowArticle.asp?ArticleID=12（2009年4月28日アクセス）.

Barme, G. (1999) "CCPTM & Adcult PRC," *The China Journal* 41: 1–23.

Barnett, A.D. (1967) *Quotations from Chairman Mao Tse-tung*, London: Corgi Books.

Beijing Qingnian Bao (2007a) "Huawei cizhi fengbo yu lao yuangong de hetong weiji"［北京青年报 "华为辞职风波与老员工的合同危机"〔華為における退職騒動と契約社員の労働契約の危機〕『新華網』(11月5日)], *Xinhuanet* (5 November), news.xinhuanet.com/employment/2007-11/05/content_7012267.htm（2011年7月20日アクセス）.

——(2007b) "Zhuizong baodao: Huawei fouren guibi Laodongfa" ["追踪报道 华为否认规避劳动法"〔追跡ルポ：華為労働法の回避を否認〕], *Xinhuanet* (5 November), news.xinhuanet.com/employment/2007-11/05/content_7012305.htm（2011年7月20日アクセス）.

Beijing Woterui (2006) "Qiye xuanyan"［北京沃特瑞 "企业宣言"〔企業行動宣言〕], www.woterui.com/Article/ShowArticle.asp?ArticleID=3（2011年7月21日アクセス）.

Billeter, J.-F. (1990) *The Chinese Art of Writing*, Geneva: Editions Skira/Rizzoli.

Bol, P.K. (1992) *"This Culture of Ours": Intellectual Transitions in T'ang and Sung China*, Stanford: Stanford University Press.

Bonaglia, F., Goldstein, A. and Mathews, J.A. (2007) "Accelerated Internationalization by Emerging Markets' Multinationals: The Case of the White Goods Sector," *Journal of World Business* 42: 369–383.

Brautigam, D. (2009) *The Dragon's Gift: The Real Story of China in Africa*, Oxford

University Press.

Brook, T. (1997) "Profit and Righteousness in Chinese Economic Culture," in T. Brook and H.Y. Luong (eds), *Culture and Economy: The Shaping of Capitalism in Eastern Asia*, Ann Arbor: University of Michigan Press.

Bryman, A. (1989) *Research Methods and Organization Studies*, London: Unwin Hyman.

Caijing Magazine (2009) "Zhongliang jituan cheng Mengniu di yi da gudong"［『財経』"中粮集团成蒙牛第一大股东"〔中糧集団が蒙牛の筆頭株主に〕(7月6日)］, *Caijing zazhi* (6 July), www.caijing.com.cn/2009-07-06/110193994.html（2011年7月21日アクセス）.

Capital Business Leaders (2009) "Shoudu qiyejia shi shu hua yuan jianjie"［"首都企业家诗书画院简介"〔首都企業家詩・書道・絵画クラブの案内〕］blog.sina.com.cn/s/blog_5e80af5b0l00flgk.html（2011年7月21日アクセス）.

Central Party School Education and Research Division (ed.) (2006) *Zhongguo Gongchandang jiceng dangjian*［中央党校教育研究部編『中国共产党基层党建』〔中国共産党草の根の党建設〕, 北京：中央党校出版］, Beijing: Central Party School Publishing House.

Chen, D. (1995) *Chinese Firms between Hierarchy and Market: The Contract Management Responsibility System in China*, New York: St Martin's Press.

Chen, D. (ed.) (2005) *Xuexixing zuzhi: di wu xiang xiulian jianming jiaocheng*［陈德起编『学习型组织 第五项修炼简明教程』〔学習する組織：五つのディスプリン入門テキスト〕, 北京：企业管理出版］, Beijing: Qiye guanli chubanshe.

Chen, G. (2007a) *Huawei de qiye wenhua*［『华为的企业文化』〔華為の企業文化〕, 深圳：海天出版社］, Shenzhen: Haitian chubanshe.

Chen, G. and Cui, J. (1973) *Lei Feng de gu shi*［『雷锋的故事』〔雷鋒物語〕, 北京：人民出版社］, Beijing: Renmin chubanshe.

Chen, H. (2000) *The Institutional Transition of China's Township and Village Enterprises: Market Liberalization, Contractual Form Innovation and Privatization*, Aldershot: Ashgate.

Chen, J. and Dickson, B. (2010) *Allies of the State: China's Private Entrepreneurs and Democratic Change*, Cambridge: Harvard University Press.

Chen, L. (2007b) *Mengniu de renli ziyuan guanli yu qiye wenhua*［『蒙牛的人力资源管理与企业文化』〔蒙牛の人的資源管理と企業文化〕, 深圳：海天出版社］, Shenzhen: Haitian chubanshe.

Chen, X. (2006) "Nanwang fu"［"南网赋"〔中国南方電網賦〕］, www.csg.cn/news/compnewscon.aspx?id=9017&ItemCode=016002005000（2011年7月21日アクセス）.

Cheng, D. and Liu, L. (2004) *Huawei zhenxiang*［『华为真相』〔華為の真相〕, 北京：当代中国出版社］, Beijing: Dangdai zhongguo chubanshe.

Chi, S. (2003) *Jihuo xiuke yu: gandong Zhongguo de Zhang Ruimin yu Haier wenhua*［『激活休克鱼：感动中国的张瑞敏与海尔文化』〔ショック状態の魚を生き返らせる：中国を感動させた張瑞敏とハイアールの企業文化〕北京：中国言实出版］, Beijing:

Zhongguo yanshi chubanshe.

China Dairy Association (2007) "2007 nian Mengniu di yi zui: 168 dui jiti hunli shuaxin Zhongguo qiye xin jilu" ["2007年蒙牛第一最 168 对集体婚礼刷新中国企业新纪录"〔2007年蒙牛の一番：168組合同結婚で中国企業の記録を塗り替え〕], 『内モンゴル商報』（1月17日）], *Neimenggu shangbao* (17 January), www.dac.com.cn/view.php?articleid=130879&sortid=94（2011年7月21日アクセス）.

China Datang Group (2007a) "Guanyu jinyibu zhengji qiye wenhua gushi de tongzhi" ［中国大唐集団"关于进一步征集企业文化故事的通知"〔企業文化物語再募集のお知らせ〕], www.china-cdt.com/enterpriseculture/culturenavigate/641985.html（2011年7月21日アクセス）.

――(2007b) "Yong tiejun fengcai quanshi Datang zhi ge" ["用铁军风采诠释大唐之歌"〔鋼鉄戦士の風采で大唐の企業文化を解釈する〕], www.china-cdt.com/enterpriseculture/tongxinstory/1093290.html（2011年7月21日アクセス）.

――(2011a) *Chengyuan danwei* [『成员单位』〔提携会社〕], www.china-cdt.com/aboutdatang/memberenterprise/index.html（2011年7月21日アクセス）.

――(2011b) *Tongxin gushi* [『同心故事』〔同心物語〕], www.china-cdt.com/enterpriseculture/tongxinstory/index.html（2011年7月21日アクセス）.

――(2011c) *Xinling jitang* [『心灵鸡汤』〔心のチキンスープ〕], www.china-cdt.com/enterpriseculture/chickensoup/index.html（2011年7月21日アクセス）.

――(2011d) "Tongxin wenhua de tezheng" ["同心文化的特征"〔同心文化の特徴〕], www.china-cdt.com/enterpriseculture/enterpriseci/concentricculture/58344.html （2011年7月21日アクセス）.

――(2011e) *Tangyun wenyuan* [『唐韵文苑』〔大唐集団文集（文苑）〕], www.china-cdt.com/enterpriseculture/literature/index.html（2011年7月21日アクセス）.

――(2011f) "Zong jingli zhici" ["总经理致辞"〔社長メッセージ〕], www.china-cdt.com/aboutdatang/deliverspeech/1067.html（2011年7月21日アクセス）.

China Enterprise Confederation (2006) "2006 Zhongguo qiye wu bai qiang" [中国企业联合会"2006 中国企业500强"〔2006年度中国企業トップ500〕], www.cec-ceda.org.cn/huodong/2006china500（2011年7月21日アクセス）.

China Labor Bulletin Research Report (2009) "Protecting Workers' Rights or Serving the Party: The Way Forward for China's Trade Unions," www.clb.org.hk/en/files/share/File/research_reports/acftu_report.pdf（2011年7月21日アクセス）.

China Learning Organization Research Center (2011a) website, www.cko.com.cn（2011年7月21日アクセス）.

――(2011b) *Xuexixing jiguan* [『学习型机关』〔学習型機関〕], www.cko.com.cn/a/lo/learning/government（2011年7月21日アクセス）.

――(2011c) *Xuexixing zhengdang* [『学习型政党』〔学習型政党〕], www.cko.com.cn/a/lo/learning/party（2011年7月21日アクセス）.

China Life Insurance Group (2011) *Qiye wenhua* [中国人寿保险集团『企业文化』〔企業文化〕], www.chinalife.com.cn/publish/main/14/index.html（2011年7月21日

アクセス).
China Unicom (n.d.) "Dang he guojia lingdaoren tici"［中国联合通信公司"党和国家领导人题词"〔中国共産党・国家指導者の題辞〕］, www.chinaunicom.com.cn/profile/gsjs/file10.html（2008年6月7日アクセス).
Chinese Business Leaders Poetry Anthology Editorial Committee (2005) "Zhongguo qiyejia shixuan zhenggao qishi"［中国商界领袖诗集编辑委员会"中国企业家诗选征稿启事"〔中国企業家作品募集のお知らせ〕］, www.6book.com.cn/Article/ShowArticle.asp?ArticleID=220（2007年7月アクセス).
Chinese Communist Party (1993) "Zhonggong zhongyang guanyu jianli shehuizhuyi shichang jingji tizhi ruogan wenti de jueding"［中国共产党"中共中央关于建立社会主义市场经济体制若干问题的决定"〔社会主義市場経済体制の若干の問題に関する中共中央の決定〕］, china.com.cn/ch-80years/lici/14/14-3/2.htm（2011年7月21日アクセス).
——(2006) "The Fifteenth National Congress," english.cpc.people.com.cn/66101/4445269.html（2011年7月21日アクセス).
——(2009) *Constitution of the Communist Party of China*, amended 21 October 2007, english.cpc.people.com.cn/65732/6758063.html（2011年7月21日アクセス).
Chineseposters.net (2011a) "Lei Feng," chineseposters.net/themes/leifeng.php（2011年7月22日アクセス).
——(2011b) "Jiao Yulu," chineseposters.net/themes/jiaoyulu.php（2011年7月22日アクセス).
Cochran, S. (2000) *Encountering Chinese Networks: Western, Japanese, and Chinese Corporations in China, 1880–1937*, Berkeley: University of California Press.
COFCO Group (2008) *Qiye Zhongliang* 31 (February),［中粮集团『企业中粮』31期（2月）〔企業中糧〕］, cofcomag.cofco.com/cn/periodical/index.aspx?con_id=1594（2011年7月21日アクセス).
——(2011a) "Women de yewu"［"我们的业务"〔業務内容〕］, www.cofco.com/cn/industry/index.aspx（2011年7月21日アクセス).
——(2011b) *Qiye Zhongliang*［『企业中粮』〔企業中糧〕］, cofcomag.cofco.com/cn/periodical/old.aspx（2011年7月21日アクセス).
Cooke, F.L. (2008) "Enterprise Culture Management in China: Insiders' Perspective," *Management and Organization Review* 4.2: 291–314.
Cosun Group (2011a) "Jituan jianjie"［"集团简介"〔企業概要〕］, www.qiaoxing.net/profile/profile01.asp（2011年7月21日アクセス).
——(2011b) *Qiaoxing ren*［『侨兴人』〔僑興人〕］, www.qiaoxing.net/culture/culture05.asp（2011年7月21日アクセス).
Davies, D.J. (2007) "Wal-Mao: The Discipline of Corporate Culture and Studying Success at Wal-Mart China," *China Journal* 58: 1–27.
Deal, T.E. and Kennedy, A.A. (1982) *Corporate Cultures: The Rites and Rituals of Corporate Life*, Reading, Mass.: Addison-Wesley［テレンス・ディール, アラン・ケ

ネディー, 城山三郎訳『シンボリック・マネジャー』東京：新潮社 (1987)].
Dean, J. (2008) "Outside of U.S., Few Fear Huawei," *Wall Street Journal (Asian edition)*, 22 February.
Deng, P. (ed.) (2004) *Zhongguo qiye bingxiang baogao* [邓屏编『中国企业病相报告』〔中国企業の病相報告〕上海：学林出版], Shanghai: Xuelin chubanshe.
Desay Group (2007) *Wenhua shenghuo* [『文化生活』〔文化生活〕], www.desay.com/docc/culture/life.asp (2011年7月21日アクセス).
Dickson, B. (2003) *Red Capitalists in China: The Party, Private Entrepreneurs, and Prospects for Political Change*, Cambridge: Cambridge University Press.
Drucker, P.F. (2008) *Managing Oneself*, Boston: Harvard Business School Publishing Corpn.
Du, R. (2010) "Guodian Tianjin yire xuanguan qiye wenhua linian qiang jichu zhong shixiao" ["国电天津一热宣贯企业文化理念强基础重实效"〔国電天津第一熱電力が企業文化・理念を宣伝し貫徹し，企業の基礎体力を強化し実効を重視する〕,『中国电力网』], *Zhongguo dianli wang* (26 August), www.chinapower.cn/article/1174/art1174162.asp (2011年7月21日アクセス).
Du, Y. (2003) "Haier's Survival Strategy to Compete with World Giants," *Journal of Chinese Economic and Business Studies* 1.2: 259–266.
East Hope Group (2009a) "Jiaolian xuexiao" ["教练学校"〔人材開発コーチングスクール〕], www.eastho pe.com.cn/corporation/ymgl_qywh.asp?id=202 (2011年7月21日アクセス).
——(2009b) "Xinshang xunlian" ["欣赏训练"〔コーチング鑑賞〕], www.easthope.com.cn/xwgz/jiaoan/05xishang.htm (2009年9月アクセス).
——(2009c) "Zaoxun chuangzuo" ["早训创作"〔朝の創造力訓練〕], www.easthope.com. cn/xwgz/jiaoan/06zaoxun.htm (2009年9月アクセス).
——(2011) "Guanyu Xiwang" ["关于希望"〔希望集団について〕], www.easthope.com.cn/corporation/ymgl_gyxw.asp?id=150 (2011年7月21日アクセス).
Elger, T. and Smith, C. (eds) (1994) *Global Japanization: The Transnational Transformation of the Labour Process*, London: Routledge.
Fan, P. (2006) "Catching Up through Developing Innovation Capability: Evidence from China's Telecom-Equipment Industry," *Technovation* 26: 359–368.
Frankel, A. (2007) *Punching In: One Man's Undercover Adventures on the Front Lines of America's Best-Known Companies*, New York: HarperCollins.
Gao, K. (2007) "Qiu ye" ["秋叶"〔秋葉〕], www.china-cdt.com/enterpriseculture/literature/1198776.html (2011年7月21日アクセス).
Gardner, H. (1989) *To Open Minds: Chinese Clues to the Dilemma of Contemporary American Education*, New York: Basic Books.
Global Labor Strategies (2007) "Undue Influence: Corporations Gain Ground in Battle over China's New Labor Law," laborstrategies.blogs.com/global_labor_strategies/files/undue_influence_global_labor_strategies.pdf (2011年7月21日アクセス).

Goffee, R. and Jones, G. (2003) *The Character of a Corporation: How Your Company's Culture Can Make or Break Your Business*, London: Profile Books.

Goodman, D.S.G. (ed.) (2004) *China's Campaign to "Open up the West": National, Provincial and Local Perspectives*, Cambridge: Cambridge University Press.

Goodman, P.S. and White, B. (2005) "Haier Withdraws Maytag Bid: Move is Sign of Caution in China's Pursuit of Foreign Firms," *Washington Post* (20 July), www.washingtonpost.com/wp-dyn/content/article/2005/07/19/AR2005071902172.html（2011年7月21日アクセス）.

Gu, H. (2003) "Dangqi zai Guangsha gaoyang"［"党旗在广厦高扬"〔党旗が広厦で高く掲げられる〕,『人民日報』(7月2日)］, *People's Daily* (2 July).

Guan, S.Y. (2003) *China's Telecommunications Reforms: From Monopoly towards Competition*, New York: Nova Science Publishers.

Guanghui Group (2005a) "Wenhua licheng"［"文化历程"〔文化の歩み〕］, www.guanghui.com/zjgh/ghwh/whlc.asp（2011年7月21日アクセス）.

――(2005b) "Guanghui wenhua"［"广汇文化"〔広匯文化〕］, www.guanghui.com/zjgh/ghwh/whlc.asp（2011年7月21日アクセス）.

――(2005c) "Qiye ge"［"企业歌"〔社歌〕］, www.guanghui.com/culture/whjs/sbxt.asp（2007年7月7日アクセス）.

――(2011) "Shou jie Guanghui bei yuangong yingzhan"［"首届广汇杯员工影展"〔第一回広匯社員の写真展〕］, www.guanghui.com/news/showghyw.asp?id=3561（2011年7月21日アクセス）.

Guangsha Group (2011a) "Dang zuzhi gaikuang"［"党组织概况"〔党組織の概要〕］, www.guangsha.com/dj/index.php（2011年7月21日アクセス）.

――(2011b) *Guangsha bao*［『广厦报』〔広厦報〕］, www.guangsha.com/main.php（2011年7月21日アクセス）.

Guthrie, D. (1999) *Dragon in a Three-Piece Suit: The Emergence of Capitalism in China*, Princeton, NJ: Princeton University Press.

Haier Group (2011a) "Haier daxue"［"海尔大学"〔ハイアール大学〕］, www.haier.cn/about/university_customer.shtml（2011年7月22日アクセス）.

――(2011b) "Pictures and Words," www.haier.net/abouthaier/CorporateCulture/workforce.asp（2011年7月22日アクセス）.

――(2011c) "Haier ren shu hua"［"海尔人书画"〔ハイアールの社員の書道・絵画〕］, www.haier.cn/about/culture_workforce.shtml（2011年7月22日アクセス）.

――(2011d) "Haier zhong ying wen biaozhun ziyang"［"海尔中英文标准字样"〔ハイアールの中国語と英語の標準文字とロゴ〕］, www.haier.cn/about/culture_index_detail68.shtml（2011年7月22日アクセス）.

――(2011e) "Haier qiye wenhua"［"海尔企业文化"〔ハイアールの企業文化〕］, www.haier.cn/about/culture_index_detail01.shtml（2011年7月22日アクセス）.

――(2011f) "Gongsi jianjie"［"公司简介"〔企業概要〕］, www.haier.cn/about/about.shtml（2011年7月22日アクセス）.

―――(2011g) "Haier linian"［"海尔理念"〔ハイアールの理念〕］, www.haier.cn/about/culture_index.shtml（2011 年 7 月 22 日アクセス）.

―――(2011h) "Values and Philosophy," www.haier.net/abouthaier/CorporateCulture/index.asp（2011 年 7 月 22 日アクセス）.

―――(2011i) "Leadership," www.haier.net/abouthaier/CorporateProfile/leadership.asp（2011 年 7 月 22 日アクセス）.

―――(2011j) "CEO zhongyao jianghua"［"CEO 重要讲话"〔CEO による重要なスピーチ〕］, www.haier.cn/about/culture_statement.shtml（2011 年 7 月 22 日アクセス）.

―――(2011k) "Yanfa tixi"［"研发体系"〔研究開発システム〕］, www.haier.cn/about/develop_laboratory_01.shtml（2011 年 7 月 22 日アクセス）.

―――(2011m) "Yanfa chengguo"［"研发成果"〔研究開発の成果〕］, www.haier.cn/about/develop_technology_index02.shtml（2011 年 7 月 22 日アクセス）.

―――(2011n) "Yanfa chengguo: chanpin anli"［"研发成果 产品案例"〔研究開発の成果：代表商品〕］, www.haier.cn/about/develop_technology_index03.shtml（2011 年 7 月 22 日アクセス）.

Hamid, J. (2000) *China's Emerging Private Entrepreneurs*, Washington, DC: International Finance Corporation.

Hammer, M. (2001) *The Agenda: What Every Business Must Do to Dominate the Decade*, New York: Crown Publishing Group.

Hammer, M. and Champy, J. (1993) *Reengineering the Corporation: A Manifesto for Business Revolution*, New York: HarperCollins.

Han, T. (1988) "Qiye wenhua yu qiye de fazhan"［"企业文化与企业的发展"〔企業文化と企業の成長〕］, in Zhongguo qiye wenhua yanjiuhui (ed.), *Qiye wenhua zai Zhongguo*［中国企业研究会編『企业文化在中国』〔中国企業研究会編著『中国における企業文化』］, 北京：光明出版社］, Beijing: Guangming ribao chubanshe: 119–126.

―――(1998) "Women suoyao jianshe de qiye wenhua shi you Zhongguo tese de shehuizhuyi qiye wenhua"［"我们所要建设的企业文化是有中国特色的社会主义企业文化"〔企業文化と企業の成長〕］, in Zhongguo qiye wenhua yanjiuhui (ed.), *Qiye wenhua zai Zhongguo*［中国企业研究会編『企业文化在中国』〔中国企業研究会編著『中国における企業文化』］, 北京：光明出版社］, Beijing: Guangming ribao chubanshe: 60–66.

Hassard, J., Sheehan, J., Zhou, M., Terpstra-Tong, J. and Morris, J. (2007) *China's State Enterprise Reform: From Marx to the Market*, London: Routledge.

Hawes, C. (2005) *The Social Circulation of Poetry in the Mid-Northern Song: Emotional Energy and Literati Self-Cultivation*, Albany: State University of New York Press.

―――(2007) "Interpreting the PRC *Company Law* through the Lens of Chinese Political and Corporate Culture," *UNSW Law Journal* 30.3: 813–823.

Hawes, C. and Chiu, T. (2006) "Flogging a Dead Horse? Why Western-Style Corporate Governance Reform Will Fail in China, and What Should Be Done Instead," *Australian

Journal of Corporate Law 20.1: 25–54.

He, X. (2004) "Niu Gensheng," *Di yi caijing ribao* (18 December),〔"牛根生"『第一財経日報』(12月18日)〕, news.rednet.cn/c//2010/10/21/2093465.htm(2011年7月22日アクセス).

Hengyi Group (2009) "'Hengyi wangshi' zhuti zhengwen"〔"恒逸往事主題征文"〔恒逸集団の歴史に関するトピックス募集のお知らせ〕〕, www.hengyi.com/cn/news_info.asp?id=74(2011年7月22日アクセス).

Hongta Group (2011a) "Hongta de hexin linian: san wei yi ti de jiazhi tixi"〔"紅塔的核心理念：三位一体的価値体系"〔紅塔集団のコアバリュー：三位一体の価値体系〕〕, www.hongta.com/model_ht/AboutUs/Hongta_Idea.jsp?ID=20301000000000000(2011年7月22日アクセス).

——(2011b) "Hongta de yuanjing"〔"紅塔的远景"〔紅塔集団の目標とビジョン〕〕, www.hongta.com/model_ht/AboutUs/Hongta_Idea.jsp?ID=20306000000000000(2011年7月22日アクセス).

——(2011c) "Shehui zeren"〔"社会责任"〔企業の社会的責任〕〕, www.hongta.com/model_ht/RedoundSocial/Com_Act.jsp?ID=30000000000000000(2011年7月22日アクセス).

——(2011d) "Xiyan fangfa"〔"吸烟方法"〔喫煙方法〕〕, www.hongta.com/model_ht/SmokingandHealth/Haz_of_Smo_Detail.jsp?ID=40300000000000000,19(2011年7月22日アクセス).

——(2011e) "Xiyan de fengxian"〔"吸烟的风险"〔喫煙のリスク〕〕, www.hongta.com/model_ht/SmokingandHealthIHaz_of_Smo.jsp?ID=40100000000000000(2011年7月22日アクセス).

——(2011f) "Hongta wenhua li"〔"紅塔的文化力"〔紅塔の企業文化の強さ〕〕, www.hongta.com/model_ht/AboutUs/Literature.jsp?ID=180000000000000000(2011年7月22日アクセス).

Hongyun Group (2008) "Jiankang kexue xiyan"〔"健康科学吸烟"〔健康で科学的な喫煙〕〕, club.hongyun.com/culture/HongYunlist.asp?id=6(2008年9月21日アクセス).

——(2011a) "Yancao wenhua"〔"烟草文化"〔煙草文化〕〕, www.hyhhgroup.com/html/culture(2011年7月22日アクセス).

——(2011b) "Shehui zeren"〔"社会责任"〔企業の社会的責任〕〕, csr.hyhhgroup.com(2011年7月22日アクセス).

Hu, W (2007) "Qiye wenhua shouce shi wenhua luodi de zhongyao huanjie"〔"企業文化手册是文化落地的重要环节"〔企業文化ハンドブックは企業文化を根付かせるための重要な一環である〕〕, in X. Li (ed.), *Wenhua zhisheng: Zhongguo bai jia qiye wenhua shizhan anli*〔『文化制胜：中国百家企業文化实战案例』〔企業文化で勝つ：中国における百社の企業文化の実践ケーススタディ〕〕, 北京：中央編訳局出版社〕, Beijing: Zhongyang bianyi chubanshe: 452–456.

Hua, J., Miesing, P. and Li, M. (2006) "An Empirical Taxonomy of SOE Governance in

参考文献　211

Transitional China," *Journal of Management Governance* 10: 401–433.
Huang, H. and Tian, L. (eds) (2006) *Qiye wenhua xue gailun* [『企业文化学概论』〔企業文化学概論〕, 北京：中国労働社会保障出版社〕, Beijing: Zhongguo laodong shehui baozhang chubanshe.
Huang, Y. (2008) *Capitalism with Chinese Characteristics*, Cambridge University Press.
Huang, Z. (2005) "Dui qiye wenhua jianshe de ji dian renshi" ["对企业文化建设的几点认识"〔企業文化建設に関する若干の認識〕], www.china-cdt.com/enterpriseculture/culturenavigate/57972.html（2011年7月22日アクセス）.
Huawei Technologies (1998) *Huawei jiben fa* [『华为基本法』〔華為基本法〕, 著者による文書ファイル〕, copy on file with author.
——(2006) "Chanwu guanli" ["禅悟管理"〔禅の悟りによる管理〕, 『華為人』], *Huawei People*.
——(2010a) *Annual Report 2010*, www.huawei.com/en/about-huawei/corporate-info/annual-report/annual-report-2010/index.htm（2011年7月22日アクセス）.
——(2010b) *CSR Report 2010*, www.huawei.com/en/about-huawei/corporate-citizenship/csr-report/index.htm（2011年7月22日アクセス）.
——(2011a) website, www.huawei.com/cn（2011年7月22日アクセス）.
——(2011b) "Zongbu fengguang" ["总部风光"〔本社の風景〕], market.huawei.com/hwgg/photos/cn（2011年7月22日アクセス）.
——(2011c) "Yuanjing shiming" ["远景使命"〔ビジョンとミッション〕], www.huawei.com/cn/about-huawei/corporate-info/vision-mission/index.htm（2011年7月22日アクセス）.
——(2011d) "Gongsi kanwu" ["公司刊物"〔会社出版物〕], www.huawei.com/cn/about-huawei/publications/index.htm（2011年7月22日アクセス）.
——(2011e) "Publications," www.huawei.com/en/about-huawei/publications/index.htm（2011年7月22日アクセス）.
——(2011f) "Baozhi yu shequ" ["报纸与社区"〔新聞とコミュニティ〕], app.huawei.com/paper/newspaper/loginManage.do?method=mainPage&nls=zh（2011年7月22日アクセス）.
——(2011g) "Corporate Information," www.huawei.com/en/about-huawei/corporate-info/index.htm（2011年7月22日アクセス）.
——(2011h) "Research and Development," www.huawei.com/en/about-huawei/corporate-info/research-development/index.htm（2011年7月22日アクセス）.
——(2011i) "Milestones," www.huawei.com/en/about-huawei/corporate-info/milestone/index.htm（2011年7月22日アクセス）.
Huchet, J.-F. and Richet, X. (2002) "Between Bureaucracy and Market: Chinese Industrial Groups in Search of New Forms of Corporate Governance," *Post-Communist Economies* 14.2: 169–202.
Jacka, T. (ed.) (2009) "Quality and Citizenship in China," Special issue, *Positions: East Asia Cultures Critique* 17.3: 523–642.

Jackson, S. (1992) *Chinese Enterprise Management: Reforms in Economic Perspective*, Berlin and New York: W. de Gruyter.

Jensen, M.C. and Meckling, W.H. (1976) "Theory of the Firm: Managerial Behavior, Agency Costs and Ownership Structure," *Journal of Financial Economics* 3: 305–360.

Jiang, Q. and Li, Y. (2007) "Huawei buchang shiyi yuan guli qiqian ming lao yuangong cizhi" ["华为补偿十亿元鼓励老员工辞职"〔勤続年数の長い社員の希望退職を募るために華為が10億元を提供〕, 『新華網』(11月2日)], *Xinhuanet* (2 November), news.xinhuanet.com/employment/2007-11/02/content_6996878.htm(2011年7月22日アクセス).

Jiao, S. (2007) "Tongmei jituan qude liang xiang wenxue chuangzuo chengguo" ["同煤集团取得两项文学创作成果"〔同煤集団二つの文学作品を世に問う〕], www.dtcoalmine.com/101607/101608/8991.html(2009年10月21日アクセス).

Jilin Daily (2007) "Changchun qiyejia shishe jiepai" [『吉林日报』"长春企业家诗社揭牌"〔長春企業家詩社除幕〕], *Jilin Daily* (June 11), www.jlsina.com/news/jlrb/2007-06-11/7420.shtml(2009年8月18日アクセス).

Jin, S. (2007) "Jujue touzhi: bu rang yali zhuzai jiankang" ["拒绝透支：不让压力主宰健康"〔過労を拒否：健康をプレッシャーに左右させないように〕, 『通威ライフスタイル』(12月30日)], *Tongwei Lifestyle* (30 December).

Jincheng Anthracite Mining Group (2011) "Qiye wenhua: wenhua shouce" [晋城无烟煤矿业集団"企业文化 文化手册"〔企業文化ハンドブック〕], www.jccoal.com/web1/list.jsp?currCatalogID=20080109194904(2011年7月22日アクセス).

Jones, Q., Dunphy, D., Fishman, R., Larne, M. and Canter, C. (2006) *In Great Company: Unlocking the Secrets of Cultural Transformation*, Melbourne and Auckland: Human Synergistics.

Kilmann, R. (1986) "Five Steps for Closing Culture-Gaps," in R. Kilmann, M.J. Saxton and R. Serpa (eds), *Gaining Control of the Corporate Culture*, San Francisco: Jossey-Bass: 351–369.

Kilmann, R., Saxton, M.J and Serpa, R. (eds) (1986) *Gaining Control of the Corporate Culture*, San Francisco: Jossey-Bass.

Kipnis, A. (2006) "Suzhi: A Keyword Approach," *The China Quarterly* 186: 295–313.

Kirby, W.C. (1995) "China Unincorporated: Company Law and Business Enterprise in Twentieth Century China," *Journal of Asian Studies* 54.1: 43–63.

Kong, S. (2002) "Between a Rock and a Hard Place: Chinese Literary Journals in the Cultural Market," *Modern Chinese Literature and Culture* 14.1: 93–140.

Kotter, J.P. and Heskett, J.L. (1992) *Corporate Culture and Performance*, New York: Free Press.

Kraus, R. C. (1991) *Brushes with Power: Modern Politics and the Chinese Art of Calligraphy*, Berkeley: University of California Press.

Kunda, G. (2006 [1992]) *Engineering Culture: Control and Commitment in a High-Tech Corporation*, Philadelphia, PA: Temple University Press.

Landsberger, S. (1995) *Chinese Propaganda Posters: From Revolution to Modernization*, Amsterdam: Pepin Press.

Lau, D.C. (trans.) (1963) *Tao Te Ching*, Middlesex: Penguin Books.

Lecours, A. (ed.) (2005) *New Institutionalism: Theory and Analysis*, Toronto: University of Toronto Press.

Lenard, D.M. (2005) "Rocky Waters for China's US Acquisitions," *Asia Times* (21 July), www.atimes.com/atimes/China/GG21Ad03.html（2011年7月22日アクセス）.

Li, B. (2008) "Fuzhou shi zhigong qiye zhi ge dasai qidong: hongyang qiye wenhua" ["福州市职工企业之歌大赛启动：弘扬企业文化"〔福州市職員社歌コンクール始動：企業文化を発展させる〕,『福州新聞網』(12月29日)], *Fuzhou xinwen wang* (29 December), news.fznews.com.cn/kjww/2008-12-29/20081229e_21_4es-20323.shtml（2011年7月22日アクセス）.

Li, G. (2009) "Can the PRC's New Anti-Monopoly Law Stop Monopolistic Activities? Let the PRC's Telecommunications Industry Tell You the Answer," *Telecommunications Policy* 33.7: 360–370.

Li, J. (2005a) "The Cultural Salon Goes Down to the Production Line" (1 July), copy on file with author.

Li, X. (2005b) *Wenhua zhisheng: Zhongguo qiye wenhua jingdian anli* [『文化制胜：中国企业文化经典案例』〔企業文化で勝つ：中国における企業文化の典型事例〕, 北京：中央編訳局出版社], Beijing: Zhongyang bianyi chubanshe.

——(2007) *Wenhua zhisheng: Zhongguo bai jia qiye wenhua shizhan anti* [『文化制胜：中国百家企业文化实战案例』〔企業文化で勝つ：中国における百社の企業文化の実践ケーススタディ〕, 北京：中央編訳局出版社], Beijing: Zhongyang bianyi chubanshe.

Lin, T.W. (2005) "OEC Management-Control System Helps China Haier Group Achieve Competitive Advantage," *Management Accounting Quarterly* 6.3: 1–11.

——(2006) "Lessons from China," *Strategic Finance* 88.4: 48–55.

——(2009) "Haier is Higher: A Chinese Company's Roadmap to Success via its Reengineering System," *Strategic Finance* 91.6: 41–49.

Liu, G. (2007) "Yi gen cong li de aiqing" ["一根葱里的爱情"〔長ネギからの愛情物語〕], www.china-cdt.com/enterpriseculture/literature/1014301.html（2011年7月22日アクセス）.

Liu, H. and Li, K. (2002) "Strategic Implications of Emerging Chinese Multinationals: The Haier Case Study," *European Management Journal* 20.6: 699–706.

Liu, J. (2006) *Zizhu chuangxin: Haier zhi hun* [『自主创新：海尔之魂』〔自主的革新ハイアール精神〕, 北京：知識産権出版社], Beijing: Zhishi chanquan chubanshe.

Liu, J., Li, J. and Zhang, J. (eds) (2004) *Qiye wenhuaxue* [『企业文化学』〔企業文化学〕, 天津：天津大学出版], Tianjin: Tianjin University Press.

Liu, R. (1998) *Zhongguo gongsi fa* ["中国公司法"〔中国会社法〕, 北京：法律出版社], Beijing: Falu chubanshe.

Luo, C. and Lin, J. (2003) *Qiye wenhua yaoyi* [『企业文化要义』〔企業文化の要義〕, 北京：清華大学出版], Beijing: Tsinghua University Press.

Luo, C., Chen, X., Xiao, C. and Guo, C. (2006) *Qiye wenhua jianshe ge'an pingxi* [『企业文化建设个案评析』〔企業文化建設ケーススタディ〕, 北京：清華大学出版], Beijing: Tsinghua University Press.

McGregor, D. (1960) *The Human Side of Enterprise*, New York: McGraw-Hill.

McGregor, J. (2005) *One Billion Customers: Lessons from the Front Lines of Doing Business in China*, New York: Free Press/Simon & Schuster.

McGregor, R. (2010) *The Party: The Secret World of China's Communist Rulers*, New York: HarperCollins.

McSweeney, B. (2009) "Dynamic Diversity: Variety and Variation within Countries," *Organization Studies* 30.9: 933–957.

Macrolink Group (2007) "Wenhua huodong" ["文化活动"〔文化活動〕], www.macrolink.com.cn/story.php?optionid=27 (2011年7月22日アクセス).

Mao, Z. (1967) *Quotations from Chairman Mao Tse-tung*, Beijing: Foreign Languages Press.

March, J.G. and Olsen, J.P. (1989) *Rediscovering Institutions: The Organizational Basis of Politics*, New York: The Free Press.

Maslow, A. (1954) *Motivation and Personality*, New York: Harper & Row.

Mayo, E. (1933) *The Human Problems of an Industrial Civilization*, New York: Macmillan Co.

Medeiros, E.S., Cliff, R., Crane, K. and Mulvenon, J.C. (2005) *A New Direction for China's Defense Industry*, Arlington, VA: RAND Corporation.

Mengniu Group (2007) "Lao Niu zhuanxiang jijin aixin juanzeng: shouzhu longer erwo kaiji chenggong" ["老牛专项基金爱心捐赠：受助聋儿耳蜗开机成功"〔老牛特別基金：慈善寄付を受け，聴覚障害児の人工内耳の使用が開始される〕, 『中国民営科学技術網』], *Minying keji wang* (18 September), www.mykj.gov.cn/director/pro_news_detail.aspx?MemberId=0&newsId=7689 (2011年7月22日アクセス).

——(2011a) "Lao Niu jijin he Mengniu jituan xiang nanfang xuezai juankuan" ["老牛基金和蒙牛集团向南方雪灾捐款"〔老牛基金と蒙牛集団による南方に生じた雪災への寄付〕], www.mengniu.com.cn/2009/1025/51.html (2011年7月22日アクセス).

——(2011b) "Qiye wenhua" ["企业文化"〔企業文化〕], www.mengniu.com.cn/about/qywh/qywh (2011年7月22日アクセス).

——(2011c) "Yeji yu guimo" ["业绩与规模"〔業績と規模〕], www.mengniu.com.cn/2009/1025/2.html (2011年7月22日アクセス).

Millon, D. (1993) "Communitarians, Contractarians, and the Crisis in Corporate Law," *Washington and Lee Law Journal* 50.4: 1373–1394.

Mingxing qiyejia (2005) "Niu Gensheng ban hexie jiating texun ying" [明星企业家"牛根生办和谐家庭特训营"〔牛根生，特訓キャンプ開設〕] (18 July), www.cec-ceda.org.cn/huodong/mxqyj/niugensheng/19.htm (2011年7月20日アクセス).

Minjingwang (2005) "2005 Zhongguo minying qiye 500 qiang mingdan"〔民経網"2005中国民営企業500強名単"〔2005年度中国民営企業トップ500リスト〕〕, www.chinapec.com.cn/mqhy/ShowArticle.asp?ArticleID=127&Page=1(2011年7月22日アクセス).

Mitchell, L.E. (2002) *Corporate Irresponsibility: America's Newest Export*, New Haven: Yale University Press.

Mu, M. (2007) "Kan xue"〔"看雪"〔雪鑑賞〕〕, www.pzhsteel.com.cn:81/qcfc/sb.aspx (2011年7月23日アクセス).

NameOK Cultural Consultancy (2011) "Mingren xuan haoming wang qiye xuanyan"〔"名人轩好名网企业宣言"〔名人軒好名網企業宣言〕〕, www.nameok.cn/declaration.htm(2011年7月22日アクセス).

New Hope Group (2005) "Guanyu kaizhan 'Wo yu Xin Xiwang' qiye wenhua zhengwen bisai de tongzhi"〔新望集団"关于开展我与新希望企业文化征文比赛的通知"〔"私と新希望の企業文化"作品コンテスト開催のお知らせ〕〕, www.newhopegroup.com/NewsDetails.aspx?id=41295 (2011年7月22日アクセス).

Ning, G. (2006) "Zhongguo qiye de wenxue siwei yinggai gaibian"〔"中国企业文学思维应该改变"〔中国企業における文学の考え方を変えるべき〕,『中糧人』10月1日号〕, *Zhongliang People* 10.1, cofco mag.cofco.com/cn/periodical/index.aspx?con_id=180(2011年7月22日アクセス).

Niu, G. (2002) "Xuexixing zuzhi rang qiye zhan dao juren de jianbang shang"〔"学习型组织让企业占到巨人的肩膀上"〔学習型組織によって企業は巨人の肩の上に立つ〕, 中国乳業年次総会でのスピーチ (10月)〕, speech to the China Dairy Industry Annual Meeting (October).

——(2007a) "Mengniu moshi de 16 ge zhidian"〔"蒙牛模式的16个支点"〔蒙牛モデルの16の構成要素〕〕, blog.china.alibaba.com/blog/niugensheng2007/article/b0-i2648870.html(2011年7月22日アクセス).

——(2007b) "Xuexi shi gei danao chifan"〔"学习是给大脑吃饭"〔学習は脳に栄養を与えること〕〕, blog.china.alibaba.com/blog/niugensheng2007/article/b0-i2648659.html(2011年7月22日アクセス).

Nolan, P. (2001) *China and the Global Economy: National Champions, Industrial Policy, and the Big Business Revolution*, Basingstoke: Palgrave.

Olins, W. (1989) *Corporate Identity: Making Business Strategy Visible Through Design*, London: Thames & Hudson.

Oliver, N. and Wilkinson, B. (1992) *The Japanization of British Industry: Developments in the 1990s*, Oxford: Blackwell.

Omar, M., Williams Jr, R.L. and Lingelbach, D. (2009) "Global Brand Market-Entry Strategy to Manage Corporate Reputation," *Journal of Product & Brand Management* 18.3: 177–187.

Ouchi, W. (1981) *Theory Z: How American Business Can Meet the Japanese Challenge*, Reading, Mass.: Addison-Wesley〔ウィリアム・G・オオウチ, 徳山二郎監訳『セ

オリーZ』,東京:CBS・ソニー出版(1981)].

Pan, S. (2007) "Chuangzaoli de qishi"［"创造力的启示"〔創造力の啓示］,『SOHO 小報』(4 月)］, *SOHO Xiaobao* (April), www.sohochina.com/book/soho_bookcontent.aspx?id=23222&page=71（2011 年 7 月 22 日アクセス）.

——(2008) *Wo yong yisheng qu xunzhao*［『我用一生去寻找』〔一生をかけて探す〕, 南京:江蘇文芸出版社］, Nanjing: Jiangsu wenyi chubanshe.

——(2011) "Pan Shiyi de BLOG"［"潘石屹的 BLOG"〔潘石屹のブログ〕］, blog.sina.com.cn/panshiyi（2011 年 7 月 22 日アクセス）.

Panzhihua Steel Group (2011a) "Linian shibie"［攀枝花钢铁集団"理念识别"〔理念の解釈〕］, www.pzhsteel.com.cn/ComCulture（2011 年 7 月 23 日アクセス）.

——(2011b) "Binfen tiandi"［"缤纷天地"〔多彩な世界〕］, www.pzhsteel.com.cn:81/qcfc/sb.aspx（2011 年 7 月 23 日アクセス）.

Parker, M. (2000) *Organizational Culture and Identity: Unity and Division at Work*, London and Thousand Oaks, Calif.: SAGE.

Pascale, R.T. and Athos, A.G. (1981) *The Art of Japanese Management: Applications for American Executives*, New York: Simon and Schuster.

People's Daily (2005) "Building harmonious society important task for CPC: President Hu," *People's Daily*, English edn (20 February), english.people.com.cn/200502/20/eng20050220_174036.html（2011 年 7 月 21 日アクセス）.

——(2009a) "China Court Upholds Death Sentences in Milk Scandal," *People's Daily*, English edn (27 March), english.people.com.cn/90001/90776/90882/6623525.html（2011 年 7 月 20 日アクセス）.

——(2009b) "China milk scandal drags Yili Group into losses," *People's Daily*, English edn (23 January), english.people.com.cn/90001/90776/90884/6580303.html（2011 年 7 月 20 日アクセス）.

——(2010) "Chinese billionaire to donate entire fortune," *People's Daily*, English edn (7 September), english.peopledaily.com.cn/90001/90776/90882/7131924.html（2011 年 7 月 20 日アクセス）.

Perry, E.J. (2007) "Studying Chinese Politics: Farewell to Revolution?" *China Journal* 57: 1–22.

Peters, T.J. and Waterman Jr, R.H. (1982) *In Search of Excellence: Lessons from America's Best-Run Companies*, New York: Harper & Row.

Peverelli, P.J. (2006) *Chinese Corporate Identity*, Abingdon and New York: Routledge.

PRC State Council (2005) "Company Law," www.chinadaily.com.cn/bizchina/2006-04/17/content_569258.htm（2011 年 12 月 8 日アクセス）.

——(2007) "Employment Contract Law," *China Law and Practice* (July/August).

Qiao, M. (2007) "Chilai de kangnaixin"［"迟来的康乃馨"〔遅咲きのカーネーション〕］, www.china-cdt.com/enterp riseculture/tongxinstory/1100465.html（2011 年 7 月 22 日アクセス）.

Qiaoxing People (2007) "Daochu na yi li sha"［"倒出那一粒沙"〔一粒の砂も看過しては

ならない〕,『僑興人』79号(7月17日)〕, *Qiaoxing ren* 79 (17 July), www.qiaoxing.net/culture/cosunhr.asp?sclass=32(2011年7月21日アクセス).
Qin, W. (2003) "Chang chu qiye jingshen lai: Shanghai qiyege dasai zouxiang xuqu"〔"唱出企业精神来：上海企业歌大赛奏响序曲"〔企業のスピリッツを歌い表わそう：上海企業ソングコンテスト開幕〕,『新華網』(8月6日)〕, *Xinhuanet* (6 August), news.xinhuanet.com/newscenter/2003-8/06/content_1013537.htm(2011年7月22日アクセス).
Ran, M. (2005) "Huawei Gangwan zhizheng: Ren Zhengfei yu Li Yinan cong shisheng dao duishou"〔"华为港湾之争：任正非与李一男从师生到对手"〔華為と港湾の争い：任正非と李一男、師弟からライバルへ〕,『南方週末報』(9月22日)〕, *Nanfang zhoumo* (22 September), tech.sina.com.cn/t/2005-09-22/0942726520.shtml(2011年7月22日アクセス).
Redmond, P. (2009) *Companies and Securities Law: Commentary and Materials*, fifth edn, Pyrmont, NSW: Thomson Lawbook.
Ren, Z. (2007) *OEC: Haier riqing gongzuofa* 〔『海尔日清工作法』〔ハイアールの日清仕事術〕, 北京：中国言实出版社〕, Beijing: Zhongguo yanshi chubanshe.
Ren, Z. (1997) "Ziyuan shi hui kujie de, weiyou wenhua cai neng sheng sheng bu xi"〔"资源是会枯竭的,唯有文化才能生生不息"〔資源は枯渇するが、企業文化だけは生生流転〕,『華為人』46号(3月3日)〕, *Huawei ren* 46 (3 March).
——(2000) "Weishenme yao ziwo pipan: zai zhongyanbu jiang daisiliao zuowei jiangjin jiangpin fagei yanfa gugan dahuishang de jianghua"〔"为什么要自我批判 在中研部将呆死料作为奖金奖品发给研发骨干大会上的讲话"〔なぜ自己批判するか：廃棄原材料をボーナス・現物支給として中央研究所の研究開発の中堅社員に授与する大会での講話〕,『華為人』109号(9月22日)〕, *Huawei ren* 109 (22 September).
——(2001) "Huawei de dongtian"〔"华为的冬天"〔華為の冬〕, 著者による資料収集〕, copy on file with author.
——(2008) "Jinqi zai canjia gongsi youxiu dangyuan zuotanhui shi fayan"〔"近期在参加公司优秀党员座谈会时发言"〔この間会社の優秀党員座談会でのスピーチ〕, 著者による資料収集〕, copy on file with author.
San Nong (2004) *San nong wenti juece cankao wang*〔"三农问题决策参考网"〔三農問題解決策参考網〕〕, www.jgny.net/nong(2011年7月22日アクセス).
SASAC (2005a) "Guanyu jiaqiang zhongyang qiye qiye wenhua jianshe de zhidao yijian"〔"关于加强中央企业企业文化建设的指导意见"〔中央企業の企業文化建設の強化に関する指導意見〕, 国務院国有資産監督管理委員会〕, State-Owned Assets Supervision and Administration Commission of the State Council, www.sasac.gov.cn/gzjg/xcgz/200504190137.htm(2011年7月25日アクセス).
——(2005b) "Wang Ruixiang jiu 'Guanyu jiaqiang zhongyang qiye wenhua jianshe de zhidao yijian' da jizhe wen"〔"王瑞祥就关于加强中央企业企业文化建设的指导意见答记者问"〔王瑞祥の"中央企業の企業文化建設の強化に関する指導意見"についての記者会見〕〕, 2 June, www.sasac.gov.cn/n1180/n1566/n259730/n264213/

1872925.html（2011年7月26日アクセス）.

——(2011a) "Main Functions and Responsibilities of SASAC," www.sasac.gov.cn/n2963340/n2963393/2965120.html（2011年7月25日アクセス）.

——(2011b) "Yang qi minglu" ["央企名录"〔中央企業リスト〕], www.sasac.gov.cn/n1180/n1226/n2425/index.html（2011年7月25日アクセス）.

Schein, E.H. (1985) *Organizational Culture and Leadership: A Dynamic View*, San Francisco: Jossey-Bass.

Scholes, E. (ed.) (1997) *Gower Handbook of Internal Communication*, Aldershot: Gower Publishing Ltd.

Schultz, M., Hatch, M.J. and Larsen, M.H. (eds) (2000) *The Expressive Organization: Linking Identity, Reputation and the Corporate Brand*, Oxford: Oxford University Press.

Selznick, P. (1957) *Leadership in Administration: A Sociological Interpretation*, New York: Harper and Row.

Senge, P.M. (1990) *The Fifth Discipline: The Art and Practice of the Learning Organization*, New York: Doubleday/Currency.

——(1994) *The Fifth Discipline Fieldbook: Strategies and Tools for Building a Learning Organization*, New York: Doubleday/Currency.

——(1998) *Di wu xiang xiulian: xuexixing zuzhi de yishu yu shiwu* [『第五项修炼 学习型组织的艺术与实务』〔最強組織の法則—新時代のチームワークとは何か〕, Guo, J. 訳 上海三聯書店], trans. J. Guo, Shanghai: Sanlian shudian.

Shaanxi CN West (2009) "150 dui Shendong qingnian yuangong juxing jiti hunli xijie lianli" ["150对神东青年员工举行集体婚礼喜结连理"〔150組神東の若い従業員が合同結婚式に参加し，めでたく結婚〕], news.cnwest.com/content/2009-04/30/content_2015889.htm（2011年7月20日アクセス）.

Sheldrake, J. (2003) *Management Theory*, second edn, London: Thomson.

Shenzhen Business Leaders (2006) "Shenzhen qiyejia shuhua xuehui jianjie" ["深圳企业家书画学会简介"〔深圳企業家書道・絵画学会の案内〕], www.qyjsh.com（2008年2月21日アクセス）.

Shougang Daily (2007) "Shougang ren, Shougang hun xilie congshu di san ji shige zuopin zhenggao qishi" [『首钢日报』"首钢人，首钢魂系列丛书第三集诗歌作品征稿启事"〔首鋼人，首鋼スピリッツシリーズ叢書第3巻詩・歌作品募集のお知らせ〕, (11月27日)], (27 November), www.sgdaily.com/Html/sgyw/2007-11/27/082813420.html（2011年7月25日アクセス）.

——(2011a) "Baoshe jianjie" ["报社简介"〔新聞社概要〕], www.sgdaily.com/Templets/%E7%AE%80%E4%BB%8B.htm（2011年7月25日アクセス）.

——(2011b) "Zhigong shuhua sheying" ["职工书画摄影"〔社員の書道・絵画・写真〕], www.sgdaily.com/Html/shsy/index.html（2011年7月25日アクセス）.

Shougang Group (2009a) "Gongsi jianjie" [首鋼集団"公司简介"〔企業概要〕], www.shougang.com.cn/shougang_cn_web/gsjj.htm（2009年7月25日アクセス）.

――(2009b) "Qiye jingshen" ["企业精神"〔企業精神〕], www.shougang.com.cn/companyintro/culture/22.html（2009年10月21日アクセス）.

――(2011a) "Zhonggong Shougang zonggongsi weiyuanhui guanyu jiaqiang qiye wenhua jianshe de zhidao yijian" ["中共首钢总公司委员会关于加强企业文化建设的指导意见"〔中国共産党首鋼総公司委員会による企業文化建設強化に関する指導意見〕], www.shougang.com.cn/shougang_cn_web/llcg/7588.htm（2011年7月25日アクセス）.

――(2011b) "Shougang qiye wenhua huode jiangxiang" ["首钢企业文化获得奖项"〔首鋼企業文化受賞〕], www.shougang.com.cn/shougang_cn_web/hdjx/1900.htm（2011年7月25日アクセス）.

Sichuan Yibin Wuliangye Group (2011) "Wuliangye jiu wenhua"〔四川宜宾五粮液集団 (2011)"五粮液酒文化"〔五糧液の酒の文化〕], www.wuliangye.com.cn/pages/culture1.html（2011年7月25日アクセス）.

Sinopec Group (2011) "Zhongguo Shihua xinwenwang lianxi fangshi" [中国石化集団 (2011)"中国石化新闻网联系方式"〔中国石化新聞網お問い合わせ〕], www.sinopecnews.com.cn/shnews/2007-03/09/content_428199.htm（2011年7月25日アクセス）.

Smith, L. and Mounter, P. (2005) *Effective Internal Communication*, London: Chartered Institute of Public Relations & Kogan Page.

SOHO China (2011a) "SOHO Xiandaicheng meishuguan" [SOHO中国 "SOHO 现代城美术馆"〔SOHO ニュータウン美術館〕], www.sohochina.com/xiandai/art.asp（2011年7月25日アクセス）.

――(2011b) "Zhang Xin" ["张欣"〔張欣〕], www.sohochina.com/about/zhangxin.asp（2011年7月25日アクセス）.

――(2011c) "SOHO wenhua" ["SOHO文化"〔SOHO文化〕], www.sohochina.com/book/index.aspx（2011年7月25日アクセス）.

SOHO Journal Editorial Board (2005) *Quanzi* [SOHO ジャーナル編集委員会『圈子』〔大都市圏〕, 武漢：長江文芸出版社], Wuhan: Changjiang wenyi chubanshe.

――(2011) *SOHO Xiaobao* [『SOHO 小报』,〔SOHO 小報〕], blog.sina.com.cn/sohoxiaobao（2011年7月25日アクセス）.

Sohu.com (2004) "Huhehaote shiwei shuji Niu Yuru bingshi" ["呼和浩特市委书记牛玉儒病逝"〔フフホト市委員会書記牛玉儒病気で死去〕], news.sohu.com/s2004/niuyuru.shtml（2011年7月22日アクセス）.

Stark, D. (2001) "Ambiguous Assets for Uncertain Environments: Heterarchy in Postsocialist Firms," in P. DiMaggio (ed.), *The Twenty-First Century Firm: Changing Economic Organization in International Perspective*, Princeton University Press: 69–104.

Steinfeld, E.S. (1998) *Forging Reform in China: The Fate of State-Owned Industry*, Cambridge, UK: Cambridge University Press.

Sun, J. (2009) "Zongli shicha Mengniu gongchang qishi: shipin anquan buneng you sihao mahu"［"总理视察蒙牛工厂启示 食品安全不能有丝毫马虎"〔蒙牛工場を視察した総理は食品安全問題を少しもぞんざいに扱ってはならないと示唆］,『人民網』(6月24日)］, *Renmin wang* (24 June), shipin.people.com.cn/GB/9537030. html (2011年7月22日アクセス).

Sun, X. and Zhang, Z. (2008) *Mengniu neimu* ［『蒙牛内幕』〔蒙牛内情］, 北京：北京大学出版］, third edn, Beijing: Peking University Press.

Tangshan Guofeng Steel Group (2007) "Wu yue fangge zhan Guofeng zhigong fengcai" ［唐山国丰钢铁集团"五月放歌展国丰职工风采"〔五月に自由奔放に歌うことで国豊社員の風采を伝える］, (5月5日)］, (May 5), www.gfgt.com/gfgt.nsf/index?OpenForm&ProgramName=1A00010015&Page=1&CSiteTemp=l (2009年4月30日アクセス).

TC Software (n.d.) "Huawei de dongtian" ［"华为的冬天"〔華為の冬）］, www.tcnet.com.cn/tcsite/idnptech/41.asp (2011年7月21日アクセス).

Teagarden, M.B. and Cai, D.H. (2009) "Learning from Dragons Who are Learning from Us: Developmental Lessons from China's Global Companies," *Organizational Dynamics* 38.1: 73–81.

Tech Law Journal (2007) "3Com Huawei transaction to be reviewed by CFIUS," *Tech Law Journal* (9 October), www.techlawjournal.com/topstories/2007/20071009b.asp (2011年7月20日アクセス).

Tengen Group (Tianzheng Group) (2000) "Richu tianzheng" ［天正集团"日出天正"〔天正の日の出）］, www.tengen.com.cn/sm2111111318.asp (2011年7月25日アクセス).

——(2005) "Huore de Tianzheng, huore de qing" ［"火热的天正，火热的情"〔火のように熱くなった天正と感情］,『天正人』1，著者による資料収集］, *Tengen People* 1, copy on file with author.

——(2011a) website, www.tengen.com.cn/sm2111111118.asp (2011年7月25日アクセス).

——(2011b) "Chuangjian wenming danwei" ［"创建文明单位"〔文明的な企業を創建する］］, www.tengen.com.cn/index.asp (2011年7月25日アクセス).

——(2011c) "Qiye wenhua" ［"企业文化"〔企業文化］］, www.tengen.com.cn/sm2111111120.asp (2011年7月25日アクセス).

——(2011d) *Tianzheng bao* ［『天正报』〔天正新聞］］, p.syyw.net/szbz/tzb/index.html (2011年7月25日アクセス).

——(2011e) *Website index with repeating loop of values*, www.tengen.com.cn/index.htm (2011年7月25日アクセス).

——(2011f) "Tianzhengren xuanyan" ［"天正人宣言"〔天正人宣言］］, www.tengen.com.cn/sm2111111453.asp (2011年7月25日アクセス).

——(2011g) "Qiye biaoshi" ［"企业标识"〔企業ロゴ］］, www.tengen.com.cn/sm2111111132.asp (2011年7月25日アクセス).

Tianjin Pipeline Group (2011) "Qiye xuanyan" ［天津市管道工程集团"企业宣言"〔企

業宣言〕〕，www.tjpipe.com/qyxy.asp（2011年7月25日アクセス）．
Tomaney, J. (1994) "A New Paradigm of Work Organization and Technology?" in A. Amin (ed.), *Post-Fordism: A Reader*, Oxford: Blackwell: 157–194.
Tongwei Group (2011) "Tongwei wenhua"〔通威集団"通威文化"〔通威文化〕〕，www.tongwei.com/about/culture.asp（2011年7月26日アクセス）．
Trice, H.M. and Beyer, J.M. (1986) "Using Six Organizational Rites to Change Culture," in R. Kilmann, M.J. Saxton and R. Serpa (eds), *Gaining Control of the Corporate Culture*, San Francisco: Jossey-Bass: 370–399.
Tsui, A., Wang, H. and Xin, K.R. (2006) "Organizational Culture in China: An Analysis of Culture Dimensions and Culture Types," *Management and Organization Review* 2: 345–376.
Tung, R. (1982) *Chinese Industrial Society after Mao*, Lexington, Mass.: Lexington Books.
van den Bosch, A.L.M., de Jong, M.D.T. and Elving, W.J.L. (2005) "How Corporate Visual Identity Supports Reputation," *Corporate Communications: An International Journal* 10.2: 108–116.
van Zoeren, S. (1991) *Poetry and Personality: Reading, Exegesis, and Hermeneutics in Traditional China*, Stanford: Stanford University Press.
Vanke Film and TV Corporation (2010) "Niumeng"〔万科影視集団"牛虻"〔牛あぶ〕〕，www.wankeyingshi.com/web/productshow.asp?id=414&bcid=2&scid=29（2011年7月26日アクセス）．
Vanke Group (2011) "Wanke zhoukan"〔万科集団"万科周刊"〔万科週刊〕〕，www.vankeweekly.com/New_Home.aspx（2011年7月26日アクセス）．
Wahba, P. and Lee, M. (2010) "Motorola Sues Huawei for Trade Secret Theft," *Reuters* (22 July), www.reuters.com/article/idUSTRE66L0J220100722（2011年7月26日アクセス）．
Walder, A. (1986) *Communist Neotraditionalism: Work and Authority in Chinese Industry*, Berkeley: University of California Press.
Wang, C. (2003) *Qiye wenhua xue jiaocheng*〔『企業文化学教程』〔企業文化学テキスト〕，北京：人民大学出版〕，Beijing: People's University Press.
Wang, C. and Li, Q. (2006) *Qiye wenhua jiaocheng*〔『企業文化教程』〔企業文化テキスト〕，北京：中国時代経済出版社〕，Beijing: Zhongguo shidai jingji chubanshe.
Wang, G. (2008) "Yougu liuyun"〔"幽谷流云"〔奥深い谷間を流れる雲〕〕，www.sgdaily.com/Html/shsy/2008-7/9/091348805.html（2011年7月25日アクセス）．
Wang, K. (2000) *Chinese Commercial Law*, Melbourne: Oxford University Press.
Wang, S. (2006) *Daolu yu mengxiang*〔王 石（2006）『道路与梦想』〔道と夢〕，北京：中信出版〕，Beijing: Zhongxin chubanshe.
——(2011) *Shan zai na: Wang Shi BLOG*〔"山在哪：王石BLOG"〔山はどこだ：王石ブログ〕〕，blog.sina.com.cn/wangshi（2011年7月26日アクセス）．
Wang, Yongde (2007a) *Langxing guanli zai Huawei*〔『狼性管理在华为』〔華為のオオカ

ミ管理〕, 武漢：武漢大学出版社〕, Wuhan: Wuhan daxue chubanshe.
Wang, Yu (2007b) *Langxing shangdao* 〔『狼性商道』〕〔オオカミ事業の展開方法〕, 北京：科学技術出版社〕, Beijing: Kexue jishu chubanshe.
Westney, D.E. (2001) "Japanese Enterprise Faces the Twenty-First Century," in P. DiMaggio (ed.), *The Twenty-First Century Firm: Changing Economic Organization in International Perspective*, Princeton University Press: 105–143.
Williams, M. (2005) *Competition Policy and Law in China, Hong Kong and Taiwan*, Cambridge: Cambridge University Press.
Wu, G. (2008) "Xu Junyin: shengming zhanfang zai gudu Jinling" 〔"徐君银：生命绽放在古都金陵"〕〔徐君銀：古都金陵で生きがいを見つけ, 開花させる〕, 『正泰雑誌』第 4 期, (2 月)〕, *Zhengtai Magazine* 4 (February), www.chint.com/staging/newsCenter/chintnewspaper.jsp?rootfldr_id=6&subfldr_id=32&thirdfldr_id=641&fldr_id=643&mon_id=645（2011 年 7 月 2 6 日アクセス）.
Wu, X. (2007) *Da baiju* 〔『大败局』〕〔大敗北〕（2 巻）, 浙江人民出版社〕, 2 vols, Zhejiang renmin chubanshe.
Xi, J. (2009) "Guanyu jianshe Makesizhuyi xuexixing zhengdang de jidian xuexi tihui he renshi" 〔"关于建设学习型政党的几点学习体会和认识"〕〔学習型政党建設に関する若干の体得と認識〕, 『人民日報』（11 月 17 日）〕, *People's Daily* (17 November), theory.people.com.cn/GB/10388826.html（2011 年 7 月 26 日アクセス）.
Xi, S. (2004) "Niu Gensheng de kouhao wenhua" 〔"牛根生的口号文化"〕〔牛根生のスローガン文化〕, CRI online（5 月 18 日）〕, *CRI Online* (18 May), gb.cri.cn/1827/2004/05/18/405@163376.htm（2011 年 7 月 26 日アクセス）.
Xiao, D. (ed.) (1983) *Tang shi jianshang cidian* 〔『唐诗鉴赏辞典』〕〔唐詩鑑賞辞典〕, 上海辞書出版社〕, Shanghai cishu chubanshe.
Xiao, Y. (2008) "Di er jie qiye zhi ge dasai juesai changxiang: Fushikang duo guan" 〔"第二届企业之歌大赛决赛唱响 富士康夺冠"〕〔第 2 回企業ソングコンテスト決勝戦：富士康社, チャンピオン獲得〕, 『深圳新聞網』（3 月 2 日）〕, *Shenzhen xinwen wang* (2 March), www.sznews.com/news/content/2008-03/02/content_1866113.htm（2011 年 7 月 26 日アクセス）.
Xin, K.R., Tsui, A.S., Wang, H., Zhang, Z. and Chen, W. (2002) "Corporate Culture in State-Owned Enterprises: An Inductive Analysis of Dimensions and Influences," in A. Tsui and C.M. Lau (eds), *The Management of Enterprises in the People's Republic of China*, Boston: Kluwer Press: 415–441.
Xinhua (2002) "Official Explains Amendments to CPC Constitution," 18 November, www.china.org.cn/english/features/49184.htm（2011 年 7 月 26 日アクセス）.
Xu, J. and Lou, P. (2007) "Wuye dianhua" 〔"午夜电话"〕〔真夜中の電話〕, www.china-cdt.com/enterpriseculture/tongxinstory/1107797.html（2011 年 7 月 26 日アクセス）.
Xue, H. (2006) "Kunnan xintai" 〔"困难心态"〕〔困難に直面する心理状態〕, www.china-cdt.com/enterpriseculture/chickensoup/58052.html（2011 年 7 月 26 日アクセス）.

Yang, J. (2008) "Miwu zhong de Huawei zishamen"［"迷雾中的华为自杀门"〔華為の従業員の不可解な自殺〕,『新民週刊』(4月7-13日）：17-27］, *Xinmin zhoukan* (7-13 April): 17-27.

Yang, X. (2007) "Kan wenzi tiaowu"［"看文字跳舞"〔文字の踊りを見る］］, www.china-cdt.com/enterpriseculture/literature/938496.html（2011年7月26日アクセス).

Ye, S. (2004) *Qiye linghun: qiye wenhua guanli wanquan shouce* [『企业灵魂 企业文化管理完全手册』〔企業魂：企業文化管理ハンドブック完全版〕, 北京：中国機械出版], Beijing: China Machine Press.

Yeh, W (1995) "Corporate Space, Communal Time: Everyday Life in Shanghai's Bank of China," *The American Historical Review* 100.1 (February): 97–122.

Yi, J.J. and Ye, S.X. (2002) *The Haier Way: The Making of a Chinese Business Leader and a Global Brand*, Dumont, NJ: Homa & Sekey Books.

Yu, H. (2000) "Dujie women shidai de jingshen zhenghou"［"读解我们时代的精神症候"〔時代の精神症候群を読み解く〕], in J. Dai (ed.), *Shuxie wenhua yingxiong: shiji zhi jiao de wenhua yanjiu* [『书写文化英雄：世纪之交的文化研究』〔文化の英雄を描く：世紀の転換点に立った文化研究〕, 南京：江蘇人民出版社：192-227], Nanjing: Jiangsu renmin chubanshe: 192–227.

Yusuf, S., Nabeshima, K. and Perkins, D.H. (2006) *Under New Ownership: Privatizing China's State-Owned Enterprises*, Palo Alto, CA: Stanford University Press.

Zhan, N. (2003) "Pan Shiyi: Avant-garde Real Estate Developer," *China Today* (March), www.chinatoday.com.cn/English/e20033/pan.htm（2011年7月26日アクセス).

Zhang, D. (1994) "Jianshe you Zhongguo tese de shehuizhuyi qiye wenhua de xianshi yiyi"［"建设有中国特色的社会主义企业文化的现实意义"〔中国的特色のある社会主義企業文化を建設する現実的意義〕], in Zhongguo qiye wenhua yanjiuhui (ed.), *Qiye wenhua zai Zhongguo* [中国企业文化研究会编『企业文化在中国』〔中国の企業文化〕, 北京：光明日報出版社：77-84], Beijing: Guangming ribao chubanshe: 77–84.

Zhang, D. (ed.) (2003) *Qiye wenhua jianshe* [『企业文化建设』〔企業文化の建設〕, 北京：清華大学出版], Beijing: Tsinghua University Press.

Zhang, D. and Pan, W. (2007) *Qiye wenhua* [『企业文化』〔企業文化〕, 北京：清華大学出版], Beijing: Tsinghua University Press.

Zhang, D. and Wu, J. (2000) *Qiye wenhua yu CI cehua* [『企业文化与企业形象策划』〔企業文化とコーポレートアイデンティティの計画〕, 北京：清華大学出版], Beijing: Tsinghua University Press.

Zhang, F. (2007a) "Ganxie Shougang ribao dui wo de peiyang"［"感谢首钢日报对我的培养"〔私を育ててくれた首鋼日報に感謝〕,『首鋼日報』(1月5日)], *Shougang ribao* (5 January), www.sgdaily.com/Html/xwywyj/2007-1/5/095852803.html（2008年8月22日アクセス).

Zhang, G. (2007b) *Huawei si zhang lian* [『华为四张脸』〔華為の四つの顔〕, 広東：経済出版社], Guangdong: Jingji chubanshe.

Zhang, R. (1998) "Kaituo chuangxin : qiye fazhan de dongli ziyuan"〔"开拓创新：企业发展的动力资源"〔開拓と革新：企業成長の原動力と資源〕〕, in China Corporate Culture Institute (ed.), *Qiye wenhua zai zhongguo*〔中国企业文化研究所編『企业文化在中国』〔中国の企業文化〕北京：光明日報出版社〕, Beijing: Guangming ribao chubanshe.

——(2002) "Haier quanmian shishi guojihua zhanlue de silu"〔"海尔全面实施国家战略的思路"〔国家戦略を全面的に実施するハイアールの構想〕，ハイアール創設18周年基調講演，12月26日〕, speech to commemorate the 18th anniversary of Haier's founding, 26 December, www.haier.cn/about/culture_statement.shtml（2011年7月26日アクセス）.

Zhang, W. and Zhou, Z. (2009) "Yichuan: qiye chu qian ban jiti hunli 38 dui zhigong xi jie lian li"〔"宜川企业出钱办集体婚礼38对职工喜结连理"〔宜川の企業の出資で，38組の従業員が合同結婚式で結ばれた〕，『洛陽日報』（4月28日）〕, *Luoyang ribao* (28 April), m-xmm.cn/web/sy005/newsInfo.aspx?eid=23919&infoId=10878（2011年7月26日アクセス）.

Zhang, Z. (2005) *Langxing de ruodian: jueding qiye cunwang de 46 ge zhonggao*〔『狼性的弱点：决定企业存亡的46个忠告』〔オオカミのような貪欲さの弱点：企業の存続を決定する46の忠告〕，北京：時事出版社〕, Beijing: Shishi chubanshe.

Zhao, G. (2003) *Qiye wenhua yu xuexixing zuzhi cehua*〔『企业文化与学习型组织策划』〔企業文化と学習型組織の計画〕，北京：中国経済出版社〕, Beijing: Zhongguo jingji chubanshe.

Zhao, J. (2005) "Ganwu Huawei wenhua"〔"感悟华为文化"〔華為の企業文化を悟〕，『華為人』164期（6月10日）〕, *Huawei People* 164 (10 June).

Zheng, J. (2006) "Zongcai zhi dao"〔"总裁之道"〔CEOのあるべき姿〕，『管理評論』（9月20日）〕, *Guanli pinglun* (20 September), www.ffk.cn/?thread-122-1.html（2011年7月26日アクセス）.

Zheng, Y. (2007) "Mama, ni zaodian huilai!"〔"妈妈，你早点回来！"〔ママ，早く帰ってきてね！〕〕, www.china-cdt.com/enterpriseculture/tongxinstory/1110687.html（2011年7月26日アクセス）.

Zheng, Z. (2008) "Jingming de shichang xiaoshou guanli"〔"精明的市场销售管理"〔賢いマーケティングと販売の管理〕，『企業中糧』31期（2月）〕, *Qiye Zhongliang* 31 (February), cofcomag.cofco.com/cn/periodical/index.aspx?con_id=1594（2011年7月26日アクセス）.

Zhengtai Group (2011) "Zhengtai xinwen"〔"正泰新闻"〔正泰新聞〕〕, www.chint.com/staging/newsCenter/chintnewspaper.jsp?rootfldr_id=6&subfldcid=31&thirdfldr_id=619&fldr_id=619（2011年7月26日アクセス）.

Zhongguo nongye quan sousuo (2011)〔中国农业全搜索『通威ライフスタイル』〕, (2011) *Tongwei Lifestyle*, www.tongweinews.com/channel/5/aboutus/showclass.xf?ClassID=77（2011年7月26日アクセス）.

Zhongguo qiye wenhua yanjiuhui (ed.) (2002) *Qiye wenhua jianming shouce*〔中国企业

文化研究会編『企業文化简明手册』〔簡明企業文化ハンドブック〕，北京：企業管理出版社］，Beijing: Enterprise Management Publishing House.

——(2003–) *Zhongguo qiye wenhua nianjian* ［『中国企业文化年鉴』〔中国企業文化年鑑］，北京：企業管理出版社］，biennial, Beijing: Enterprise Management Publishing House.

Zhongguo Shanghai (2003) "Hongyang qiye wenhua tuxian chengshi jingshen: qiyege dasai qidong"［中国上海 "弘扬企业文化凸现城市精神：企业歌大赛启动"〔企業文化を発展させ，都市精神を促進する：企業ソングコンテスト開幕］，『上海要聞』(8月7日)］，*Shanghai yaowen* (7 August), www.shanghai.gov.cn/shanghai/node2314/node2315/node4411/userobject21ai21493.html（2011年7月20日アクセス）.

Zhonghua qiye wenhua wang (2006)［中华企业文化网 "Quanguo shouqi qiye wenhua shi guojia zhiye zige renzheng 5 yue 29 ri zai jing jieye" "全国首期企业文化师国家职业资格认证5月29日在京结业"〔第1回企業文化師国家資格認証5月29日北京にて終講〕(6月2日)］, (2 June), www.sinoec.net/Article/cco/report/Article_2567.html（2011年7月26日アクセス）.

Zhu, H. (ed.) (2003) *Faxian qiye wenhua: qianyan didai*［『发现企业文化：前沿地带』〔企業文化の発見：その最前線］，北京：企業管理出版社］，Beijing: Enterprise Management Publishing House.

Zurndorfer, H.T. (2004) "Confusing Confucianism with Capitalism: Culture as Impediment and/or Stimulus to Chinese Economic Development," paper presented at the Third Global Economic History Network Meeting, Konstanz, Germany, 3–5 June.

訳者紹介

酒井 正三郎(さかい しょうざぶろう)　中央大学企業研究所研究員
　　　　　　　　　　　　　　　　　中央大学商学部教授

武石 智香子(たけいし ちかこ)　　　中央大学企業研究所研究員
　　　　　　　　　　　　　　　　　中央大学商学部教授

神島 裕子(かみしま ゆうこ)　　　　中央大学企業研究所研究員
　　　　　　　　　　　　　　　　　中央大学商学部准教授

髙橋 由明(たかはし よしあき)　　　中央大学企業研究所客員研究員
　　　　　　　　　　　　　　　　　中央大学名誉教授

張 涛(チョウ トウ)　　　　　　　 中央大学企業研究所客員研究員
　　　　　　　　　　　　　　　　　尚絅学院大学現代社会学科准教授

TRINH Thuy Huong(チン トゥイ フン)　中央大学企業研究所客員研究員
　　　　　　　　　　　　　　　　　ダナン経済大学商学部講師

中国における企業文化の変容　　　　　　中央大学企業研究所翻訳叢書　15

2015年10月7日　初版第1刷発行

　　　　　　　監訳者　　酒井　正三郎
　　　　　　　　　　　　武石　智香子
　　　　　　　発行者　　中央大学出版部
　　　　　　　代表者　　神﨑　茂治

発行所　〒192-0393 東京都八王子市東中野742-1　　中央大学出版部
　　　　電話 042(674)2351　FAX 042(674)2354
　　　　http:www2.chuo-u.ac.jp/up/

Ⓒ 2015　　　　　　　　　　　　　　　　　　　　ニシキ印刷㈱
ISBN978-4-8057-3314-1